Gernot Jochheim
Der Berliner Alexanderplatz

Gernot Jochheim

Der Berliner Alexanderplatz

Ch. Links Verlag, Berlin

Die Deutsche Bibliothek verzeichnet diese Publikation
in der Deutschen Nationalbibliographie;
detaillierte bibliographische Daten sind im Internet über
http://dnb.ddb.de abrufbar.

1. Auflage, März 2006
Christoph Links Verlag – Linksdruck GmbH
Schönhauser Allee 36, 10435 Berlin, Tel.: (030) 44 02 32-0
www.linksverlag.de; mail@linksverlag.de
Umschlaggestaltung: KahaneDesign, Berlin,
unter Verwendung eines Fotos vom Bahnhof Alexanderplatz
um 1930
Satz: Ch. Links Verlag, Berlin
Druck- und Bindearbeiten: Elbe Druckerei, Wittenberg
ISBN-10:   3-86153-391-X
ISBN-13: 978-3-86153-391-7

Inhalt

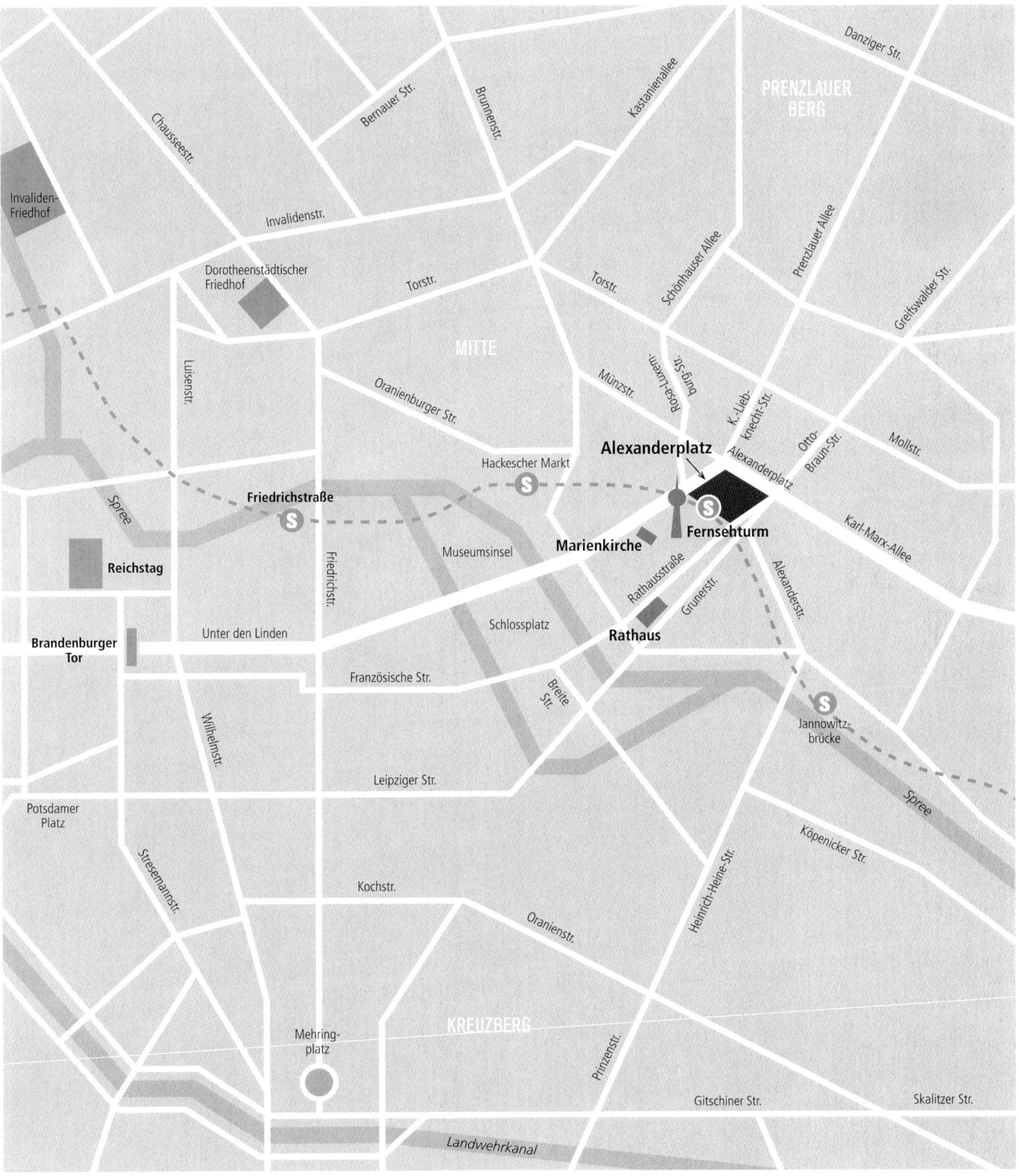

Wo lag der Alexanderplatz?
Wo liegt er?

Die Frage nach der Lage des Alexanderplatzes mutet einigermaßen merkwürdig an, zählt er doch zu den bekanntesten Plätzen der deutschen Hauptstadt und hat jeder Berliner eigentlich eine Vorstellung davon. Doch dieser Schnittpunkt großer Verkehrsachsen im östlichen Zentrum der Metropole musste seine Lage und auch seine Gestalt mehrfach ändern, denn er war regelmäßig dem Formungswillen verschiedener Machthaber unterworfen. Der Alexanderplatz, ursprünglich am Übergang von der alten Festungsstadt zu den modernen Vorstädten gelegen, hat den Wandel der Zeiten stärker zu spüren bekommen als die meisten anderen Orte in der Stadt. Hier vollzogen sich Umbrüche auf besonders prägende Weise, und an keiner anderen Stelle wurde in den vergangenen 200 Jahren so viel gebaut. Dies geschah mitunter so rasant, dass die Postkartenhersteller kaum

Links: Blick von Südwesten, 1900. Oben: Blick von Nordosten, 1906.

mithalten konnten und historische Originalaufnahmen inzwischen teure Raritäten sind.

Auf einer Grußkarte aus Berlin von 1900 etwa (Abbildung links) wird die belebte Alexanderstraße mit Grand Hôtel und Berolina-Standbild dargestellt und als »Alexanderplatz« präsentiert. Doch keines der abgebildeten Gebäude hatte zu diesem Zeitpunkt die Anschrift des Alexanderplatzes. Deren Adresse lautet vielmehr »Alexanderstraße«. Den eigentlichen Platz zeigt hingegen ein Panorama-Foto von Max Missmann aus dem Jahre 1906 (Abbildung oben), aufgenommen genau aus der entgegengesetzten Richtung. Hier ist das große Kaufhaus Hermann Tietz (rechts) zu erkennen und der dahinter liegende Bahnhof mit dem markanten Rundbogendach. Der Alexanderplatz selbst ist jene kleine mit einigen Bäumen bepflanzte und einem Springbrunnen versehene Parkanlage vor dem wuchtigen Polizeipräsidium mit

seinem dominanten Eckturm in der linken Bildhälfte. Nichts von alldem ist heute mehr übrig. Nur der Bahnhof und die Überführung der Stadtbahn sind noch Zeugnisse aus jener Zeit.

Wenn der Berliner vom Alex spricht, meint er nicht eine bestimmte postalische Anschrift, sondern das vielgestaltige Areal um den Platz, das mit seinen Dutzenden Verkehrsanschlüssen, verwirrenden Unterführungen sowie ungezählten Geschäften und Cafés das pulsierende Herz der Großstadt bildet. Hier trifft man sich, von hier aus bricht man zum Einkaufen oder zum Abendvergnügen auf, hier finden entscheidende politische Kundgebungen statt.

Dieser Platz, vor 200 Jahren zu Ehren des russischen Zaren Alexander so benannt, ist zum Synonym für das lebendige Berlin geworden, das einem ständigen Wandel unterliegt und in dem die Einwohner oft ganz anders handeln als von den Planern gedacht.

9

Platzverschiebungen

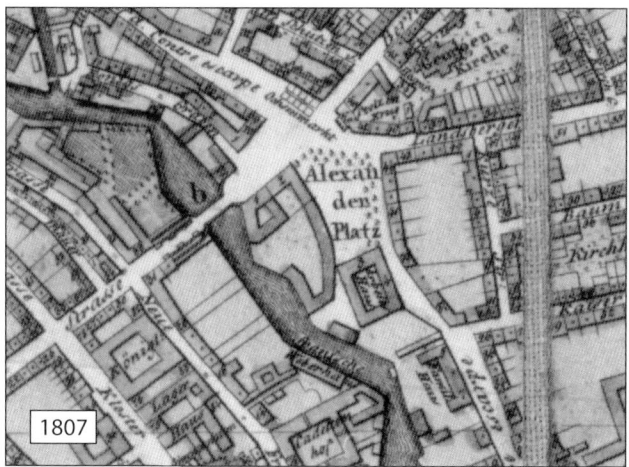

Vor dem einzigen Tor Alt-Berlins in Richtung Osten, das seit 1701 Königstor hieß, war im Laufe von Jahrhunderten durch das Aufeinandertreffen mehrerer Handelswege ein Platz entstanden, auf dem zugleich auch Viehhandel getrieben wurde. Im Volksmund hieß er daher Ochsenplatz, in offiziellen Dokumenten war von »Königs Thor Platz« die Rede. Der südöstliche Teil der Freifläche diente dem Militär als Paradeplatz. Als 1805 der russische Zar Alexander I. zu Besuch nach Berlin kam, wurde ihm zu Ehren durch königliche Kabinettsorder der Paradeplatz in Alexanderplatz umbenannt. Seine Gestalt blieb zunächst erhalten.

Deutliche Veränderungen erfolgten, nachdem Berlin 1871 Hauptstadt des Deutschen Reiches wurde. In den folgenden »Gründerjahren« wuchs die Stadt rasant, so dass für den Innenstadtbereich eine neue Verkehrslösung gefunden werden musste. Entlang des einstigen Festungsgrabens entstand bis 1882 eine moderne Stadtbahn, die den bereits vorhandenen Außenbahnring durch eine Querverbindung von Ost nach West ergänzte. Ausgeführt wurde die neue Strecke mit zwölf Kilometern Länge als Viaduktbahn

mit mehr als 700 gemauerten Bögen. Die Gegend am Alexanderplatz, wo einst die Königsbrücke über den Festungsgraben führte, erfuhr dadurch eine enorme Belebung und erhebliche Umgestaltung. Für den absehbar anwachsenden Verkehr wurde ein riesiges Bahnhofsgebäude errichtet. Ursprünglich wollten die Planungsbeamten ihm den Namen Königsbrücke geben, es setzte sich dann aber zur Eröffnung 1882 doch der modernere Name Alexanderplatz durch, zumal es die Königsbrücke nach Fertigstellung der Stadtbahn nicht mehr gibt. Der Platz selbst erhielt in den Folgejahren zahlreiche neue Gebäude, sowohl für die Verwaltung als auch für das Geschäftsleben, in der Umgebung wuchsen Hunderte Mietshäuser empor.

In den 1920er Jahren vermochte der Platz den täglichen Ansturm Hunderttausender nicht mehr zu bewältigen, weshalb er zu einem funktional beispielhaften »Weltstadtplatz« umgestaltet werden sollte. Im Stil der architektonischen Moderne entstanden zwei achtgeschossige »Hochhäuser« von Peter Behrens, die sich kreuzenden Straßenbahnlinien und der Autoverkehr wurden über eine Verkehrsinsel in Gestalt eines abgeflachten Ovals geleitet. Im Untergrund verband man drei U-Bahnlinien und den S-Bahnhof durch ein Labyrinth von Gängen. Der ganze neu gestaltete Raum erhielt 1932 dann auch den Namen Alexanderplatz.

Im Krieg wurde der Verkehrsknotenpunkt schwer zerstört, lediglich die Stahlbetonbauten von Peter Behrens und der Bahnhof ließen sich nach 1945 wiederherstellen. In der Mitte der 1960er Jahre begann die Neugestaltung des Platzes als Zentrum der Hauptstadt der DDR. Der Platz wurde nun in östliche und nördliche Richtung deutlich erweitert und in seinem Kern zur autofreien Zone.

Südwestlich des Bahnhofsgebäudes legten die Stadtplaner einen neuen riesigen Platz an, der eine Ausdehnung von etwa 225 mal 400 Metern hat. Zu Füßen der ehrwürdigen Marienkirche, die als einziges Gebäude aus der Vorkriegszeit in diesem Bereich erhalten blieb, wuchs bis 1969 der monumentale Fernsehturm empor. Er war als neue weltliche Stadtdominante gedacht. Da das gesamte Areal zu DDR-Zeiten keinen Namen hatte und auch bis heute nicht benannt worden ist, rechnen ihn viele Menschen dem Alexanderplatz zu, zumal manche der angrenzenden Geschäfte den mythenträchtigen Namen in ihre Firmenbezeichnung mit aufgenommen haben.

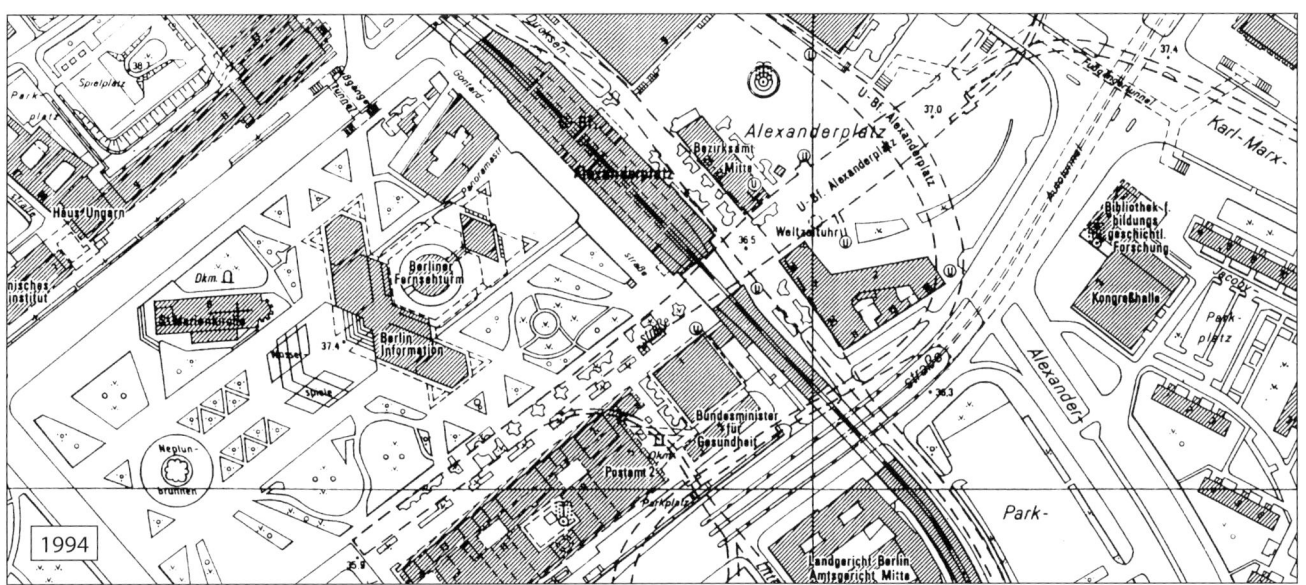

1994

Mythos Alexanderplatz

Seit über hundert Jahren geht vom quirligen, weltläufigen Alexanderplatz eine Faszination aus, die ihren Niederschlag in einem großen Roman, zahlreichen Filmen und unendlich vielen Postkarten gefunden hat. Der Platz verfügt über eine nachhaltige emotionale Anziehungskraft, so dass sich mit der Zeit eine Art Mythos herausbildete.

Bereits 1912 heißt es im »Berolina-Führer durch die Reichshauptstadt«: »So ist der Alexanderplatz mit seinem mannigfachen Verkehr der Stadt-, Vorort- und Fernbahn, mit den sich kreuzenden Straßenbahnen, der unter dem Platz rollenden Untergrundbahn, mit den Auto- und Omnibussen, Droschken und Frachtwagen das klopfende Herz Berlins.«

Das verstärkte sich noch mit der großen Umgestaltung des Platzes am Ende der 1920er Jahre, als man daranging, einen »Verkehrsstadtplatz« von weltweiter Beispielhaftigkeit zu schaffen. Das Tor zum Osten Berlins, wo bereits über eine Million Menschen lebten, sollte ein Umschlagpunkt mit reibungslosen Verkehrsströmen und vielfältiger Funktionalität werden. Doch die Weltwirtschaftskrise ließ manch hochfliegende Pläne im Ansatz stecken bleiben, und in der Zeit des Nationalsozialismus wurden ab 1933 ohnehin andere Prioritäten gesetzt.

Unbestritten ist aber, dass es hier eine einzigartige Verdichtung von moderner Stadtwelt gab, dass sich an diesem Ort eine Lebensdynamik zeigte, die so geballt sonst nirgends in Berlin zu finden war. Was fand sich hier nicht alles auf engstem Raum zusammengedrängt! Das monumentale Polizeipräsidium, auch bekannt als die »Zwingburg am Alex«, das riesige Volkswarenhaus von Hermann Tietz, die preiswerten Bierlokale und Speisewirtschaften der Firma Aschinger, die größten Markthallen der Stadt und selbstverständlich die vielen Verkehrsanschlüsse. Der Alexanderplatz war eine unablässig andauernde Massenveranstaltung, die das Leben von Hunderttausenden beeinflusste.

Darüber hinaus wurde der Mythos durch das Umfeld des Alexanderplatzes genährt. Hier vorbei führte der 1300 Meter lange Straßenzug von der Jannowitzbrücke im Südosten bis zur Spandauer Vorstadt im Nordwesten, der die Namen Alexanderstraße, Memhardstraße (ab 1932) und Münzstraße trug. Dies war ein Kilometer urbaner Vielfalt und extrem verdichteter Gegensätze. Erst das Polizeipräsidium und die gegenüberliegenden bürgerlichen Wohnquartiere, dann das 250 Meter lange Kaufhaus Tietz und hinter dem Alexanderplatz schließlich das kleinkriminelle Milieu der Münzstraße und der angrenzenden Gassen. Hier reihte sich ein »Vergnügungsort« an den anderen: Tingeltangel, Kneipen, Flohkinos, Absteigen und Bordelle. Dahinter folgte in unmittelbarer Nachbarschaft das Scheunenviertel: ein Nebeneinander von zugewanderten osteuropäischen Juden, von Kleingewerbe und Halbwelt. Die Großstadtmilieus prallten direkt aufeinander und boten genügend Projektionsflächen für die gutbürgerlichen Phantasien, reichlich Möglichkeiten zum Erschaudern.

Mit seinem 1929 erschienenen Roman »Berlin Alexanderplatz« hat Alfred Döblin dem Leben in dieser kleinen Stadtwelt ein literarisches Denkmal gesetzt und zugleich den Mythos des Ortes verfestigt. Er verknüpft das Schicksal seines Protagonisten Franz Biberkopf mit den nicht enden wollenden Umbauarbeiten auf dem Platz und der Suche nach einem Halt im Leben.

Auch für die Architekturgeschichte gehört der Alexanderplatz zu den geradezu mythischen Orten, sollte doch hier nach den Prinzipien des Neuen Bauens das Ideal eines modernen Weltstadtplatzes verwirklicht werden, wo man menschlichen Lebensraum und fortgeschrittene Verkehrstechnik sinnvoll miteinander verbinden wollte.

Im Rückblick hat ebenfalls das Scheunenviertel mythische Bedeutung bekommen, denn hier lebten auf engstem Raum unterschiedliche Kulturen zu-

Blick von Südwesten, 1898

sammen, was als Beweis dafür gelten konnte, dass multikulturelle Stadtteile in Berlin möglich sind. Die Nationalsozialisten zerschlugen dieses eigenwillige Konglomerat von Lebenswelten jedoch für immer und gingen brutal gegen alles »Artfremde« und »Gemeinschaftsfremde« vor.

Nach dem Krieg verfielen dann zahlreiche Häuser, in einigen Straßen entstanden dafür monotone Plattenbauten. Die früheren Bewohner des Scheunenviertels waren ohnehin nicht mehr da.

Wenn man heute auf dem weitläufigen Alexanderplatz steht, an dem gewiss wieder irgendwo gebaut wird, so ist von einem besonderen Flair wenig zu spüren. Zu hart waren die Eingriffe in der DDR-Zeit, zu unentschieden die Umgestaltungsversuche seit der deutschen Einheit. Für die Zukunft sind nun neue, weit in den Himmel ragende Projekte im Gespräch, soll doch dieser geschichtsträchtige Ort zu einem wiederbelebten Zentrum der deutschen Hauptstadt werden.

13

Die Gegend vor dem Tor

1500 bis 1700

Will man die Ursprünge des Alexanderplatzes ausfindig machen, muss man auf Spurensuche gehen und alte Stadtbilder und Stadtpläne studieren. Ein Platz findet sich auf den frühen Zeichnungen allerdings nicht. Doch lässt sich ziemlich klar der Ort bestimmen, auf dem später der legendäre Großstadtplatz entsteht. Es ist die Schnittstelle mehrerer Fernverbindungswege, die sich vor dem einzigen Tor Berlins nach Osten treffen. Im Mittelalter wurde es Oderberger Tor genannt, später als Georgentor bezeichnet. Die älteste bekannte Darstellung der Doppelstadt Berlin / Cölln stammt aus dem Jahr 1537, also 300 Jahre nach ihrer Gründung bzw. Ersterwähnung. Die farbige Zeichnung wurde auf Grundlage von Skizzen nachträglich angefertigt, so dass die Genauigkeit nicht besonders groß ist. Allerdings handelt es sich um den eher seltenen Blick auf die Stadt von Nordosten, also auf jenes Gebiet, wo später die Vorstädte mit dem Alexanderplatz entstehen. Der Weg rechts entlang des Zaunes ist die Landstraße aus Richtung Prenzlau, links und rechts neben der Stadt ist die Spree angedeutet. Im Vordergrund ist ein so genannter Bildstock zu erkennen – ein Zeichen, dass die Stadt zu diesem Zeitpunkt noch katholisch war. Branden-burg wird erst zwei Jahre später lutherisch. In der Mitte der Stadt erheben sich – deutlich überdimensio-niert – drei großen Kirchen: St. Nikolai (eintürmig, links), St. Petri (Mitte), St. Marien (rechts). Die sechs kleineren Türme gehören zum Komplex des Schlosses. Allzu wuchtig sind die teils runden, teils eckigen Türme der Stadtmauer ausgeführt. Davor liegen zahlreiche Gebäude, die Vorläufer neuer Stadtteile. Im linken Teil der Darstellung ist zwischen zwei Türmen das einzige Tor Berlins nach Osten sichtbar.

Die Doppelstadt Berlin/Cölln war seit dem Mittelalter von einer kräftigen Mauer umgeben, die 1319 erstmals urkundlich erwähnt wird. Nördlich und nordöstlich davon befand sich städtisches Acker-, Wald- und Weideland, Hufenland genannt. Im Südosten in Richtung Stralau lagen entlang der Spree dagegen Gärten und Wiesenstücke, welche die Bürger von der Stadt pachten konnten, das so genannte Kavelland. Im Berliner Stadtbuch von 1397 werden unter anderem 42 Kaveln vor dem Stralauer Tor erwähnt. In nördlicher Richtung entstehen auf dem Hufenland in der Folgezeit erste Häuser, deren Bewohner aber der Stadt gegenüber abgabepflichtig sind. Für 1567 sind beispielsweise vor dem Oderberger Tor zehn derartige bäuerliche Anwesen belegt. Weitere Häuser kamen in dem Maße hinzu, wie sich der Handel entlang der hier zusammenlaufenden Straßen entwickelte. Neben der Verbindung nach Oderberg gab es Fernhandelswege nach Prenzlau, Bernau und Greifswald sowie Landsberg an der Warthe, das heutige Gorzów Wielkopolski. Aus dem Osten wurden vor allem Getreide, Felle, Häute, Honig und Wachs nach Berlin gebracht, aus dem Norden kamen Heringe der Ostsee. Daher hieß das Oderberger Tor (das spätere Georgentor) im Volksmund immer Heringstor.

Auf dem lange Zeit dünn besiedelten Hufenland wurde im späten Mittelalter das erstmals 1278 erwähnte Hospital für Aussätzige (Pesthaus) untergebracht, wozu auch eine Kapelle gehörte, die 1331 in einem Ablassbrief des Papstes Johannes XXII. erwähnt wird. Unweit des Kirchleins, an der Straße nach Landsberg, stand zudem der Rabenstein, eine Gerichtsstätte, an der Enthauptungen vollzogen wurden. Einige hundert Meter entfernt befand sich der Galgenberg. Nach 1600 ist dann jenseits der Straße nach Bernau und Landsberg ein Schützenplatz angelegt worden – und wo ein Schützenplatz war, da hat es auch ein Wirtshaus gegeben.

Erst seit der Mitte des 17. Jahrhunderts, zur Zeit des Kurfürsten Friedrich Wilhelm von Brandenburg, der als »Großer Kurfürst« in die Geschichte einge-

gangen ist, werden die Gegenden vor den Toren der Doppelstadt in die Stadtentwicklung einbezogen und erlebt auch das Gebiet im östlichen Vorraum einen Aufschwung. In gewisser Weise setzt zu dieser Zeit die Geschichte Berlins neu ein. Dreißig Jahre lang, von 1618 bis 1648, hatte ein politisch-religiöser Krieg in Mitteleuropa gewütet und wahrhaft verheerende Spuren hinterlassen. Mindestens ein Fünftel der 20 Millionen Menschen des Heiligen Römischen Reiches deutscher Nation sind dem Gemetzel, dem Hunger und den Krankheiten zum Opfer gefallen. Städte und Ansiedlungen liegen verwüstet danieder.

Das Kurfürstentum Brandenburg im Herzen Mitteleuropas hat unter dem Krieg besonders gelitten. 1643 leben in Berlin/Cölln nur noch 6000 Menschen, gegenüber 12 000 bei Kriegsbeginn; etwa ein Drittel der 1200 Häuser ist verlassen, verfallen oder verwüstet. Die Vorstädte hatten die Brandenburger 1639 und 1641 selbst zerstört, um ein freies Schussfeld zu bekommen und den Angreifern möglichen Unterschlupf zu nehmen.

Im Westfälischen Frieden, der 1648 den Krieg beendete, konnte das Kurfürstentum sein Territorium beträchtlich erweitern. Kurfürst Friedrich Wilhelm will künftig eine wichtige Rolle in der europäischen Politik spielen und sein Fürstentum zu einer militärisch beachtenswerten Landmacht ausbauen. Das

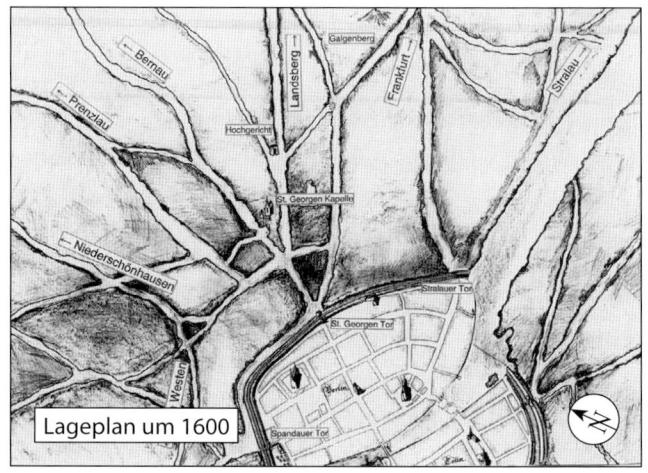

Lageplan um 1600

16

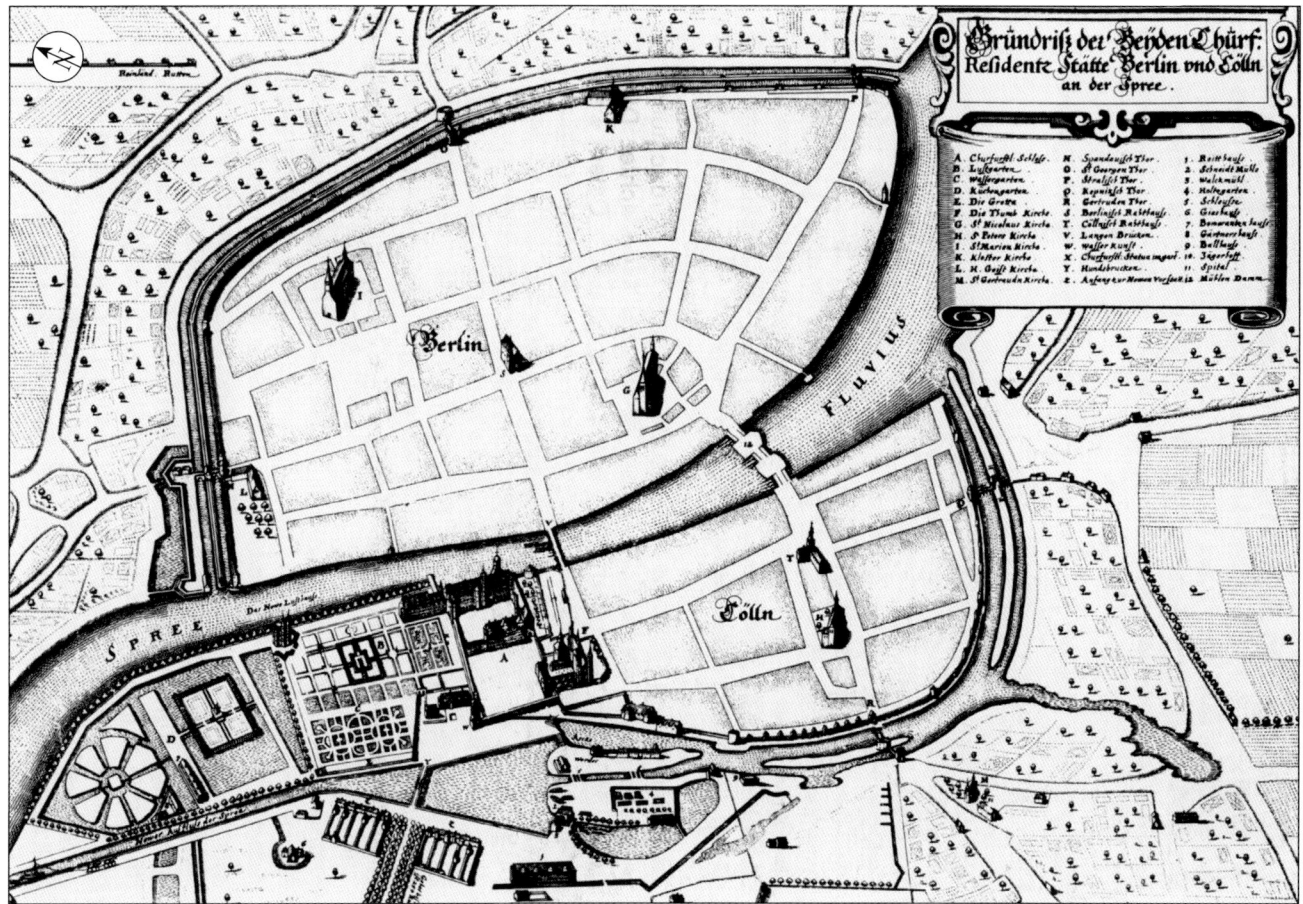

Auf dem ältesten überlieferten Plan der Doppelstadt, den Johann Gregor Memhard 1652 anfertigt, ist in der Mitte das Georgentor zu erkennen, rechts daneben die Klosterkirche, deren Ruine noch heute am U-Bahnhof Klosterstraße direkt hinter dem Alexanderplatz zu besichtigen ist. Links ist die Marienkirche eingezeichnet. Die Gebiete vor der Stadtmauer sind nicht genauer dargestellt, da sie für den neuen Festungsbau nicht von Bedeutung sind. Die bis dahin vorhandene Mauer existierte bereits seit 1319. Ihr war ein Doppelgraben vorgelagert, zwischen dem sich ein Wall hinzog.

Streben nach politischer Geltung soll sich nun auch in einer ansehnlichen Residenz dokumentieren. Um gegen zukünftige militärische Bedrohungen gewappnet zu sein und nachdem andere brandenburgische Städte wie Spandau oder Küstrin längst durch Festungsanlagen gesichert sind, beschließt nun der Kurfürst, die Doppelstadt mit einer gewaltigen Festungsanlage zu umgeben, wie er sie während seiner Ausbildung in den Niederlanden kennen gelernt hat. Mit den Planungen wird Johann Gregor Memhard beauftragt. Der Festungsbaumeister stammt aus Linz an der Donau und war lange Zeit in holländischen Diensten tätig. Memhard nimmt zuerst eine topographische Bestandsaufnahme vor – es entsteht der erste Plan der Residenzstadt überhaupt.

Die Keimzellen der Vorstädte

Die Bauarbeiten an der Festungsanlage werden hauptsächlich von 1658 bis 1674 ausgeführt, wobei den Bewohnern der Residenz große Arbeitsleistungen abverlangt und vielfältige Belästigungen zugemutet werden. Die Festung erhält 13 Bastionen (Bollwerke), die durch Wälle (Kurtinen) miteinander verbunden sind. Fünf Bollwerke sollen die nordöstlich der Spree gelegene Halbstadt Berlin schützen, acht das südwestliche Cölln. Ein bis zu 50 Meter breiter Wassergraben wird dem Festungswerk vorgelagert.

Vermutlich auf Veranlassung des Kurfürsten fertigt der Ingenieur N. Lavigne 1685 einen Plan von Berlin und seiner Umgebung an. Er hat eine Größe von 246 mal 131 Zentimetern. Darauf ist gut zu erkennen, dass die Festungsanlage auf der Berliner Stadtseite direkt vor die mittelalterliche Schutzmauer gebaut worden ist. Über Wall und Graben wird eine neue Straße geführt, die Neue Friedrichstraße (ein Teil davon ist die heutige Littenstraße). Sie verbindet vier Bastionen miteinander. Gegenüber der alten Anlage werden das Spandauer Tor im Nordwesten und das Stralauer Tor im Südosten verschoben, einzig das Georgentor hat in der Mitte zwischen beiden seine Lage erhalten, ist aber einige Dutzend Meter vorgeschoben worden

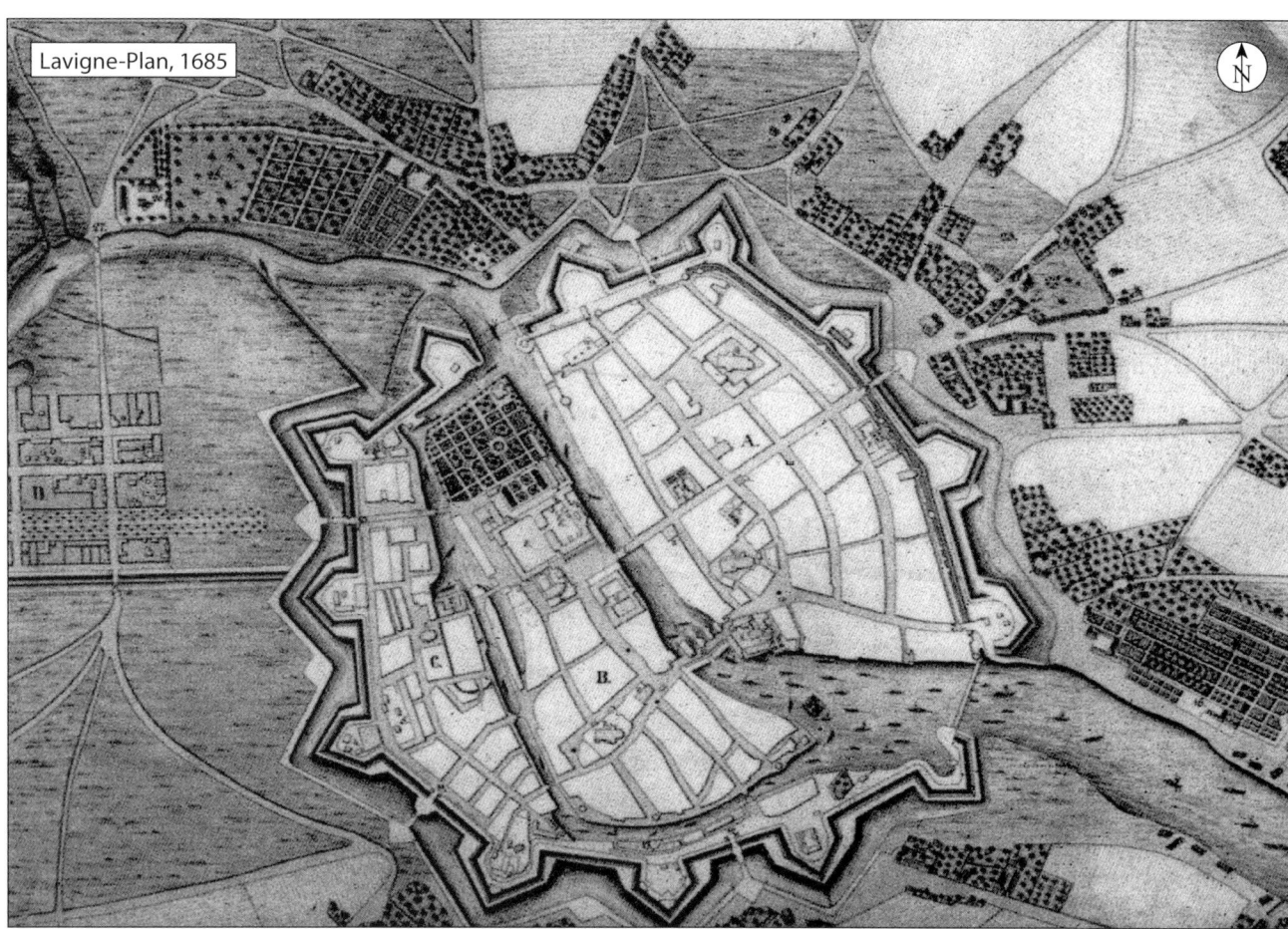

Lavigne-Plan, 1685

und kann jetzt von zwei Bastionen aus verteidigt werden. Die Brücke über den Graben wird durch eine dreieckige Schanze, einen Ravelin, gesichert.

Rund um die Festungsanlagen sind auf Lavignes Plan bereits die ersten Vorstädte zu erkennen, wobei sich die nach der zweiten Gemahlin des Kurfürsten benannte Dorotheenstadt im Westen deutlich von den anderen Siedlungen unterscheidet. Sie ist offensichtlich planvoll angelegt. Durchzogen wird sie von einem Weg mit 1000 Linden und ebenso vielen Nussbäumen in sechsfacher Reihe, der heutigen Straße Unter den Linden. Anders die Gegebenheiten bei den Berliner Vorstädten, die ihre Namen nach den Toren erhalten, vor denen sie zu wachsen beginnen,

nämlich im Norden die Spandauer Vorstadt (heute zum Bezirk Mitte gehörend), im Nordosten die Georgen-Vorstadt (Prenzlauer Berg), im Südosten die Stralauer Vorstadt (Friedrichshain). Hier richtet sich eine offenbar eher zufällige Bebauung an den alten Straßen und Wegen aus.

In der Gegend vor dem Georgentor werden unter dem Großen Kurfürsten zunächst für eine geringe Kaufsumme und unter Verzicht auf den Grundzins Landstücke vergeben. So wachsen die Ansiedlungen im Osten schneller als jene westlich der Stadt. Das Baugeschehen im Osten geht so wild vonstatten, dass sein Nachfolger das ungenehmigte Bauen dort zu unterbinden versucht, jedoch dabei scheitert.

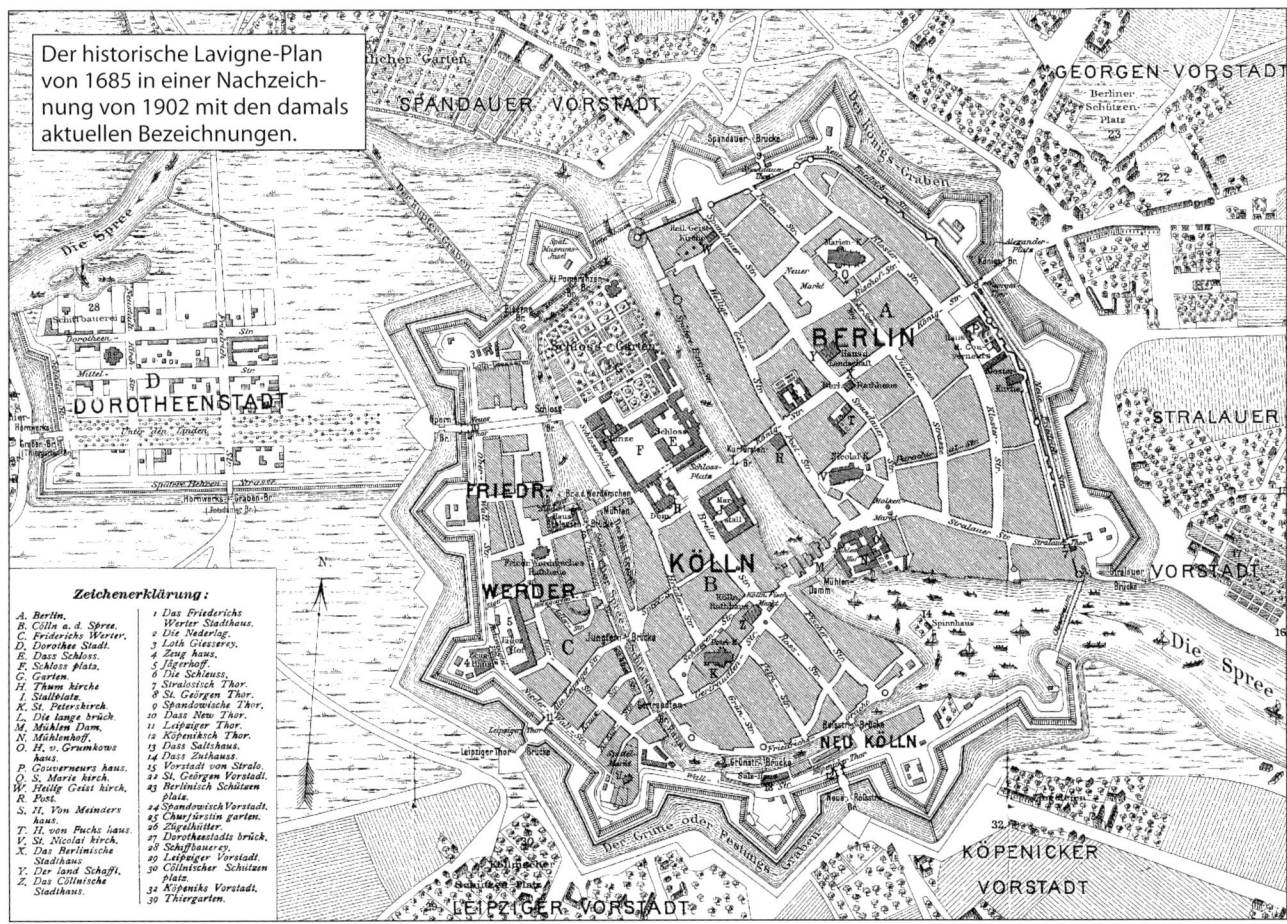

Der historische Lavigne-Plan von 1685 in einer Nachzeichnung von 1902 mit den damals aktuellen Bezeichnungen.

19

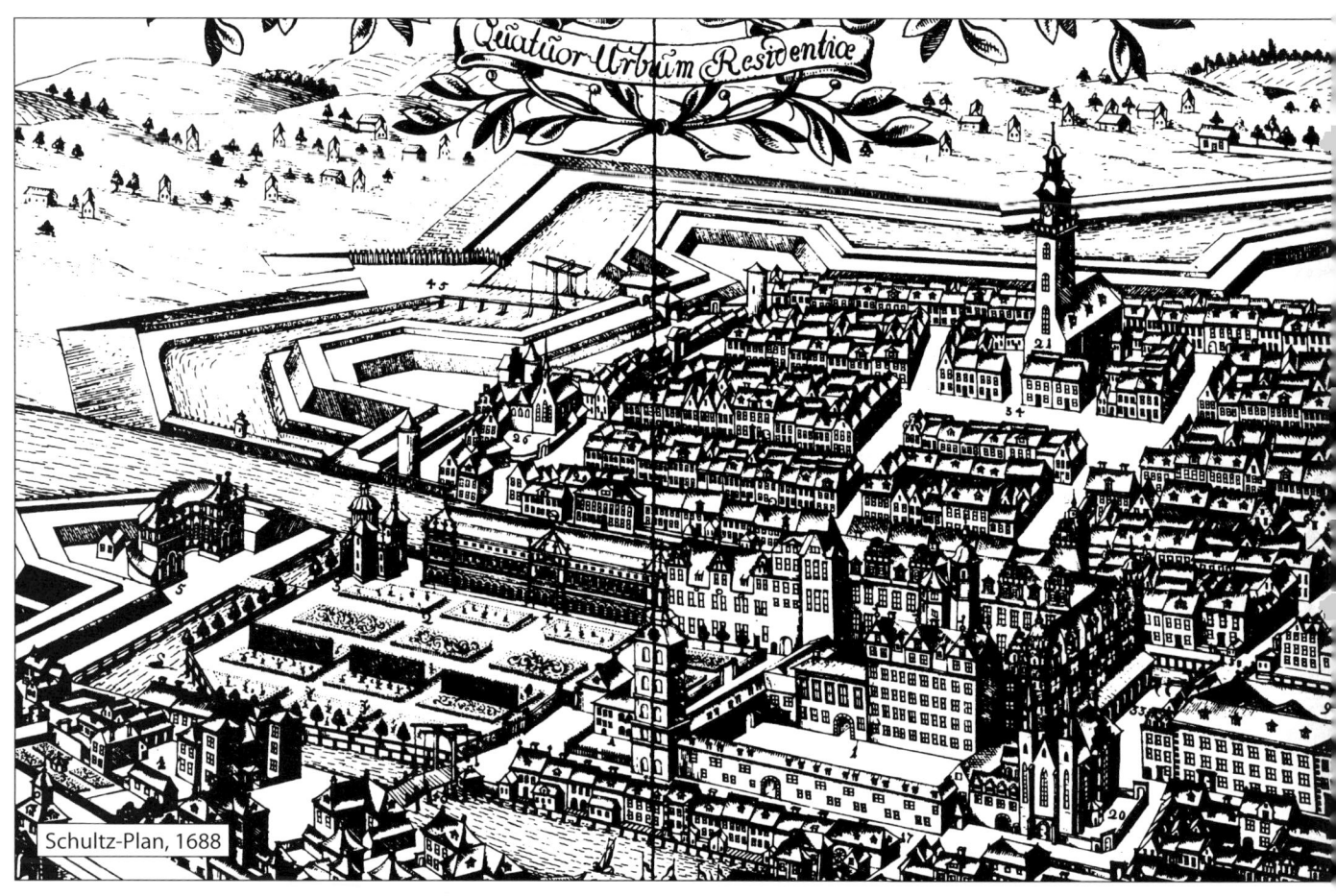

Schultz-Plan, 1688

Die Georgen-Vorstadt wächst

Im Jahre 1688 zeichnet Johann Bernhard Schultz einen Vogelschauplan der Residenzstadt Berlin/Cölln, der – bei aller Verzerrung – auch einen guten Einblick in die Situation am Rande der neuen Befestigungsanlagen gibt. Dominant sind die beiden größten Berliner Kirchen, die Marienkirche (21) und die damals noch eintürmige Nikolaikirche (22). Vor der Bastion rechts ist die Klosterkirche (24) zu erkennen. Das Rathaus (31) steht an der Ecke eben jenes Grundstücks, auf dem im 19. Jahrhundert das Rote Rathaus

errichtet wird. Links das Spandauer Tor (45). Die darüber liegende dreieckige Vorschanze prägt später die Gestalt des Hackeschen Marktes. Zu erkennen ist auch, dass Wohnhäuser teilweise direkt an die mittelalterliche Stadtmauer gebaut worden sind. Die alten Rundtürme der ersten Befestigungsanlage stehen noch und werden zu dieser Zeit als Vorratsmagazine oder als Gefängnis genutzt. Oberhalb der Turmspitze der Marienkirche ist eine freie Fläche mit einigen kleinen einfachen Gebäuden zu sehen, ein Scheunenfeld. 1670 hatte der Große Kurfürst wegen der hohen Brandgefahr den Unterhalt von Scheunen innerhalb der Stadt untersagt und deren Bau außerhalb der Stadtmauer angeordnet. Als »Scheunenviertel« wird

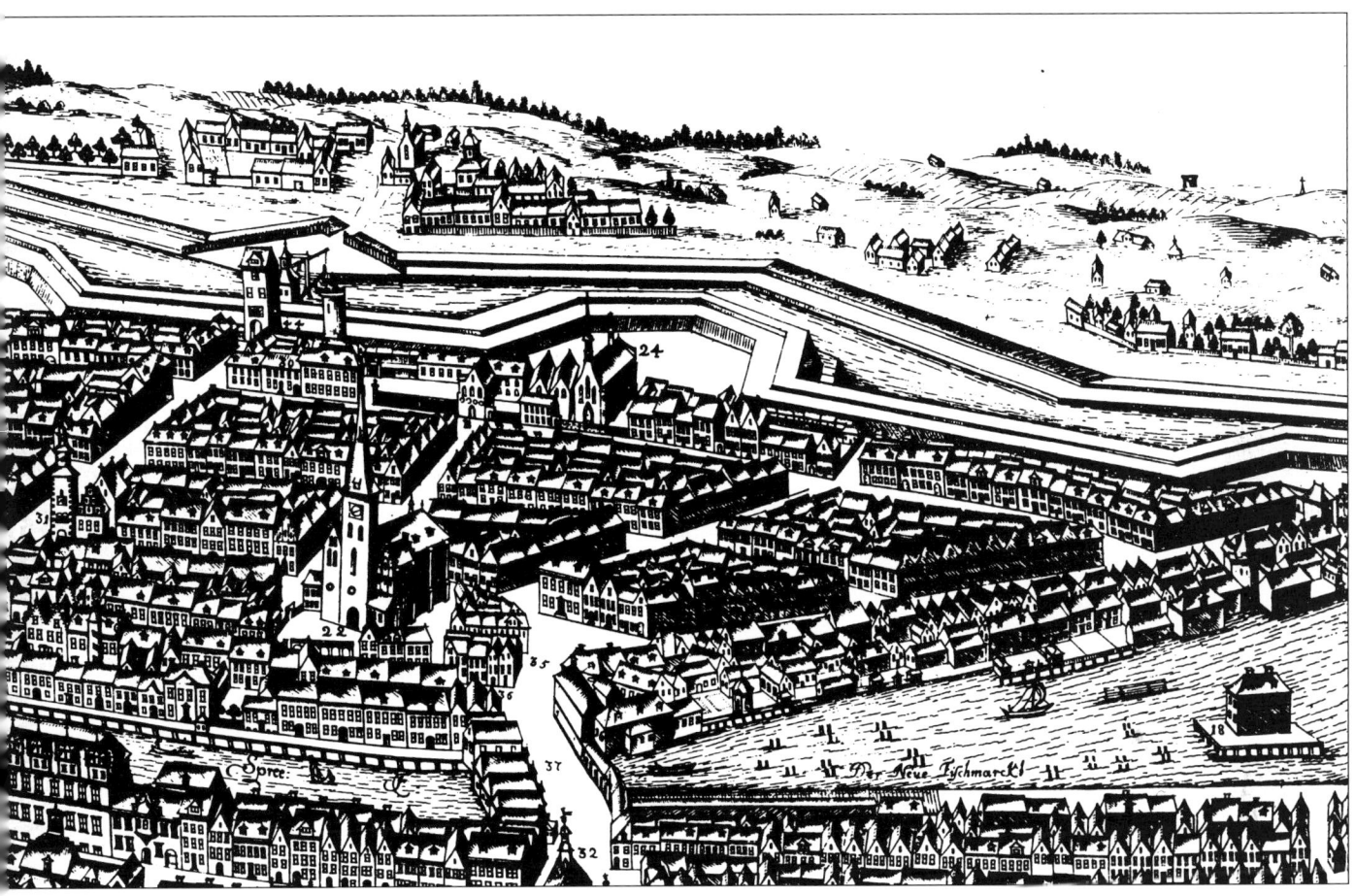

diese Gegend nach der Eingemeindung später noch einen legendären Ruf bekommen. Seit 1681 ist es schließlich auch verboten, innerhalb der Stadt Viehhandel zu treiben. Dieser findet fortan auf dem Platz vor dem Georgentor statt.

Das Georgentor (44) ist als rechteckiges Turmgebäude gestaltet. Rechts daneben steht noch einer der Türme der mittelalterlichen Stadtmauer. Den Festungsgraben überspannt eine Zugbrücke. Überquert man diese, steht man nach einigen Schritten auf jener Viehmarktfläche, aus der später der Alexanderplatz wird. Geradeaus führt von hier aus die Landstraße in Richtung Bernau, zu deren Rechten die Georgenkapelle liegt. Sie gehört zu einem 1672 von der Kurfürstin Sophie Dorothea gestifteten Hospital und einem Waisenhaus.

Das Gebäude rechts unterhalb der Kapelle mit dem auffallenden Dachaufsatz ist das mittelalterliche Pesthaus, das 1716 wegen Baufälligkeit abgerissen werden muss. Zur Linken befinden sich zwei Schäfereien. Die eine ist im Besitz der Kurfürstin. Dahinter erstreckt sich der Schützenplatz. An der Ecke liegt ein Gasthof, der spätere »Stelzenkrug«. Gegen Ende des 17. Jahrhunderts wohnen in dieser Gegend bereits 600 bis 700 Familien, weshalb die zur Georgenkirche aufgewertete Kapelle einen Prediger bekommt. Von nun an vollzieht sich eine rasante Entwicklung des Gebietes.

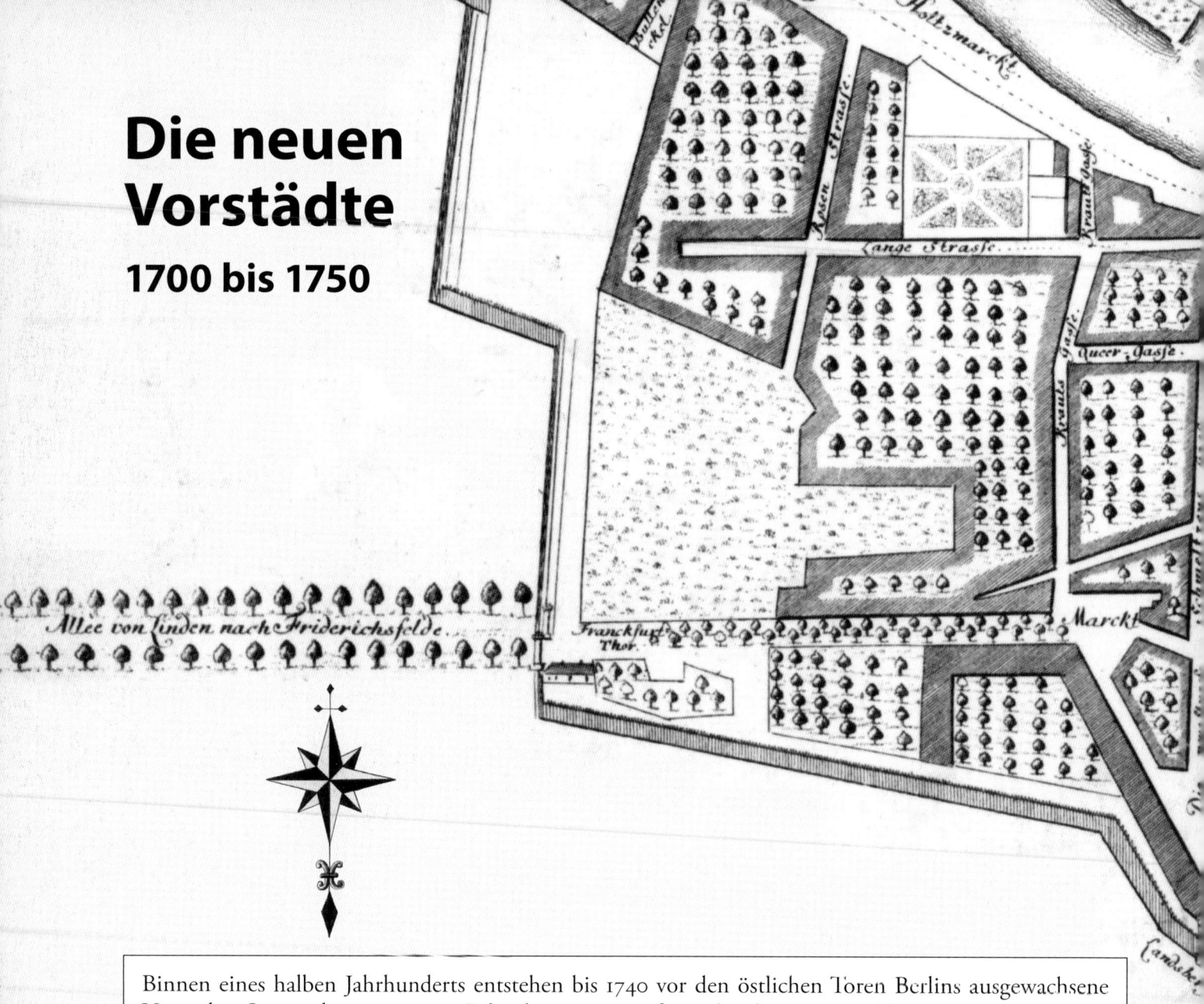

Die neuen Vorstädte
1700 bis 1750

Binnen eines halben Jahrhunderts entstehen bis 1740 vor den östlichen Toren Berlins ausgewachsene Vorstädte. Sie werden von einem Palisadenzaun eingefasst, der die neue Stadtbegrenzung bildet. Die Bedeutung der neuen Quartiere ist daran zu erkennen, dass sie zwei eigene Kirchen erhalten. Da ist zum einen die neue Georgenkirche, die 1712 die kleine Georgenkapelle ersetzt und an der Westseite mit einem kräftigen Turm versehen wird. In der Spandauer Vorstadt legt im gleichen Jahr die dritte Gemahlin Friedrichs I., Sophie Luise, den Grundstein für einen weiteren Sakralbau: die Sophienkirche. Sie wird allerdings erst 1735 vollendet.

Den hier abgebildeten Stadtplan von 1737 fertigte der Zeichenlehrer an der Garnisonschule und Organist der Garnisonkirche Johann Friderich Walther an. Auf ihm sind die gewachsenen Stadtteile und die neu angelegten Tore übersichtlich dargestellt.

Das 18. Jahrhundert beginnt mit einem nachhaltigen politischen Erfolg für den Kurfürsten Friedrich III. von Brandenburg. In Königsberg im Herzogtum Preußen – also außerhalb der Grenzen des Heiligen Römischen Reiches – krönt er sich am 18. Januar 1701 zum König in Preußen. Seine Gemahlin, Sophie Charlotte, wird Königin. Kaiser Leopold I. erkennt die Selbstkrönung an. Jubel bricht los, als das Paar in die Residenzstadt Berlin zurückkehrt, wo Friedrich weiterhin nur Kurfürst ist. Aber die neue Königsehre ist Grund genug, entsprechende Namen einzuführen. In »Derer Sammlungen Berlinischer Merk- und Denkwürdigkeiten ans Licht gegeben Berlin 1727« heißt es dazu:

»Von dieser [der Georgenkapelle] hat das Thor seinen Nahmen vorher gehabt und ist das St. Georgen- oder St. Jürgen Thor genannt worden. Warum es aber itzo das Königs-Thor und die Straße Königs-Straße heißet, solches kann nicht unbekannt seyn. Den 18. Jenar des 1701. Jahres war es, da beide Majestäten in Preußen ihre Krone aufgesetzt. Dieses sahe man in Berlin, den 6. May, da der Einzug geschahe. Dieser nun gab Gelegenheit, die Vorstadt St. Georgen

Oranienburger Tor, 1866

24

Königs-Stadt, das Thor Königs-Thor und die Straße Königs-Straße zu nennen.« Selbstredend wird die Brücke über den Festungsgraben zur Königsbrücke.

Derart aufgewertet, gibt es in der Folgezeit mehrere Versuche der Bewohner, ihren Vorstädten das Stadtrecht zu verleihen. Sie wollen, dass aus der Königs-Vorstadt eine eigenständige Königsstadt wird. Doch der königliche Kurfürst sperrt sich. Die Berliner Vorstädte behalten ihren untergeordneten Status, auch als 1709 Berlin, Cölln, Friedrichswerder, Dorotheenstadt und Friedrichstadt zur königlichen Residenzstadt Berlin vereint werden. Die Einwohnerzahl der neuen Großstadt beträgt zu dieser Zeit 56 000. Als 1740 Friedrich II. seine Regentschaft antritt, wohnen bereits über 80 000 Menschen hier.

Auch die Einwohnerzahl der Vorstädte wächst unaufhörlich. Vor allem in der Spandauer Vorstadt und an den großen Ausfallstraßen wird rege gebaut. 1716 erfolgt der Abriss des alten Seuchenhospitals an der Georgenkirche. Das Hochgericht wird nach Südosten verlegt. So verschwinden letzte Hinderungsgründe für die Ansiedlung in dem bis dahin gemiedenen Raum. Die neue Stadtbegrenzung – teils Mauer, teils Palisadenzaun – dient vor allem als Zollgrenze und soll auch das Desertieren der zwangsausgehobenen Soldaten erschweren, die in der Stadt stationiert sind. Am Ende der Friedrichstraße befindet sich im Norden das Oranienburger, östlich daneben das Hamburger Tor, gefolgt vom Rosenthaler und Schönhauser Tor, danach das Prenzlauer und das etwas vorgelagerte Bernauer Tor bis schließlich zum Landsberger Tor. Wenn man vom Bernauer Tor absieht, liegen all diese Stadtzugänge auf einer geschwungenen Linie, die heute die Torstraße bildet. Besondere Bedeutung erlangte das Bernauer Tor, denn dahinter begann die Fernverbindung nach Greifswald an der Ostsee (heute Greifswalder Straße). In jener Zeit baute man auf den seitlich gelegenen Hügeln noch Wein an und standen auf dem kleinen Berg zur Prenzlauer Straße hin mehrere Windmühlen (daher der Name Prenzlauer Berg). Nach einer Reihe allzu

Blick von Nordosten auf Berlin mit dem Bernauer Tor (links) sowie der Georgenkirche (rechts) und der eintürmigen Nikolaikirche.

strenger Winter wird gegen Ende des 18. Jahrhunderts der Weinbau eingestellt, da die meisten Rebstöcke erfroren sind.

Zu einem Bestandteil der Vorstädte werden in jener Zeit auch die Friedhöfe der städtischen Kirchengemeinden und der jüdischen Gemeinde, denen es im alten Stadtgebiet an Platz mangelt. Als 1727 der Schützenplatz gegenüber der Georgenkirche weiter vor die Stadt verlegt wird, erhält nicht nur die Georgengemeinde am Königstor eine Begräbnisstätte, sondern auch die Berliner Kirchgemeinden von St. Nikolai und St. Marien. Die Friedhöfe erstrecken sich bis zum Prenzlauer Tor hinüber. Im Laufe der Zeit legen beinahe alle Stadtgemeinden Kirchhöfe in den Vorstädten und später auch vor den Toren der Stadt an.

Der Platz vor der Königsbrücke erhält zur gleichen Zeit eine neue Prägung, was auf zwei Entwicklungen zurückgeht. Es ist zum einen der von Friedrich Wilhelm I. begonnene Ausbau der Berliner Garnison und zum anderen die Förderung des Gewerbes, insbesondere von Textilmanufakturen.

25

Der Berliner Stadtgrundriss

Ab 1734, also gerade mal 60 Jahre nach ihrer aufwendigen Konstruktion, werden die massiven Festungsanlagen schrittweise abgetragen, ohne jemals in einem praktischen Einsatz erprobt worden zu sein. Die neue Begrenzung jenseits der Vorstädte – Linie genannt (daher der Name der bis heute parallel zur Torstraße verlaufenden Linienstraße) – dient fortan weniger militärischen Zwecken als der Kontrolle von Personen und Waren.

Der Berliner Stadtgrundriss ist inzwischen deutlich viergeteilt: im Zentrum das vom alten Festungswerk markierte Stadtgebiet, westlich davon die bei-

den planvoll angelegten Vorstädte Dorotheenstadt und Friedrichstadt, im Süden die Köpenicker Vorstadt – ein Raum, der erst spärlich besiedelt und noch durch große Ackerflächen geprägt ist – sowie die Vorstädte im Norden und Osten: Spandauer Vorstadt, Königsstadt (ehemals Georgen-Vorstadt) und Stralauer Vorstadt. An den repräsentativen Toren der westlichen Vorstädte finden sich auf dem Stadtgebiet Plätze, die aufwendig als geometrische Figuren angelegt sind: ein Quadrat am Brandenburger Tor (heute der Pariser Platz), ein Achteck am Potsdamer Tor (jetzt der Leipziger Platz) und schließlich ein Kreis am Halleschen Tor (der heutige Mehringplatz). Die zahlreichen Tore im Norden und Osten erfahren dagegen keine vergleichbare gestalterische Zuwendung. Während in den westlichen Vorstädten den repräsen-

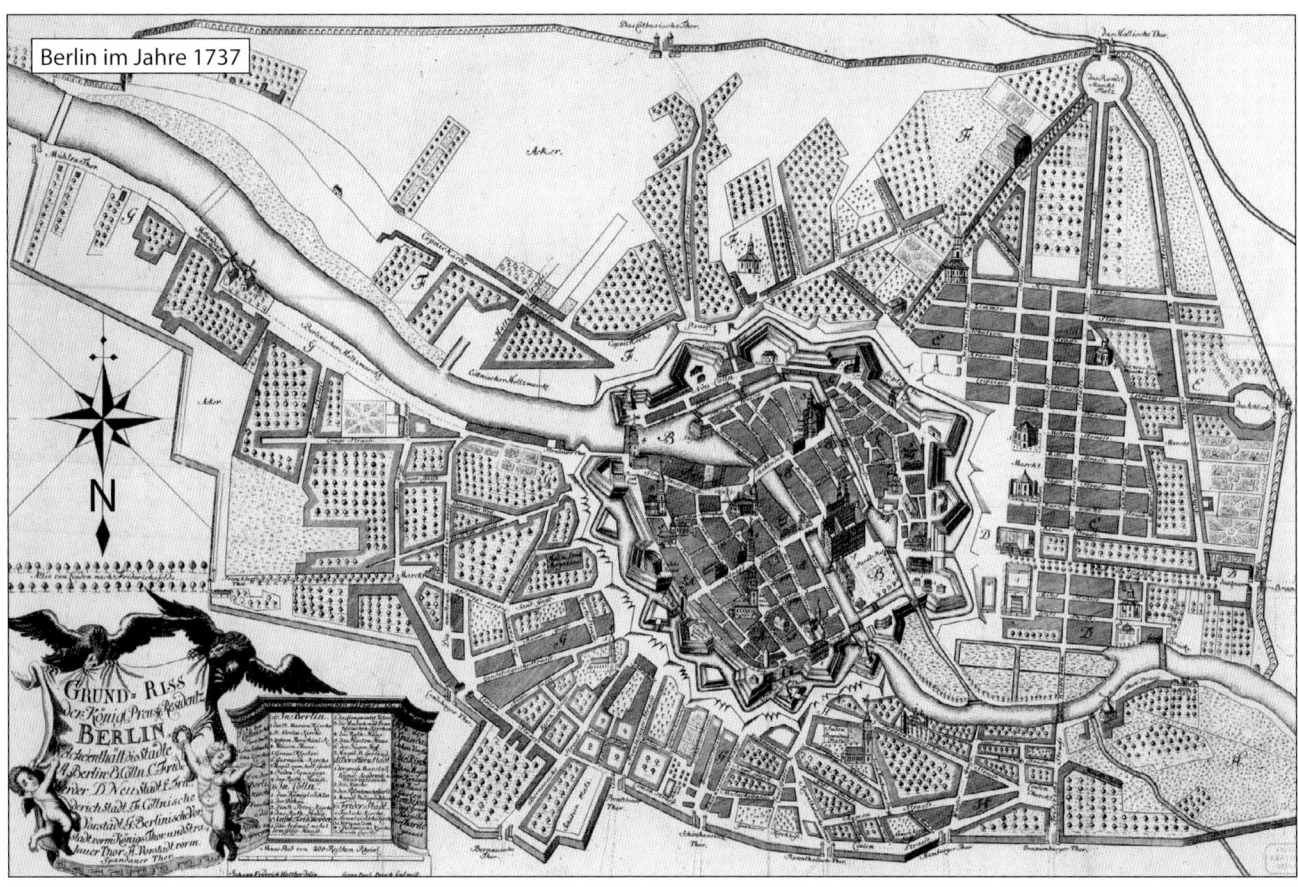

Berlin im Jahre 1737

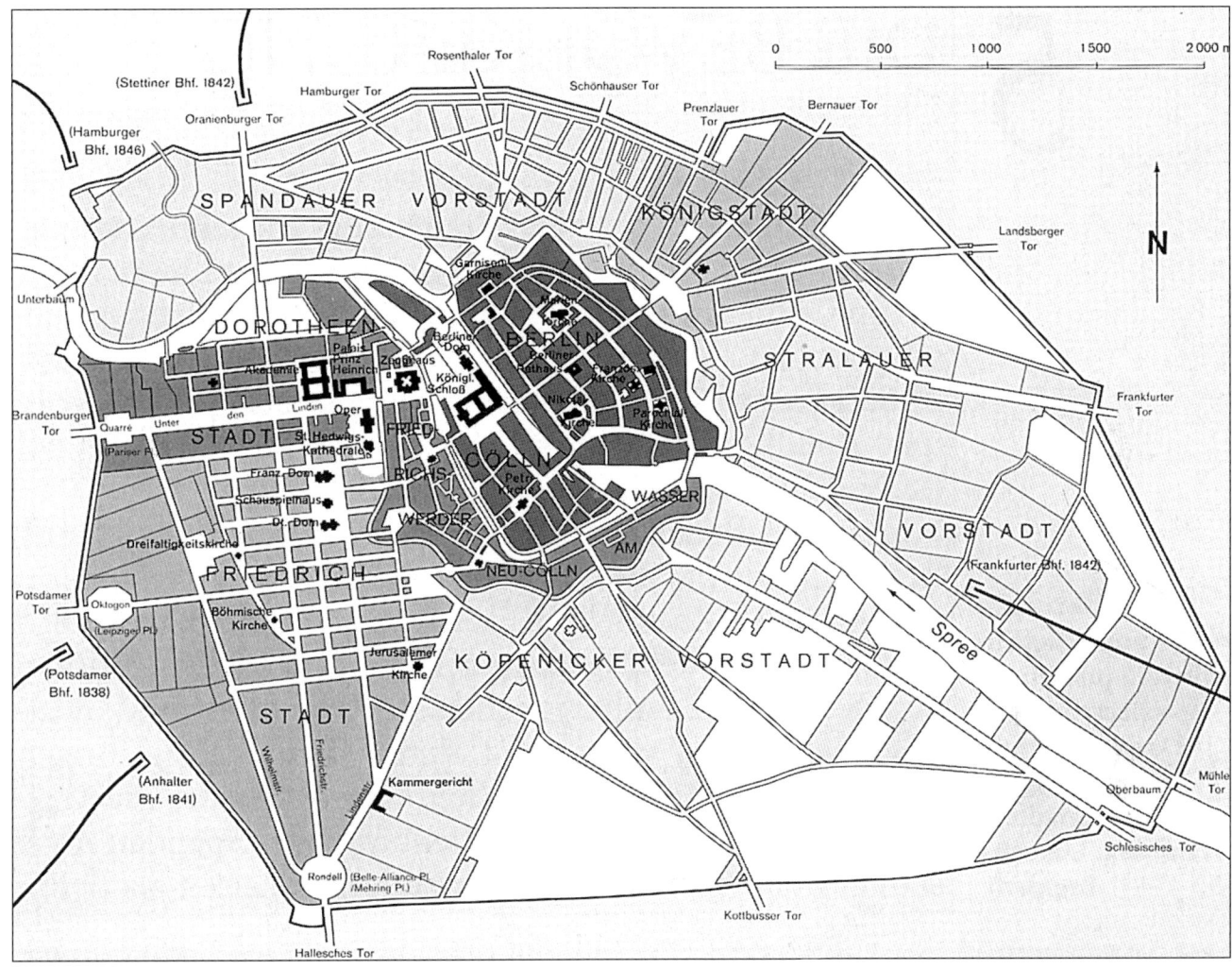

Links: Plan von J. F. Walther aus dem Jahr 1737, der nach Süden ausgerichtet ist und für unsere heutigen Sehgewohnheiten daher auf den Kopf gestellt werden müsste.

Oben: Nach Norden ausgerichtete Graphik auf der Grundlage des Walther-Plans mit den späteren Vorstädten. Hier wird die Stadtbegrenzung des 18. Jahrhunderts durch die sogenannte Linie besonders deutlich. Gut zu erkennen ist auch, dass mit Ausnahme des Frankfurter Bahnhofs alle Bahnhöfe vor der Linie enden. Parallel zu der ehemaligen Stadtbegrenzung zwischen Halleschem Tor und Schlesischem Tor (unten im Bild) wird am Anfang des 20. Jahrhunderts die U-Bahn als Hochbahn gebaut, die dann jenseits der Oberbaumbrücke auf der anderen Seite der Spree (heute Warschauer Straße) endet.

tativen Toren Plätze zugeordnet sind, die man aufwendig als geometrische Figuren anlegt, zeigen die anderen Tore keine vergleichbare Gestaltung. Den Osten durchziehen zwar wichtige Ausfallstraßen, dazwischen liegen aber mehr zufällig Verbindungswege, Wohngebäude, Scheunen, Gärten, Friedhöfe. Die Bebauung hält noch Abstand zum alten Festungsgraben. Um 1850 leben in der erweiterten Stadt Berlin mittlerweile mehr als 400 000 Einwohner. Die ersten Bahnhöfe, die ab 1838 angelegt werden, befinden sich alle – mit Ausnahme des Frankfurter Bahnhofs (heute Ostbahnhof) – außerhalb der Stadtgrenze.

27

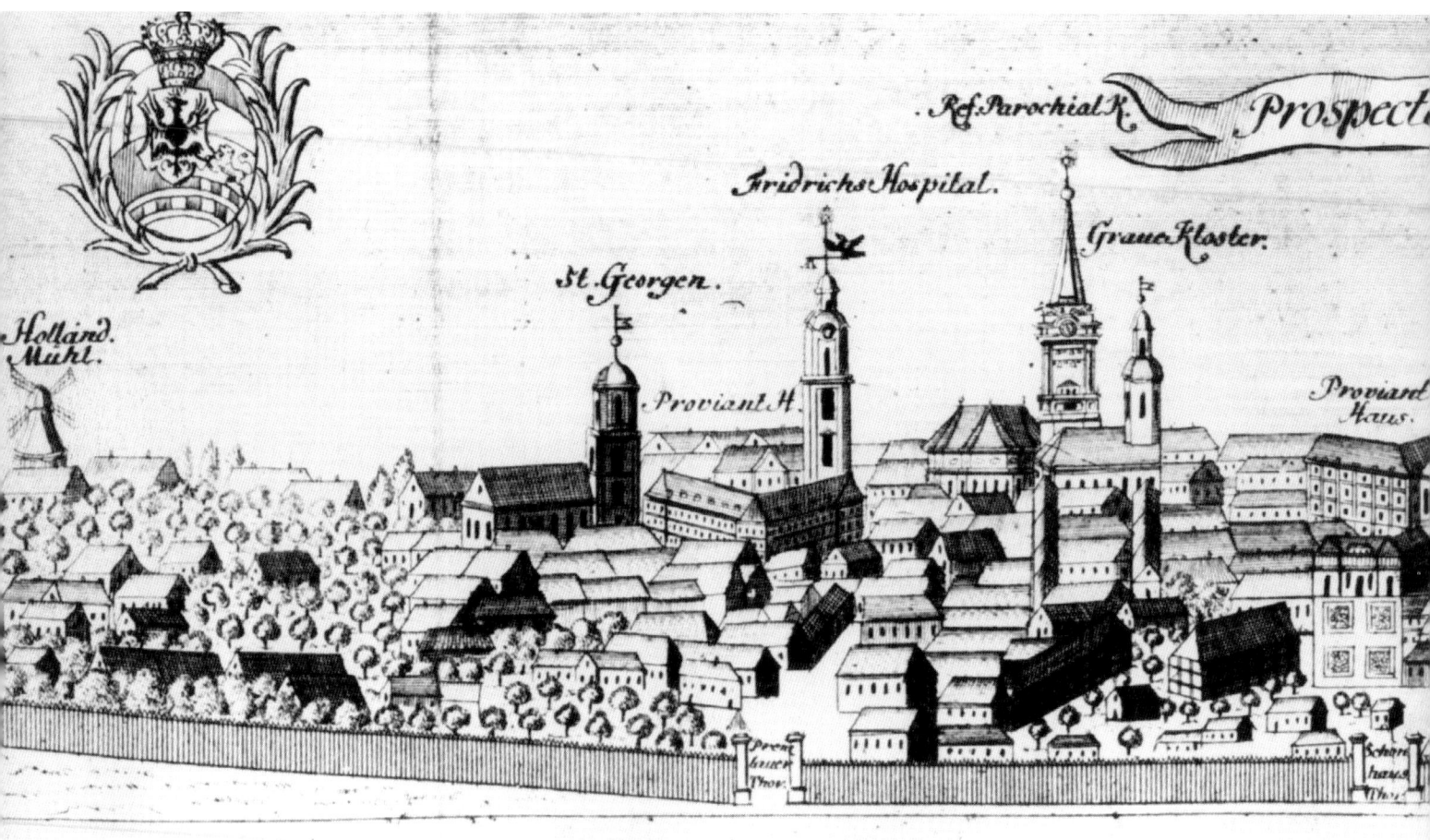

Leben in der grünen Königsstadt

Unter den Vorstädten gehört die Königsstadt zu jenen Gebieten, in denen Viehhalter, Ackerbürger und Gemüsegärtner französischer Herkunft Grundstücke für ihre landwirtschaftlichen Betriebe zugewiesen bekamen, weshalb sie besonders grün war. Nicht zufällig sind auf Walthers Stadtansicht von Norden her aus dem Jahre 1773 im Bereich der Königsstadt besonders viele Bäume eingezeichnet (links im Bild zwischen Georgenkirche und Holländischer Mühle). Hier umschließt der Palisadenzaun Gärten, Wiesen und Felder, Weinpflanzungen, Meiereien, Ställe und Feldscheunen. In der Einwohnerschaft gibt es Hunderte von Ackerleuten – vornehmlich an der Landsberger, der Bernauer und der Prenzlauer Straße – sowie zahlreiche Viehmäster und Gärtner. Bis heute zeugen Bezeichnungen wie Weinmeisterstraße oder Weinbergsweg, Hirten- oder Gartenstraße von jenen Gegebenheiten.

Vor allem die zugewanderten französischen Gärtner und Bauern erzeugen für die Bewohner der Stadt Gartenfrüchte im Überfluss, was in keiner anderen großen Stadt zu dieser Zeit der Fall ist. Friedrich Nicolai rühmt in seiner »Beschreibung der Königlichen Residenzstädte Berlin und Potsdam« besonders die

Diese Zeichnung der Stadt
ergänzt Walthers Plan von 1737.
Die Königsstadt, links im Bild,
weist besonders hohen Baum-
bestand und viele Grünflächen auf.

»von Berlinischen Gärtnern ungefähr seit 1774 erfundene und ins Große betriebene Kunst«, den Spargel im Freien zu ziehen. Ein Handelsprodukt über die Stadt hinaus sind zudem Blumen- und Gemüsesamen. Die einstige Lehmgasse wird daher 1816 in Blumenstraße umbenannt (heute im Bezirk Friedrichshain nahe des Strausberger Platzes). Ein Teil der erfolgreichen Gärtnereien richtet auch Kaffeegärten ein, die bald beliebte Ausflugsziele sind.

Noch heute fällt Berlin im Vergleich zu anderen europäischen Großstädten durch seinen hohen Anteil von Grünflächen auf. Das galt jedoch lange als fehlende Urbanität, was Friedrich dem Großen im 18. Jahrhundert sogar Spott einbrachte. Als er einmal den französischen Gesandten Marquis de Valory fragte, ob Berlin sich nicht an Größe nunmehr mit Paris messen könne, soll dieser erwidert haben: »Gewiss, nur mit dem Unterschied, dass wir in Paris weder säen noch ernten.«

29

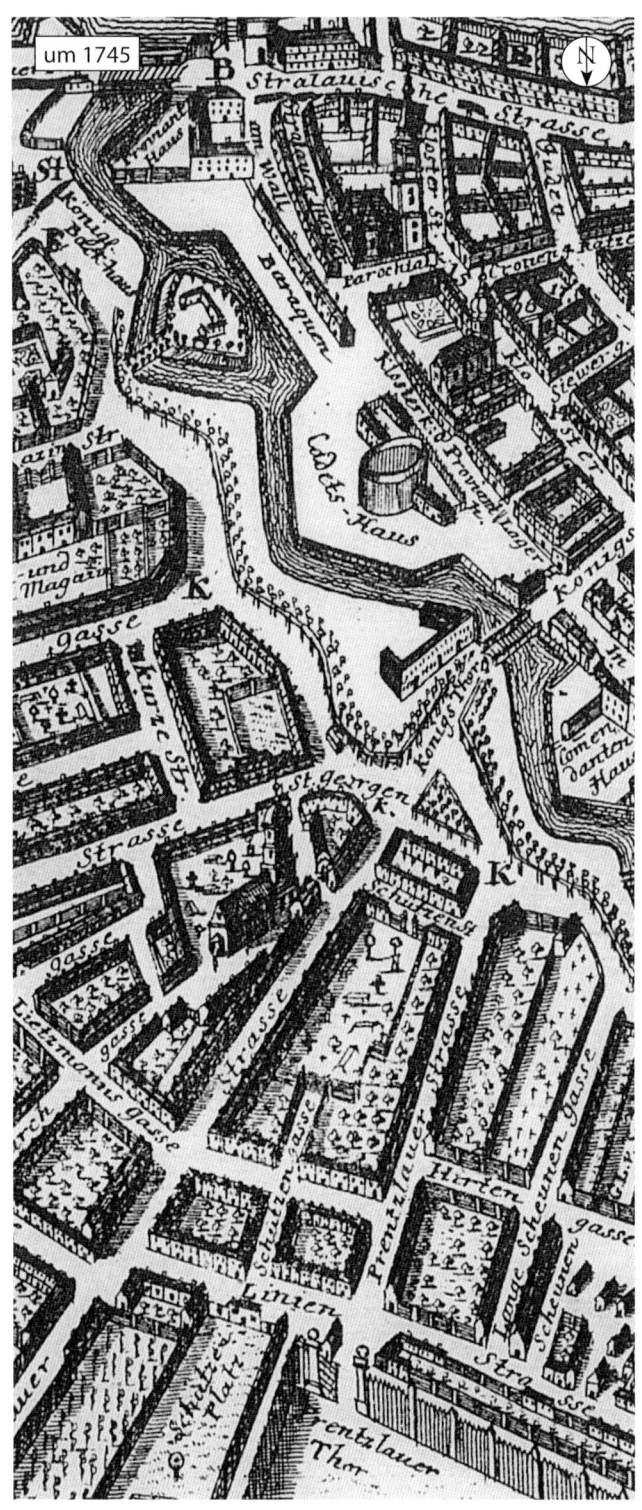

um 1745

Vom Raum zum Platz

Um die Mitte des 18. Jahrhunderts bekommt der Raum vor dem Königstor durch einige zusätzliche Bauten eine neue Gestalt. Anhand zweier historischer Stadtpläne lassen sich die Veränderungen gut nachvollziehen. Der eine Plan, etwa aus dem Jahre 1745, stammt von Johann David Schleuen, der andere von Johann Friderich Walther. Wie im Impressum zu lesen ist, will Walther alle Veränderungen im Stadtbild von 1740 bis 1766 dokumentieren, gleichsam also seinen Plan von 1737 (der am Anfang dieses Kapitels steht) weiterführen. Beide Pläne sind nach Süden ausgerichtet.

Schleuen verwendet zwar die Bezeichnung Königs Thor, ein Tor existiert an der Königsbrücke allerdings nicht mehr. Die alten Befestigungsanlagen sind dagegen noch gut zu erkennen, die auf dem Plan von 1766 dann fehlen. Der Rückbau dieses nutzlosen Verkehrshindernisses begann schon in den dreißiger Jahren am westlichen Festungswall und wird erst in den sechziger Jahren im Osten abgeschlossen. Zu diesem Zeitpunkt existiert nur noch eine der Bastionen, die Marienbastion, nördlich der Brücke über den Festungsgraben, wo das Kommandantenhaus errichtet worden ist. Ansonsten sind von der Festung allein der Nasse Graben und zwei Vorschanzen, Ravelins, geblieben, auf denen man ein Backhaus für die Garnison bzw. ein Getreidemagazin errichtet hat. Schleuens Plan zeigt unmittelbar an der Brücke ein erstes neues Gebäude, eine Wollzeugmanufaktur, die 1745 von Jakob Lange gegründet worden ist.

Während der folgenden gut zwanzig Jahre findet im Raum zwischen den beiden Ravelins eine rege Bautätigkeit statt. Walther verzeichnet 1766 auf der Alt-Berliner Seite des Grabens entlang der Neuen Friedrichstraße ein Provianthaus, Kasernen, das Kadettenhaus, ihm gegenüber ein weiteres Provianthaus und das Kommandantenhaus. Und auf der anderen Seite, An der Contrescarpe, liegen u. a. eine Zuckersiederei, ein Königliches Backhaus, neue Kasernen an der Langen Scheunengasse und das Magazin am (Königs-)Graben.

Weiter ist, wenn man Berlin über die Brücke verlässt, zur Linken, schräg gegenüber der Wollzeugmanufaktur, ein großer Gebäudeblock errichtet worden, der zum Graben hin einen Weg geschaffen hat. Dieser Komplex markiert schon jetzt den Grundriss des späteren Kaufhauses Tietz, das eben hier gebaut werden wird. Schließlich ist da ein letzter Neubau. Wenn man die Manufaktur von Jakob Lange passiert hat, ist er zu sehen: das Neue Arbeitshaus, ein wuchtiger quadratischer Bau.

Durch diese Umgestaltungen ist vor der Brücke über den Festungsgraben ein größerer Platz entstanden, wo weiterhin Viehmärkte abgehalten werden. Der Teil vor dem neuen Arbeitshaus wird als Exerzierplatz genutzt, weshalb er den Namen Paradeplatz erhält, rund ein halbes Jahrhundert später dann den Namen Alexanderplatz.

31

Der Platz vor der Brücke

1750 bis 1800

Der Platz vor der Königsbrücke (hier ein Blick von Nordosten) wird im Jahr 1779 vorrangig als Viehmarkt und Exerzierplatz genutzt. Hinter der Brücke bilden die Königskolonnaden den repräsentativen Eingang zum Altberliner Stadtkern mit der Königsstraße, die zum Rathaus führt. Am Rande des Platzes sind Gewerbebetriebe wie die große Wollzeugmanufaktur entstanden (links) und befindet sich auch das Wohnhaus mit Atelier des königlichen Bildhauers Jean Pierre Tassaert (rechts). In der zweiten Hälfte des 18. Jahrhunderts erlebt Berlin einen enormen Wachstumsschub, der auch den Platz verändert.

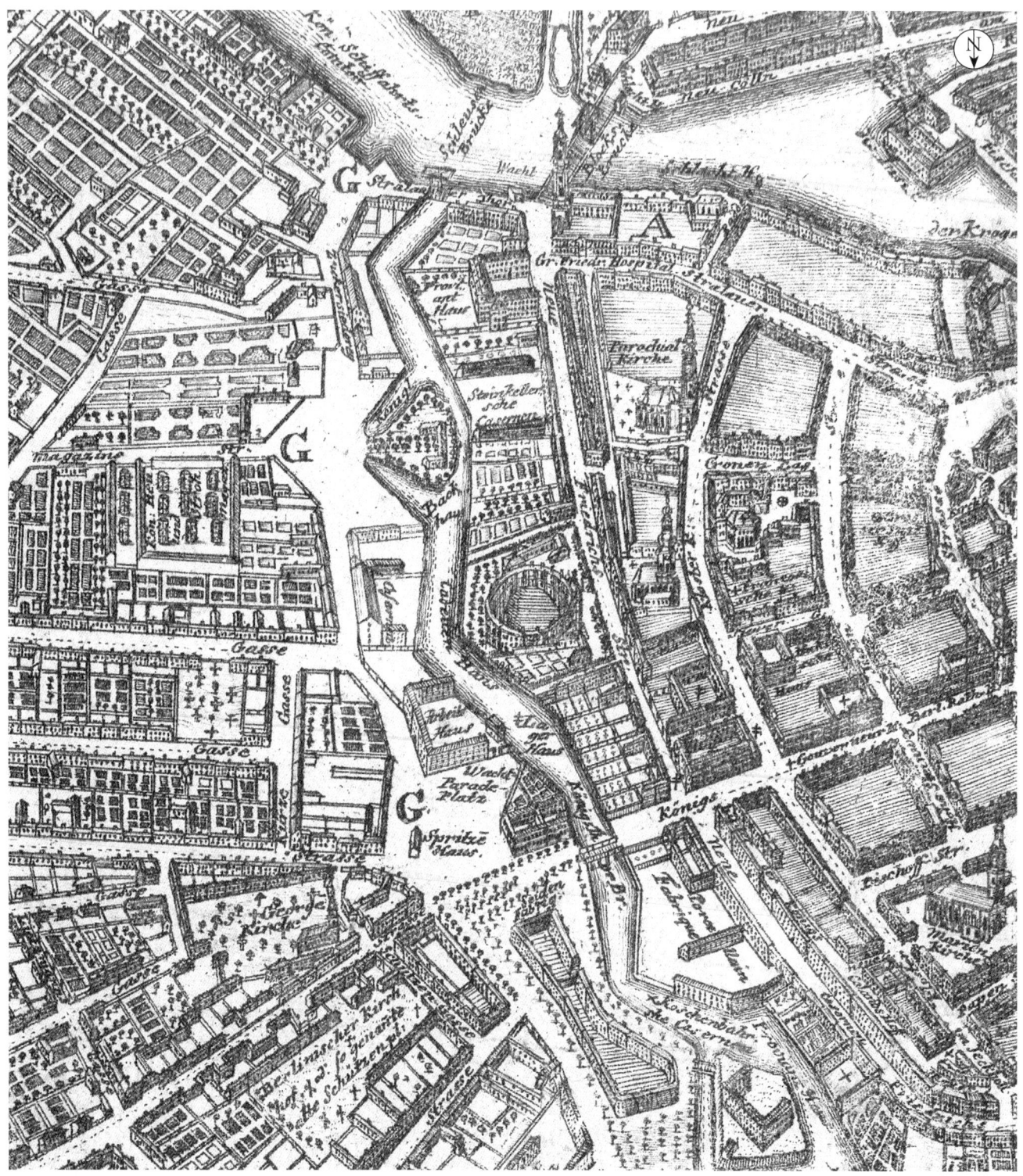

Als das 18. Jahrhundert zu Ende geht, ist aus der kleinen Residenzstadt, die Berlin noch zu Beginn des Jahrhunderts gewesen war, eine der größeren europäischen Städte geworden. Hatte die Doppelstadt um 1700 knapp 30 000 Einwohner, so ist deren Zahl einhundert Jahre später auf mehr als das Fünffache angewachsen und beträgt jetzt über 170 000.

Zu dieser Entwicklung haben vor allem der Ausbau der Garnison und die Förderung des Gewerbes durch königliche Politik beigetragen. Da zum Bevölkerungsteil der Garnison auch die Frauen und Kinder der Soldaten und Offiziere gezählt werden, verzeichnet man allein 30 000 »Militärpersonen« in der Stadt. Sie kommen alle von außerhalb, denn die Einwohner Berlins sind von der Rekrutierung befreit. Die zweite große Bevölkerungsgruppe stellen die Arbeiterinnen und Arbeiter in den Gewerbebetrieben, überwiegend in Manufakturen. Mehr als 30 000 Menschen sind hier in den verschiedenen Gewerbezweigen tätig, dazu über 13 000 Gesellen und Lehrlinge. Ständig wandern weitere mitteldeutsche Handwerker und Unternehmer zu, da das Textilgewerbe gerade seine Blütezeit erlebt.

Militär und Gewerbe prägen dann auch den Platz vor der Königsbrücke und dessen Umgebung. Zu beiden Seiten des Festungsgrabens, der auch nach dem Abbruch des gewaltigen Mauerwerks erhalten bleibt, reiht sich vom Stralauer Tor bis an das Spandauer Tor ein Militärbau an den anderen. Weitere militärische Einrichtungen finden sich zudem an der Straße, die sich am Festungswall entlangzieht: An der Contrescarpe. Der Ausbau des Militärstandortes geht einher mit einem wachsenden Bedarf an Waffen und Uniformen, weshalb der Aufbau entsprechender Manufakturbetriebe königlich gefördert wird. Einige davon entstehen im Raum rund um die Königsbrücke.

Schon 1745 hatte Jakob Lange dort eine Wollzeugmanufaktur gegründet, die stadtauswärts auf der rechten Seite lag. Später wird sie von den Brüdern Paul und Kornelius Hesse erworben und bedeutend erweitert. 1785 hat der Betrieb mehrere hundert Webstühle. Man produziert nicht nur für das brandenburgische und preußische Heer, beinahe die Hälfte der Produktion geht nach Frankreich, Italien, Holland und in die Schweiz. Die Brüder Hesse sind dazu auch auf der Handelsmesse in Frankfurt am Main vertreten, wo sie ein Lagerhaus unterhalten. Das Berliner Manufakturgebäude wird nach dem Ende des Textilbooms in der ersten Hälfte des 19. Jahrhunderts teilweise grundlegend umgebaut und in das erste Privattheater Berlins verwandelt, das legendäre Königsstädtische Theater. Sodann eröffnen am Ende des Jahrhunderts die Brüder August und Karl Aschinger in jenen Räumlichkeiten eine ihrer »Bier-Quellen«, die vierte in der Stadt. Es wird schließlich das letzte Gebäude aus der Zeit des 18. Jahrhunderts sein, das dem Alexanderhaus von Peter Behrens Ende der 1920er Jahre weichen muss – knapp 200 Jahre nach seiner Errichtung.

Einige Jahre nach dem Bau von Langes Wollzeug-Haus lässt der König 1752 schräg gegenüber eine Seidenmanufaktur für den Kaufmann Treitschke errichten. Die Besitzer wechseln in den Folgejahren mehrmals, da das Geschäft wegen der billigen Konkurrenz aus ferneren Ländern nicht so richtig florieren will. 1786 besteht lediglich in einem Seitenflügel noch eine Gazenmanufaktur, berichtet der Verleger Friedrich Nicolai. Auf diesem und den sich anschließenden Grundstücken errichtet Oskar Tietz ab 1904 dann sein berühmtes Kaufhaus. Zwischen 1756 und 1758 entsteht hinter der Wollzeugmanufaktur ein großes Arbeitshaus, in dem aufgegriffene Bettler und Kleinkriminelle Zwangsdienste verrichten müssen. Um 1800 wird dem Arbeitshaus noch eine Textilmanufaktur angegliedert.

Diese drei in der Mitte des 18. Jahrhunderts errichteten Gebäude prägen für viele Jahrzehnte die Gestalt des Platzes vor der Königsbrücke, der zu einem produktiven Zentrum der Stadt wird. Auch auf der anderen Seite von Brücke und Graben richten sich in jener Zeit Manufakturbetriebe ein, so entsteht 1751 in der ehemaligen Bastion an der Brücke eine Porzellanmanufaktur, später kommt noch eine Hutmanufaktur hinzu.

Dann aber stockt die Entwicklung Preußens und Berlins. Sieben Jahre lang lähmt der 3. Schlesische Krieg Land und Menschen. Ein ruinöser Abnutzungs- und Erschöpfungskrieg gegen Österreich, der Preußen mehrfach an den Rand einer Katastrophe führt und 1763 mit der Bestätigung jener territorialen Gegebenheiten in Schlesien endet, die am Kriegsanfang bestanden hatten. Erst nach Kriegsende wendet sich Friedrich II. wieder verstärkt zivilen Projekten zu; unter anderem entstehen nun in der Königsstadt viele neue Gebäude.

Adolph Menzel: Soldaten Friedrichs II.

Friedrich II. nach 1786, Gemälde von Anton Graff.

Mit Friedrich Nicolai durch die Königsstadt

1786 erscheint eine einzigartige Darstellung: »Beschreibung der Königlichen Residenzstädte Berlin und Potsdam, aller daselbst befindlichen Merkwürdigkeiten und der umliegenden Gegend«. Autor ist der Schriftsteller und Verleger Friedrich Nicolai, Freund von Gotthold Ephraim Lessing und Moses Mendelssohn. Diese Männer bilden das Dreigestirn der Berliner Aufklärung. Nicolais rund 1300 Seiten umfassendes Buch ist für jenen Zeitraum die wichtigste Quelle zur den topographischen, politischen, gesellschaftlichen, wirtschaftlichen und kulturellen Gegebenheiten in den beiden Residenzstädten. Ein Kapitel widmet er der Königsstadt.

Nicolai fügt seinem Buch einen Plan bei (siehe Vorseite), gestaltet von Daniel Friedrich Sotzmann, dem in dieser Zeit angesehensten Kartenzeichner in deutschen Landen. Die auffälligste Veränderung, die im Stadtbild von 1786 deutlich wird, ist das weitgehende Verschwinden der alten Festungsbauten. Von der Anlage sind nur noch die Wassergräben geblieben. Lediglich Bezeichnungen verweisen noch auf das frühere Bollwerk, etwa An der Contrescarpe, was die äußere Festungsböschung bezeichnet. Mit der Nr. 48 markiert er den Platz vor der Königsbrücke mit den dazugehörigen Wohnhäusern und Fabriken.

Auffällig an Nicolais Werk sind eigenwillige Schreibweisen, die auf einen Versuch der Eindeutschung hindeuten. So wird aus dem belgischen Hofbildhauer Jean Pierre Tassaert, dem Lehrmeister von Johann Gottfried Schadow, bei ihm ein »Tassard«. Der Künstler mit Wohnhaus und Werkstatt direkt am Platz vor der Brücke starb 1788. Seine Frau weigerte sich danach erfolgreich, aus dem repräsentativen Haus auszuziehen. Tassaerts Tochter Félicité wuchs hier auf und wurde eine berühmte Malerin ihrer Zeit.

I. Berlinische Vorstädte.

I. Die Königsvorstadt, sonst auch Königsstadt. *)

Sie liegt gerade vor Berlin, und begreift alle Straßen von der Prenzlauerstraße bis zur Baumgasse, wovon die linke Seite noch dazu gehört. Sie ist die älteste berlinische Vorstadt, und hieß sonst die Georgenvorstadt, so lange das Thor diesen Namen führte. Ihr Umfang ward ehemals viel weiter nach dem Spandauer= und Stralauerthore zu gerechnet. Aber es war nur die Gegend nahe um die Stadt, und am meisten die Straßen um die Kirche *) bebauet. Weiter hin waren einige ansehnliche Weinberge, aber keine oder doch schlechte Häuser. Um 1680 als Kurf. Friedrich Wilhelm, nach dem Frieden zu St. Germain, seine Länder endlich beruhigt sah, fing mit dem übrigen Anbau von Berlin, auch die Georgenvorstadt an stärker bebauet zu werden. 1684 ward auf Befehl des Kurfürsten, die Gegend um den damaligen Schützenplatz (den jetzigen Kirchhof in der alten Schützenstraße) angebauet. 1691 befahl Kurf. Friedrich III. zwar, daß in den sämmtlichen berlinischen und köllnischen Vorstädten weiter keine Häuser gebauet werden sollten.**) Dieß ward aber nicht gehalten, denn 1692 ward in der Gegend der Prenzlauerstraße viel gebauet. Im jetzigen Jahrhunderte hat diese Vorstadt sehr zugenommen. 1740 ließ K. Friedrich Wilhelm alle Hauptstraßen pflastern. K. Friedrich II. aber hat durch Bebauung der Konterskarpen mit vortrefflichen Häusern, desgleichen durch Erbauung des Arbeitshauses und der Kasarmen, diese Vorstadt verschönern lassen. Nach der jetzigen Eintheilung hat sie 437 Vorderhäuser, und 206 Hinterhäuser, nebst sehr vielen Gärten. Hier bemerket man:

a) Die Königsbrücke. Sie führet aus Berlin von der Königsstraße (Nr. 1) über den ehemaligen Festungsgraben nach der Königsvorstadt. Sie war vorher hölzern, 1777 ward sie abgebrochen.
Die Straßen und Plätze dieser Vorstadt sind folgende:

48) Auf der Konterskarpe, ist die Gegend von der Königsbrücke an, am Paradeplatze bis zur Landsberger= und Bernauerstraße bis an die Straße am Königsgraben. Sie hat den Namen von der ehemaligen Befestigung beybehalten. Man siehet hier:
Das Wohnhaus und die Werkstatt des Königl. Bildhauers linker Hand; auf Königl. Kosten 1780 erbauet. Itzt wohnt der K. Bildhauer Herr Tassard darin, nach dessen Angabe es erbauet ist.

Die Manufakturhäuser der Herren Gebrüder Heſſe, rechter Hand, woſelbſt wollene Zeuge verfertigt werden.

Y. Das Arbeitshaus, rechter Hand, worin Armen, die keine Arbeit bekommen können, und muthwilligen Bettlern, Arbeit gegeben wird. Dies Gebäude ward 1756 bis 1758 von Naumann dem Vater nach Feldmanns Angabe gebauet. *) Es iſt ein weitläuftiges,

Der Platz vor dem Arbeitshauſe, iſt der Paradeplatz für das Thünaſche und das Bornſtädſche Regiment.

49) Am Königsgraben, iſt die Straße linker Hand der Königsbrücke bis ans Kornmagazin. Ehemals eine Kaye, erſt ſeit 1780 an der linken Seite bebauet.

Hier iſt:

Z. Ein Königl. Kornmagazin, welches in einem ehemaligen Ravelin ſtehet, daher man zu demſelben dieſſeits über eine Brücke kommt.

50) Am Kornmagazine, heißt die Gegend vom Kornmagazine bis an die Münzſtraße. *)

51) Auf der Konterſkarpe am Stelzenkruge, heißt die Straße von der Ecke der Bernauerſtraße **) und der Konterſkarpe bis nach der Ecke der langen Scheunen= oder Jakobsſtraße in der Spandauervorſtadt. Hier iſt zwiſchen der Bernauer= und Prenzlauerſtraße:

Der Stelzenkrug, *) ein Wirthshaus, wo das ganze Jahr durch Vieh verkauft wird.

Die Fleiſchſcharren, neben und unter dem Hauſe des Stelzenkruges.

Zwiſchen der Prenzlauer= und Jakobsſtraße:

Drey große 1784 auf Königl. Koſten von Unger gezeichnete und erbauete Häuſer.

53) Die Linienſtraße umſchließt eigentlich die Spandauer= und Königsvorſtadt, längs den Palliſaden. Sie fängt ſchon in der Spandauervorſtadt an der Oranienburger= und Dammſtraße (ſ. unten Nr. 85) an, und endiget ſich an der nordöſtlichen Gränze der Königsvorſtadt in die Lindenallee der großen Frankfurter Straße (ſ. Nr. 122). Hier berühren wir ſie nur, inſofern ſie zur Königsvorſtadt gehöret, und alſo von der Jakobsſtraße rechts bis zu Ende dieſer Vorſtadt. Der Theil dieſer Straße von der Prenzlauer= bis zur Bernauerſtraße heißt die neue Schützenſtraße, und der Theil von der Bernauer= bis zur Landsbergerſtraße heißt die Golnowsgaſſe (ſ. unten Nr. 60).

54) Die Bernauerſtraße geht von der Konterſkarpe, gerade der Königsbrücke gegenüber, bis ans

B. Bernauerthor.

In dieſer Straße liegt linker Hand: der Schröderſche Weinberg und Meyerey; rechter Hand aber

Unter Position 51 beschreibt Nicolai auch den »Stelzenkrug«, der aus einer Schänke hervorging, die hier im 17. Jahrhundert nahe den Schäfereien und Meiereien der Kurfürstin und späteren Königin Sophie Charlotte entstanden war. Nach ihrem Tod 1705 wurde das Wirtshaus der Invaliden-Anstalt geschenkt. Darauf spielt der Name »Stelzenkrug« an. Mit der Gastwirtschaft war das Recht verbunden, Viehhändler beherbergen und auch Viehmarkt abhalten zu dürfen. 1765 kam der Gasthof mit all seinen Rechten wieder in privaten Besitz.

Die Beschriftung in Sotzmanns Karte weicht an einigen Stellen von Nicolais Text. ab. So ist bei ihm unter Nr. 118 eine Kaiser Straße vermerkt, die 1786 noch Sandgasse hieß und im Buch von Nicolai unter Nr. 118 so auch zutreffend vermerkt ist. Offenbar handelt es sich hier um einen späteren Zusatz, möglicherweise von Sotzmann selbst, der bis 1840 gelebt hat. Der Name Kaiser Straße bezieht sich auf die Umbenennung von 1805 zu Ehren von Zar Alexander I.

Friedrich Nicolai um 1790.

Häuser an den Ausfallstraßen (1)

Bürgerliche Wohnquartiere (2)

Königskolonnaden (3)

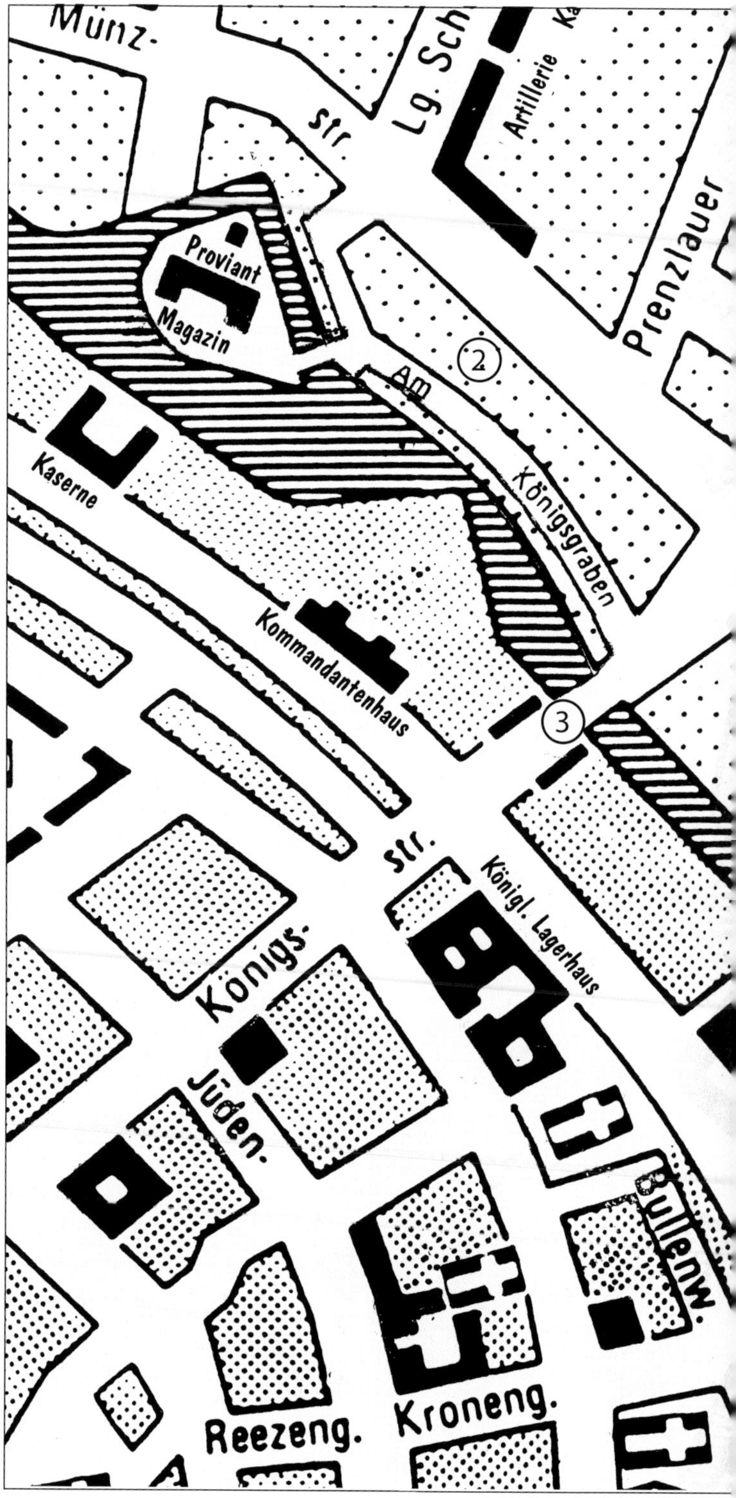

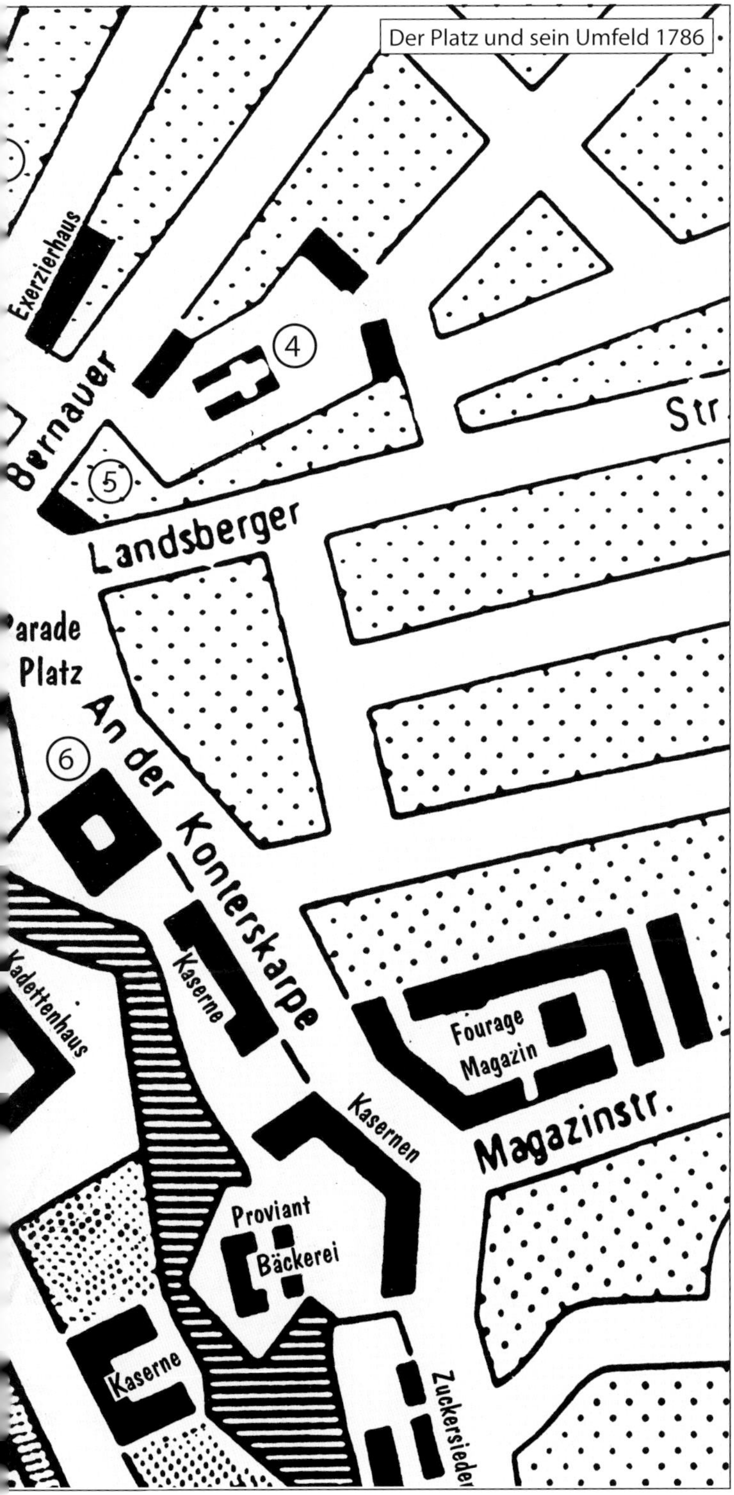

Der Platz und sein Umfeld 1786

Exerzierhaus

Bernauer

④

⑤

Landsberger

Str.

arade

Platz

An der Konterskarpe

⑥

Vadettenhaus

Kaserne

Kasernen

Fourage
Magazin

Magazinstr.

Proviant
Bäckerei

Kaserne

Zuckersieder

Georgenkirche (4)

Gasthof »Zum Hirschen« (5)

Contobücher-Fabrik von L. Juergens.

Handlu Lederwaren.

Pianoforte-Fabrik von Julius Pfaffe.

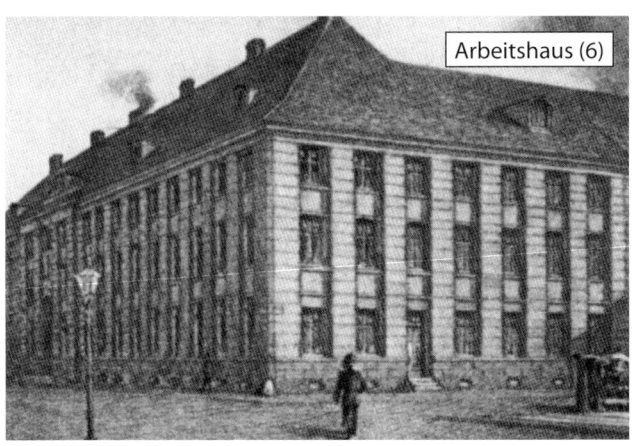

Arbeitshaus (6)

Oben: Die Königskolonnaden mit der Königsbrücke im Vordergrund in einem Gemälde von Eduard Gärtner aus dem Jahre 1832.

Links: 1909 werden die Kolonnaden abgetragen, um Platz für den Bau des Kaufhauses Wertheim zu schaffen, und im ehemaligen Botanischen Garten in Schöneberg (heute Kleist-Park) neu aufgestellt, wo dieses prachtvolle, aber mittlerweile etwas vernachlässigte Bauwerk bis heute bewundert werden kann.

Die Königskolonnaden

Mit dem Abbruch der Festungsanlagen ist auch das Tor, durch das die Menschen Alt-Berlin betraten oder verließen und das den stolzen Namen Königstor getragen hatte, verschwunden. Nun will man an der 1777 gebauten steinernen Brücke über den Königsgraben einen repräsentativen Ersatz schaffen. So errichtet der Königliche Baudirektor Carl Philipp Gontard bis 1780 am Ende der Königsstraße in direktem Anschluss zur Brücke eine 52 Meter lange spätbarocke Säulenarchitektur: die Königskolonnaden. Sie werden in Seehausener Sandstein ausgeführt und streng symmetrisch angelegt. Die Außenseiten haben Rundbogenöffnungen, Mitten und Ecken sind pavillonartig ausgebildet und mit Skulpturen auf den Dächern gekrönt. In den Säulengängen sind feste Verkaufsstände eingerichtet.

Einhundert Jahre später wird die Königsbrücke 1872/73 durch ein neues Bauwerk ersetzt, das aber wegen des Stadtbahnbaus nur zehn Jahre Bestand hat. Der Ort der alten Königsbrücke ist bis heute leicht auszumachen: Sie befand sich dort, wo die Stadtbahn-Brücke über die jetzige Rathausstraße (frühere Königstraße) führt.

Aufgrund der rasanten Entwicklung des Gebietes rund um den Bahnhof Alexanderplatz werden die Kolonnaden immer mehr von Geschäftsbauten eingezwängt und müssen 1909 dem Warenhaus Wertheim Platz machen. Im vormaligen Botanischen Garten (heute Heinrich-von-Kleist-Park in Schöneberg) werden sie neu aufgebaut und schmücken bis heute den Eingangsbereich der Parkanlage, hinter der sich seit 1913 das Berliner Kammergericht befindet. Zeitweilig tagte hier auch der berüchtigte »Volksgerichtshof« der Nazis. Von 1945 bis 1948 war das Gebäude Sitz des Alliierten Kontrollrates und bis 1990 der Luftsicherheitszentrale. Inzwischen ist der Verfassungsgerichtshof von Berlin hier untergebracht.

Der Gasthof »Zum Hirschen«

Wer Ende des 18. Jahrhunderts über die Königsbrücke gehend Alt-Berlin verlässt, läuft am Ostrand des vorgelagerten Platzes, an der stumpfen Ecke zwischen Bernauer und Landsberger Straße, auf die Giebelseite eines dreigeschossigen Wohn- und Gewerbehauses zu, errichtet 1783 von dem Architekten Georg Christian Unger. Dahinter ist der Turm der Georgenkirche zu sehen. Ungers Gebäude zählt zu den so genannten Immediatbauten, die Bestandteil eines königlichen Bauprogramms für Berlin und Potsdam sind, mit dem Friedrich II. das Stadtbild verschönern möchte. So werden nach Vorlagen aus italienischen Kupferstichwerken ganz oder größtenteils auf Kosten des Königs insgesamt etwa 300 Gebäude mit re-

präsentativen Fassaden errichtet und empfohlenen Privatpersonen überlassen. Schwerpunkte sind die Ostseite des Gendarmenmarktes, dessen Rechteck nach dem endgültigen Abbruch der Festungsanlagen baulich nun geschlossen werden kann, die Straße Unter den Linden, die Leipziger Straße und der Hackesche Markt.

Das von Unger am Platz vor der Königsbrücke errichtete Haus hat einen stark vorspringenden Vorbau mit einem offenen Laubengang zum Platz hin. Die Seitenflügel des Gebäudes reichen weit in die Bernauer bzw. die Landsberger Straße hinein. Die Fassade ist vollständig mit Sandstein verkleidet und mit dekorativer Plastik versehen, u. a. mit Widderköpfen, dem Symbol des Viehhandels, denn ursprünglich war vorgesehen, hier eine Woll- und Viehbörse unterzubringen. Letztendlich wird aber der Gasthof »Zum Hirschen« daraus, mit einer Aus-

Blick in die Königsstraße, links die Kolonnaden, vorn rechts das Haus »Zum Hirschen«. Handzeichnung von L. L. Müller, 1784.

spanne für Pferde. Friedrich Schinkel logiert hier 1806 für geraume Zeit. Im November 1811 übernachtet Heinrich von Kleist, aus Frankfurt (Oder) kommend, in dem Logierhaus, entschlossen, seinem Leben ein Ende zu bereiten, was er am 21. November am Kleinen Wannsee dann auch in die Tat umsetzt. Mit dem Haus »Zum Hirschen« ist eine Anekdote verknüpft, die die Zahl der Widderköpfe zum Gegenstand hat. Danach soll sich der Eigentümer dem König gegenüber enttäuscht darüber geäußert haben, dass die Fassade lediglich 99 Widderköpfe und nicht 100 habe. Die Reaktion des Königs: »Guck' er nur fleißig zum Fenster hinaus, dann ist das Hundert voll.« Wenn der so Abgefertigte aus einem der Fenster herausgeschaut hätte, die zur Bernauer Straße liegen, so würde er auf der anderen Straßenseite auf den »Stelzenkrug« geblickt haben und auf den Viehmarkt, der vor dem Gebäude abgehalten wurde.

Im Jahre 1927 muss das Gebäude dem U-Bahn-Bau und der großen Neugestaltung des Alexanderplatzes weichen. Die Front des Hauses »Zum Hirschen« hat an jener Stelle gestanden, wo heute auf dem Alexanderplatz an die Barrikade vom 18. März 1848 erinnert wird.

Oben: Das Hirsch-Relief im Giebel des Vorbaus begründet den Namen des Gasthofes, der allerdings auch wegen seiner plastischen Elemente über den Fenstern als »Haus mit den 99 Schafsköpfen« bezeichnet wird.

Unten: Als am 18./19. März 1848 eine gewaltige Barrikade den Zugang vom Alexanderplatz zur Neuen Königsstraße – der alten Bernauer Straße – versperrt, wird der Gasthof von Revolutionären besetzt. Auf der Lithographie wird das Gebäude allerdings überdimensioniert dargestellt, was an den gestreckten Fenstern des zweiten Stockwerkes besonders deutlich wird.

Die Georgenkirche

Die Georgenkirche zählt zu den ältesten Kirchen Berlins. Als Kapelle ist sie im 13. Jahrhundert gemeinsam mit einem Hospital für Aussätzige gestiftet worden. Im Laufe der Jahrhunderte wird sie mehrmals baulich verändert und dabei vergrößert und 1689 die Pfarrkirche für alle Berliner Vorstädte. Mit Beginn des 18. Jahrhunderts macht das Wachstum der Spandauer Vorstadt jedoch den Bau einer weiteren Kirche notwendig, wozu 1712 die damalige Gemahlin Friedrichs I., Sophie Luise, den Grundstein legt, weshalb sie dann auch Sophienkirche genannt wird. Ein Jahr später kann der Bau bereits genutzt werden, seine eigentliche Vollendung erfährt er aber erst 1735 mit der Errichtung des 69 Meter hohen barocken Turms mit zweigeschossigem Säulenaufbau.

Mit dem Baubeginn an der Sophienkirche, die bis heute die frühere Spandauer Vorstadt schmückt, setzen zugleich Arbeiten an der Georgenkirche ein. In den Jahren zwischen 1712 und 1714 wird hier ein neuer Turm errichtet, der zwei Glocken aufnimmt. Das baufällige Kirchenschiff muss ein halbes Jahrhundert später abgebrochen werden. 1779/80 erfolgt der Neubau, wobei der Turm stehen bleibt und lediglich neu abgeputzt wird.

Am östlichen Ende des Kirchhofs besteht seit 1674 ein weiteres Hospital, das nach seiner Stifterin, der Kurfürstin Dorothea, benannt ist. Es dient der Aufnahme mittelloser Fremder. Seit 1707 untersteht es der Armenkommission, später dann Armendirektorium genannt.

Die Georgenkirche 1886

Das Arbeitshaus

Mit dem Wachstum der Bevölkerung Berlins im 18. Jahrhundert nimmt auch die Zahl der Armen zu. 1739 wird das Königlich-Preußische Armendirektorium gegründet, das die Betreuung von Bedürftigen, Kranken und Waisen übernehmen soll. 1788 ist nach einem Bericht dieses Direktoriums jeder zehnte Einwohner der Stadt auf Unterstützung angewiesen (heute ist es etwa jeder zwölfte).

Seit 1758 wird die südöstliche Seite des Paradeplatzes durch einen massiven quadratischen dreigeschossigen Baukörper abgeschlossen, durch das von Hofbaumeister Christian Friedrich Feldmann gebaute Arbeitshaus. Es dient der Aufnahme Obdachloser sowie als Strafanstalt für Bettler und Prostituierte und war ursprünglich für rund 1000 Insassen konzipiert, ist in der Praxis jener Jahre aber zumeist überbelegt. Ohne Ansehen von Alter, Stand oder Geschlecht werden Bettelnde in der Stadt von »Armenwärtern« aufgegriffen. Beim ersten Mal werden sie mindestens für drei Monate, beim zweiten Mal ein Jahr gefangen gehalten. Nach dem dritten Mal müssen sie lebens-länglich bleiben, es sei denn, ihnen gelingt der glaubhafte Nachweis, sich in der Freiheit selbstständig ernähren zu können.

Die Gefangenen müssen Wolle spinnen, wobei sie bei Strafe ein bestimmtes Soll nicht unterschreiten dürfen. Auch die hier festgehaltenen Kinder müssen arbeiten, sie erhalten allerdings einige Stunden Unterricht in Religion, Lesen und Schreiben. 1774 wird dem Haus eine Bäckerei angegliedert, die für alle Armenhäuser der Stadt tätig wird.

Im Volksmund wird das Arbeitshaus »Ochsenkopf« genannt, weil der Vorläufer der Einrichtung, 1742 von Friedrich II. gestiftet, in einem Gebäude der Schlächterinnung in der Nähe des Halleschen Tores untergebracht war, in einem Haus, das als Zierde eine Reihe von Ochsenköpfen trug.

Das trostlose Gebäude des Arbeitshauses hat lange Bestand. Erst 1882 wird es abgerissen. Es muss der Errichtung eines noch größeren und nicht weniger legendären Baukomplexes weichen, des Polizeipräsidiums nämlich. Ein ungleich größeres Arbeitshaus gibt es zu diesem Zeitpunkt schon fernab vom Stadtkern in Rummelsburg (heute im Bezirk Lichtenberg). Das Gebäude dient später in der DDR als Gefängnis.

Oben: *Kaserne An der Contrescarpe,*
hinter dem Arbeitshaus.
Unten: *Früheres Kasernengebäude in der Neuen*
Friedrichstraße, Aufnahme von 1880.

Militärbauten

In der zweiten Hälfte der Regierungszeit von Friedrich II. (1740–1786) wird Berlin mehr noch zu einer Soldatenstadt als unter dessen Vater, dem Soldatenkönig. Er will Preußens Stellung als europäische Großmacht auch militärisch festigen. Um die Ausbildung der Soldaten verbessern und deren Kontrolle gewährleisten zu können, beginnt der Bau von Kasernen, die der Berliner »Kasarmen« nennt. Von insgesamt zehn Militärgebäuden, die zwischen 1763 und 1785 erbaut werden, stehen mehrere in der Königsstadt.

Da ist zwischen Münz- und Hirtenstraße die von Georg Christian Unger, dem Architekten des Hauses »Zum Hirschen«, erbaute Kaserne in der Langen Scheunengasse (später Kleine Alexanderstraße). Die Kaserne heißt dann Alexanderkaserne. Unger ist auch der Baumeister einer der Kasernen, die sich, vom Platz vor der Königsbrücke aus gesehen, hinter dem Arbeitshaus erstreckten, also an der Straße An der Contrescarpe (später Alexanderstraße). Hinter einer weiteren Kaserne auf dem Gelände einer ehemaligen Schanze liegt die Königliche Proviantbäckerei.

Diesen Gebäuden gegenüber, an der Ecke Magazinstraße/An der Contrescarpe, entsteht 1780 ein Futter- und Fouragemagazin. Der Gebäudekomplex ist am Ende des 19. Jahrhunderts eine Arbeiterunterkunft, der

Schauplatz von Gerhart Hauptmanns Theaterstück »Die Ratten«, das 1911 Premiere hat. Schließlich wird 1779/1780 an der Keibelstraße eine Reit- und Exerzierhalle erbaut, aber schon 1802 durch einen größeren, in der Gestalt ähnlichen Bau ersetzt: 77 Meter lang und 16 Meter breit. Im 20. Jahrhundert wird daraus die Kleine Alexhalle, eine beliebte Markthalle.

Wenn man sich vergegenwärtigt, dass in dieser Ansammlung schmuckloser Militärbauten auch noch das trostlose Arbeitshaus und einige Manufakturen ihren Platz haben und dass jenseits des Festungsgrabens in jener Zeit zwei weitere Kasernen und ein Kadettenhaus errichtet werden, wo bereits seit der Zeit des Großen Kurfürsten das Kommandantenhaus steht, dann lässt sich nachempfinden, wie wenig einladend dieser Stadtraum gewesen sein dürfte. Der Straßenzug von der Magazinstraße bis zur Langen Scheunengasse (in der Nähe der heutigen Volksbühne) wird zum Exerzieren genutzt, wobei allerdings die Viehmärkte bisweilen hinderlich sind.

Oben: Die unter Friedrich II. errichtete Reit- und Exerzierhalle, im 20. Jahrhundert die Kleine Alexhalle an der Keibelstraße.

Unten: Das Kadettenhaus in der Neuen Friedrichstraße (heute Littenstraße).

Bürgerliche Wohnquartiere

Das junge Bürgertum lässt sich im ausgehenden 18. Jahrhundert vor allem südöstlich des Paradeplatzes nieder, in der Straße An der Contrescarpe (später Alexanderstraße) und ihren Nebenstraßen. Dort leben Handwerker, Händler, Staatsbedienstete und einige Offiziere, wie man dem Adressbuch von Neander von Petersheiden aus dem Jahre 1801 entnehmen kann. Darin sind auch die Grundstückseigentümer ausgewiesen, die zumeist mit den Bewohnern identisch waren.

Inmitten von Kasernen, Manufakturen, Arbeitshaus und Viehmarkt richtet sich nahe der Königsbrücke allmählich ein bürgerliches Leben ein, verbunden mit neuem Gewerbe. Den Gebäudekomplex der ehemaligen Schwartz'schen Seidenmanufaktur am Rande des Platzes, der sich bis zum Ravelin mit dem Proviantmagazin erstreckt, hat man zu Wohnungen, Werkstätten und Büros umgebaut. Hier mietet 1780 das preußische Justizministerium Räume an, in die der preußische Justizminister Johann H. K. von Carmer sowie die Rechtsgelehrten Carl Gottlieb Suarez und Ferdinand Klein einziehen. Sie erarbeiten das »Allgemeine Preußische Landrecht«, das modernste Gesetzbuch jener Zeit, das 1794 verkündet wird.

In seinen wichtigsten Teilen bleibt es bis zum Bürgerlichen Gesetzbuch von 1900 gültig. Am Anfang des 20. Jahrhunderts muss das Gebäude schließlich dem Bau des Kaufhauses Tietz weichen.

Links von der Brücke, in der Straße am Königsgraben, die ab 1780 auch an der Wasserseite bebaut wird, lebt im Haus Nr. 10 der Kupferstecher und Verleger Johann David Schleuen. Bei ihm ist von 1765 bis 1767 Gotthold Ephraim Lessing zu Gast. Es ist Lessings letzter Aufenthalt in Berlin, bei dem er regelmäßig mit Friedrich Nicolai und Moses Mendelssohn zusammentrifft, dem er mit seinem Stück »Nathan der Weise« ein literarisches Denkmal setzt. In diesem Haus vollendet Lessing 1765 auch sein Lustspiel »Minna von Barnhelm«. 1870 wird am Giebel des Hauses dann eine Büste zur Erinnerung an Lessing angebracht, doch im Zuge der späteren Bauten für das Warenhaus Tietz wird das Gebäude abgetragen.

Häuser an den Ausfallstraßen

Mit der Prenzlauer, der Bernauer (heute etwa Otto-Braun-Straße) und der Landsberger Straße führen drei große Straßen unmittelbar vom Platz vor der Königsbrücke weg bzw. laufen auf ihn zu. Sie stellen die Verknüpfung zu den alten Handelsstraßen jenseits der Tore her. Die längste dieser innerstädtischen Straßen ist gegen Ende des 18. Jahrhunderts die Bernauer Straße mit etwa einem Kilometer vom Platz bis zum neuen Königstor; die Prenzlauer Straße und die Landsberger Straße messen hingegen nur etwa 500 bzw. 600 Meter bis zum Palisadenzaun.

Oben: In der Mitte das ehemalige Haus des Wärters am Bernauer Tor, links dahinter das Haus des Totengräbers. Diese Häuser mussten kurze Zeit später den Mietskasernen weichen.

Bis zum zweiten Drittel des 18. Jahrhunderts erhalten alle Straßen der Königsstadt eine geschlossene Randbebauung. Hinter den unterschiedlich hohen Häusern erstrecken sich jedoch Parzellen, die landwirtschaftlich oder gärtnerisch genutzt werden. Hier wohnen Ackerbürger, Besitzer kleiner Meiereien, Viehzüchter und Gärtner. Nur an der Prenzlauer Straße gab es Wirtshäuser, bei denen auch Pferde versorgt werden konnten, so genannte Ausspannen. Die Gebäude dieser Straßen sind schlicht und uniform. Sie stehen aneinander gereiht, haben zumeist zwei Geschosse und Gauben im Dach. Alle Häuser sind in derselben Farbe angestrichen, in einem kräftigen Gelb. Die Giebelstuben dienen häufig als Soldatenquartiere, weshalb der Name »Soldatenhäuser« in Gebrauch kommt. In Potsdam sind noch heute einige solcher Straßenzüge komplett erhalten.

In Berlin weichen diese Bauten im Laufe des 19. Jahrhunderts Mietshäusern bzw. Mietskasernen. Als am Ende des Jahrhunderts die Pioniere der Stadtfotografie die Veränderungen in Berlin ablichten, dokumentieren sie zugleich die wenigen Reste der alten Bebauung.

Links oben: Die Häuser Nr. 33, 34 und 35 an der Prenzlauer Straße in unmittelbarer Nähe des Alexanderplatzes. Das älteste dieser Häuser ist die Nr. 34, das Haus »Im goldenen Lamm«. Es wurde 1776 errichtet und nach einem Relief unter dem mittleren Fenster so benannt. Das sich links anschließende Gebäude gehört zu einem der ältesten Berliner Speditionsunternehmen, der Firma J. G. Hinze, die aus dem »Gasthof zur Stadt Prentzlow« hervorgegangen und durch den Wollhandel groß geworden ist. Die Hofeinfahrt liegt genau an jener Stelle, an der sie auch auf der alten Lithographie zu sehen ist (links unten). Am Haus Nr. 33 (vorn rechts im Bild) ist eine Kugel – sie war vergoldet – zu erkennen. Sie weist das Geschäft als eine Butterhandlung aus.

Rechts: Eine Häusergruppe an der Großen Frankfurter Straße. Am rechten Bildrand ist eines der für die Bauweise im letzten Drittel des 17. Jahrhunderts typischen zweigeschossigen Häuser mit einer Mansarde im Dachgeschoss zu erkennen.

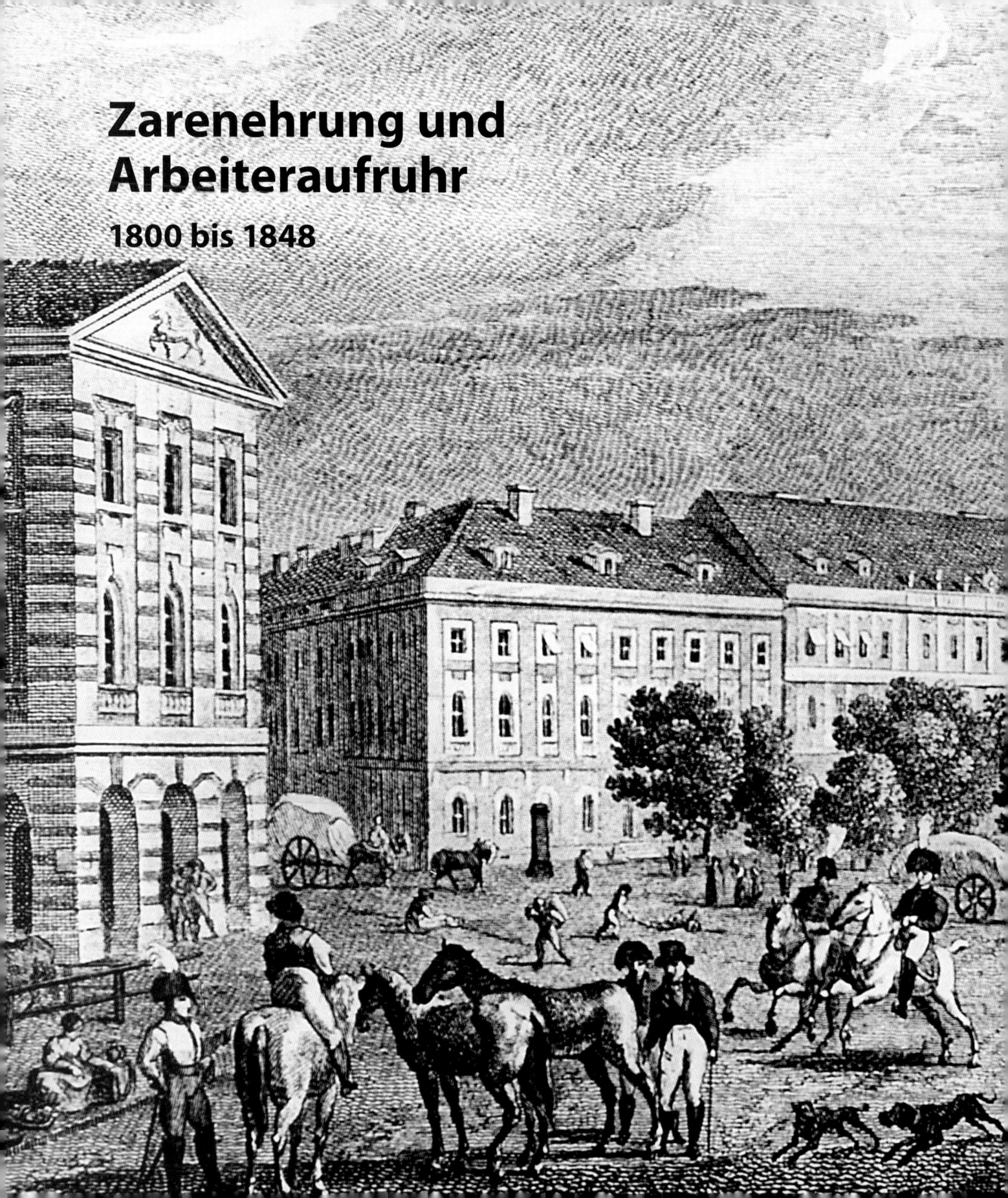

Zarenehrung und Arbeiteraufruhr

1800 bis 1848

Als Ende Oktober 1805 der russische Zar Alexander I. nach Berlin und Potsdam kommt, wird ihm zu Ehren der Paradeplatz vor der Königsbrücke in Alexanderplatz umbenannt. Es handelt sich um eine symbolische Geste, mit der König Friedrich Wilhelm III. eine große Koalition gegen Frankreich befördern will, da sich die napoleonischen Truppen nach ihrer verlorenen Seeschlacht gegen die Briten gerade anschicken, auf dem Landweg ins Zentrum Europas vorzustoßen. Zwei Wochen später besetzen sie Wien. Der neu benannte Platz vor dem alten Stadttor strahlt zu dieser Zeit allerdings wenig Attraktivität aus und ist keineswegs vergleichbar mit architektonisch geschlossenen Ensembles wie dem kurz zuvor fertig gestellten Gendarmenmarkt in der Friedrichstadt. Selbst auf der »Ansicht des Alexander Platzes zu Berlin« von Franz Ludwig Catel aus dem Jahre 1807 erscheint der Raum eher weitläufig und ungegliedert, was der Künstler durch die Gestaltung eines lebendigen Vordergrundes auszugleichen versucht: Die Aufmerksamkeit von Fußgängern wie Reitern gilt zwei zum Verkauf stehenden Pferden. Zu erkennen sind zudem Soldaten in französischen Uniformen, war doch Berlin inzwischen auch von napoleonischen Truppen besetzt worden. Fuhrwerke, Fußgänger und Reiter ziehen aus der Landsberger Allee (links im Bild) über den Platz in Richtung Königsbrücke und Stadtmitte.

Die offizielle Verfügung für die Umbenennung ergeht am 2. November 1805 per Kabinettsorder von König Friedrich Wilhelm III.: Der Paradeplatz vor dem Arbeitshaus in der Königsstadt soll zu Ehren des Zaren Alexander I. in Alexanderplatz umbenannt werden und die Sandgasse in Kaiserstraße. Eine gute Woche zuvor, am 25. Oktober, hatte der Zar Gasse und Platz auf dem Weg zum Berliner Schloss passiert, nachdem er am Frankfurter Tor empfangen worden war.

Bei den Verhandlungen in Potsdam wird der gemeinsame Widerstand der europäischen Staaten gegen das Machtstreben Napoleons beraten. Die Monarchen geben sich ein wechselseitiges Beistandsversprechen, legen es sogar nieder in der Konvention von Potsdam, die allerdings wenige praktische Folgen zeitigt. Russland und Österreich werden vier Wochen später in der »Dreikaiserschlacht« bei Austerlitz von Frankreich vernichtend geschlagen, ein Jahr spä-

ter Preußen bei Jena und Auerstedt, ohne dass der jeweilige »Bündnispartner« sein Beistandsversprechen einlöst. Am 27. Oktober 1806 zieht Napoleon durch das Brandenburger Tor in Berlin ein, was den Zusammenbruch des aufgeklärt-absolutistischen Preußens besiegelt. In Berlin beginnt die erste »Franzosenzeit«, die erst zwei Jahre später, am 2./3. Dezember 1808, endet.

In jene Jahre fallen auch die überfälligen inneren Reformen des preußischen Staates, darunter die Städteordnung des Freiherrn vom Stein vom 11. November 1808. Die Städte erhalten dadurch endlich kommunale Selbstverwaltung (mit Magistrat und Stadtverordnetenversammlung) und die Stadtbewohner ein einheitliches Bürgerrecht. Fortan liegt die Initiative für die Stadtentwicklung grundsätzlich bei der Bürgerschaft und nicht mehr beim König oder den jeweiligen Fürsten. Nichtsdestoweniger mangelt es der Selbstverwaltung an demokratischer Legitimation, denn die Wahlen zu den Stadtverordnetenversammlungen bzw. Gemeindeparlamenten vollziehen sich nicht nach dem Mehrheits- oder Verhältniswahlrecht, sondern mittels eines Zensuswahlrechts, ab 1850 dann durch ein Dreiklassenwahlrecht. Auf diese Weise beherrschen Besitzbürger, namentlich Grundbesitzer, das Stadtparlament, was für den Stadtraum östlich des Alexanderplatzes noch schwerwiegende Folgen haben soll.

Am 24. Februar 1812 unterwirft sich der preußische König erneut der Politik Napoleons, indem er u. a. den Durchmarsch französischer Truppen durch Preußen in Richtung Russland und eine abermalige Besetzung Berlins gestattet. Größte Entrüstung ruft in der widerstandsbereiten Bevölkerung das Zugeständnis hervor, für den geplanten Krieg gegen Russland ein Hilfsheer von 20 000 Mann zu stellen. Die Eigenmächtigkeit des Generals Yorck von Wartenberg, mit der Konvention von Tauroggen vom 30. Dezember 1812 eben dieses Hilfskorps für neutral zu erklären, leitet eine Wende in der zaudernden Politik des preußischen Königs ein.

Einzug russischer Kosaken 1813 in Berlin in einer zeitgenössischen Darstellung.

Zu diesem Zeitpunkt ist die einstmals große napoleonische Armee bereits in den kalten Weiten Russlands aufgerieben. In den ersten Februartagen 1813 erreichen einige Überlebende Berlin, bejammernswerte Gestalten, wie die Zeitgenossen berichten. Noch befinden sich einige tausend Besatzungssoldaten in der Stadt. Der 20. Februar 1813 geht dann als »Toller Tag« in die Geschichte Berlins ein. 200 bis 300 russische Reitersoldaten – Kosaken –, eine Vorhut der russischen Armee, stürmen in die Königsstadt, über den Alexanderplatz in die Altstadt und versetzen die französische Besatzungsarmee in Schrecken. Des Nachts lagern sie auf dem Mühlenberg vor dem Prenzlauer Tor und beschießen von dort die Vorstadt. In einer Mauer des Hauses Prenzlauer Straße 45 bleibt eine Kugel stecken, die noch heute im Märkischen Museum zu besichtigen ist.

Zwei Wochen später, am 4. März, ziehen 5000 russische Soldaten von Osten in die Stadt ein. Gleichzeitig verlässt die französische Armee Berlin durch das Hallesche Tor in Richtung Südwesten. Die Kosaken lagern zunächst auf den Berliner Marktplätzen, auch auf dem Alexanderplatz, wohin die Stadtbewohner neugierig strömen. Am 11. März erreicht das russische Haupttheer Berlin. Mit dem Aufruf »An mein Volk« vom 17. März 1813 löst sich der preußische König schließlich aus den Bündnisverpflichtungen gegenüber Frankreich. Im Herbst können die neu formierten französischen Truppen dann endgültig in der Völkerschlacht bei Leipzig besiegt werden.

Als der König in seine Berliner Residenz zurückkehrt, gibt es einmal mehr Umbenennungen: Das Bernauer Tor wird nun offiziell zum Königstor, die Bernauer Straße zur Neuen Königsstraße. Wenige Jahre später, am 22. Mai 1819, erfolgt eine weitere Ehrung des Zaren: Die Straße An der Contrescarpe wird in Alexanderstraße umbenannt. Sie zieht sich vom Stralauer Viertel nach Norden bis zur Münzstraße in der Spandauer Vorstadt und tangiert auch den Alexanderplatz. Friedrich Wilhelm III. will damit das konservative Bündnis mit Russlands Alexan-

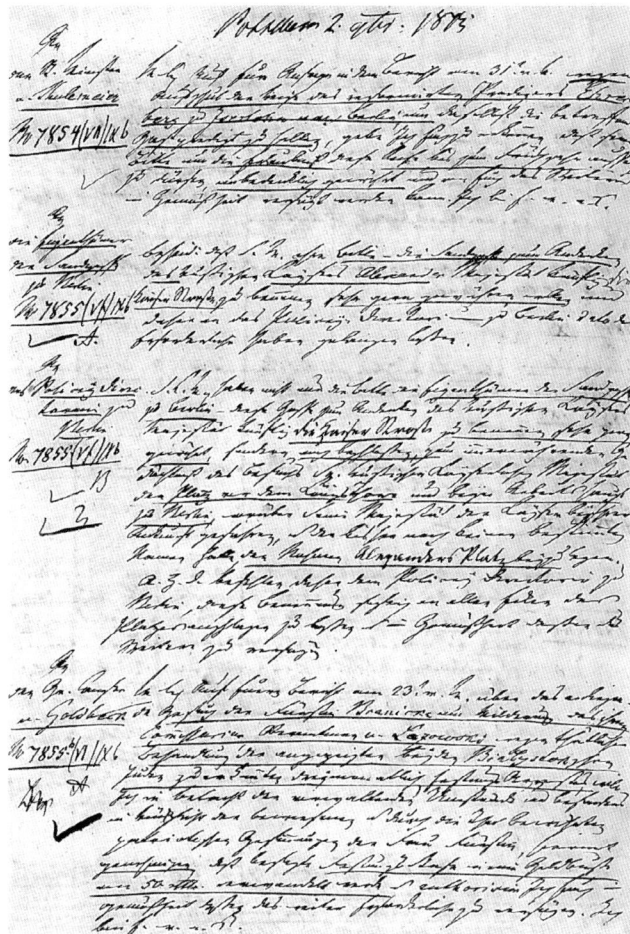

An das Policeydirectorium zu Berlin Nr. *7855* (Vf) IXb

S. K. Maj. haben nicht nur der Bitte der Eigenthümer der Sandgasse zu Berlin – diese Gasse zum Andenken des Russischen Kaysers Majestät künftig die Kaiser Straße zu benennen, sehr gern gewährt, sondern auch beschlossen, zum immerwährenden Gedächtniß des Besuchs Sr. Russischen Kayserlichen Majestät den Platz vor dem KönigsThore und beym Arbeitshause zu Berlin, worüber Seine Majestät der Kayser bey Ihrer Ankunft gefahren, und der bisher noch keinen bestimmten Namen hatte, den Nahmen Alexander Platz beyzulegen. A[ller] H[öchst] d[ieselbe] befehlen daher dem Policeydirectorio zu Berlin, diese Benennung sohin an allen Ecken des Platzes anschlagen zu lassen und in Gemäßheit dessen das Weitere zu verfügen.

Die Kabinettsorder von Friedrich Wilhelm III. zur Umbenennung des Paradeplatzes in Alexanderplatz und der Sandgasse in Kaiserstraße vom 2. November 1805.

der I. und Österreichs Kanzler Metternich bestärken, die die »Heilige Allianz« der sich als christlich verstehenden Mächte Europas anführen und innenpolitisch gemeinsam gegen demokratische Bestrebungen im Geiste der Französischen Revolution von 1789 vorgehen.

In dieser Zeit der Restauration werden in Deutschland die Hoffnungen des Bürgertums auf einen demokratischen Nationalstaat oder wenigstens eine konstitutionelle Monarchie in Preußen zunichte gemacht. Berlin profiliert sich eher als ein Zentrum der politischen Unterdrückung in Europa. Da sich gesamtgesellschaftlich wenig bewegen lässt, ziehen sich die bürgerlichen Kräfte in ihre häusliche Behaglichkeit zurück und konzentrieren sich auf unternehmerische Aktivitäten. Den öffentlichen Raum prägen gediegene Kaffeehäuser und unterhaltsame Theater, es ist das Berlin des Biedermeier.

Anders sieht es dagegen bei den Unterschichten aus, beim allmählich entstehenden Proletariat. In den drei Jahrzehnten nach 1815 verdoppelt sich die Einwohnerzahl Berlins auf etwa 400 000 Einwohner. 1843 charakterisiert der Literaturkritiker Gustav Kühne die sozialen Gegebenheiten in der Stadt in einer Schrift mit dem Titel »Mein Carneval in Berlin«: »Das Straßenleben ist lärmender geworden, der bürgerliche Verkehr lebendiger. Der Luxus ist gestiegen; die Üppigkeit, die der Reichtum entfaltet, das Elend, das in den unteren Klassen gräbt und wühlt, haben sich schärfer gegenübergestellt, es gibt mehr Adel und Pöbel als sonst, mehr parfümierten Hochmut und mehr nacktes Verbrechen.«

Ernst Dronke, Mitstreiter von Karl Marx und Redakteur der »Rheinischen Zeitung«, verdanken wir genaue Zahlen. Danach lebt mehr als ein Viertel der Bevölkerung Berlins am Rande des Existenzminimums oder darunter. Selbst Tausende von Handwerkern, vor allem Weber, Schuster und Schneider, haben kein Auskommen mehr. Die ständige Zuwanderung von Arbeitskräften führt zu Hungerlöhnen und festigt menschenunwürdige Arbeitsbedingungen. Viele können nicht genug Essen kaufen, sobald es zu nur geringfügigen Preissteigerungen bei Lebensmitteln kommt. In den dreißiger und vierziger Jahren werden jährlich 4000 bis 5000 Personen in das Arbeitshaus am Alexanderplatz eingewiesen. 1835 wird dort eine Tretmühle eingerichtet und 1839 – nach heftigen Protesten – die tägliche Arbeitszeit für Kinder unter zehn Jahren auf zehn Stunden begrenzt.

Der Alexanderplatz und seine unmittelbare Umgebung ändern ihr Erscheinungsbild in der ersten Hälfte des 18. Jahrhunderts kaum. Lediglich das direkt an der Königsbrücke und dem alten Festungsgraben gelegene Wohn- und Atelierhaus des Bildhauers Jean Pierre Tassaert wird nach 1818 mehrfach umgestaltet. Zunächst ist es ein Hotel, in dem beispielsweise die Sängerin Henriette Sontag zeitweilig wohnt, dann erwirbt es ein Seidenfabrikant, der Verkaufsläden einrichten lässt. 1834 erwähnt der Freiherr von Zedlitz in seinem »Conversations-Handbuch« mehrere »Kaufläden« und ein Kaffeehaus in diesem »ansehnlichen« Gebäude, das nun den Namen »Haus zum Kaiser Alexander« trägt. Es wird in den Folgejahren noch erweitert und dann 1927 im Zuge des U-Bahn-Baus abgerissen. Danach zählt es zu den Grundstücken, auf denen das Berolinahaus errichtet wird.

Nördlich und östlich des Alexanderplatzes siedeln sich im 19. Jahrhundert zwar auch viele neue Gewerbebetriebe an und werden weitere Wohnhäuser errichtet, doch zu Teilen gibt es immer noch ein eher ländliches Bild. Viehmarkt wird auf dem Platz seit 1827 allerdings nicht mehr abgehalten; er ist auf ein Gelände an der Landsberger Straße 86, unmittelbar an das dortige Stadttor, verlegt worden. Problematisch bleibt der Zustand der Straßen. Die Händler und Bauern, die ihre Waren in die Stadt schaffen wollen, beklagen den Weg dorthin. Bei Trockenheit bleiben die Räder in dem sandigen Untergrund immer wieder stecken, in Zeiten regnerischen Wetters verwandelt sich alles in Schlamm, und es geht ebenso

Obwohl schon seit dem Juni 1840 König von Preußen zieht Friedrich Wilhelm IV. erst am 21. September des Jahres mit seiner Gemahlin in die Stadt Berlin ein – traditionsgemäß über den Alexanderplatz, wo die Bürgerschaft für den Empfang des königlichen Paares ein riesiges Tor errichtet hat. Dies war möglicherweise auch ein Zeichen für die Erwartungen, die gerade das Bürgertum hinsichtlich einer Liberalisierung des Staates und der Gesellschaft durch den neuen König hegte. Links hinter dem Tor das Gebäude des Königsstädtischen Theaters, rechts im Hintergrund der Turm der Nikolaikirche.

kaum vorwärts. Die Bürger werden daraufhin aktiv. 1820, im 13. Jahr nach der Einführung der städtischen Selbstverwaltung, ersuchen beispielsweise »sämtliche Bewohner der Baumgasse auf der Königsstadt« den Monarchen, ihre Straße auf eigene Kosten bepflastern zu dürfen, wenn der König dazu die Steine anliefern würde. Das Gesuch unterzeichnen ein Brauer,

ein Pfeifenfabrikant, ein Branntweinbrenner, ein Seidenfabrikant, ein Porzellanfabrikant, ein Bäcker und ein Gastwirt. Allgemein beklagen die Menschen ebenso den »pestilenzialischen« Geruch, der von den offenen Abwasserkanälen und dem Unrat herrührt, der vor den Toren der Stadt abgeladen wird.

Zu den Modernisierungen des 19. Jahrhunderts gehört auch, dass im Juni 1839 die letzten öffentlichen Hinrichtungen vor der städtischen Zollgrenze stattfinden. 1842 wird der Galgenberg schließlich zur Bebauung freigegeben.

1841 ist das Jahr einer bedeutenden Erweiterung des Berliner Stadtgebietes. Das Hufenland nördlich und östlich der Vorstädte wird nun dem Stadtgebiet offiziell zugeschlagen. Es erweitert sich damit von 1400 auf 3510 Hektar. Die Flächen von Stralauer Viertel und Königsstadt wachsen spürbar, die der Königsstadt sogar um ein Mehrfaches. Die Erweiterung nördlich der Spandauer Vorstadt hinter dem Rosenthaler Tor erhält den Namen Rosenthaler Vorstadt (heute im Bezirk Mitte der Bereich Brunnenstraße / Invalidenstraße).

Der östliche Stadtraum ist zu diesem Zeitpunkt bereits so dicht besiedelt, dass die Stadtverordnetenversammlung zum 100. Jahrestag der Thronbesteigung von Friedrich II., am 31. Mai 1840, beschließt, auf einem ehemaligen Weinberggelände vor der Zollgrenze zwischen dem Bernauer und dem Landsberger Tor einen Park anzulegen – als »Erholungsstätte für alle Stände« (heute Volkspark Friedrichshain). Die Umsetzung dauert dann aber ihre Zeit. Der Lenné-Schüler und Hofgärtner von Sanssouci Gustav Meyer plant und leitet von 1846 bis 1848 die Arbeiten. Noch bevor der Park im August 1848 eröffnet wird, dient er einige Monate zuvor als Grabstätte für die 183 Berliner »Märzgefallenen«.

Zar Alexander I. – der Namenspatron

Wer war dieser Herrscher, nach dem ein Platz und später eine Straße in Berlin benannt wurden?

Alexander I. Pawlowitsch hatte 1801, gerade 23-jährig, den Zarenthron bestiegen, nachdem sein Vater Paul I. einer Verschwörung zum Opfer gefallen war. Eine Reaktion auf dessen Despotismus. Alexanders Großmutter Katharina II. hatte auf eine Erziehung ihres Enkels im Geiste der Aufklärung durch einen schweizerischen Rousseau-Schüler hingewirkt. Als Herrscher versuchte Alexander, das autokratische Selbstverständnis des Zarentums mit zeitgemäßen politischen Prinzipien zu verknüpfen. Er gründete Schulen, Universitäten und Bibliotheken und hob

in Estland, Kurland und Livland die Leibeigenschaft auf. Diese Reformansätze wurden durch die kriegerischen Auseinandersetzungen mit Napoleon unterbrochen, schließlich, nach dem Wiener Kongress und der Gründung der »Heiligen Allianz«, wendete er sich davon ab.

Die Außenpolitik Alexanders I. war wesentlich durch die Auseinandersetzungen mit Napoleon bestimmt, in deren Folge er Finnland hinzugewann, Bessarabien einverleibte und schließlich Polen in staatliche Abhängigkeit brachte. Als der Zar 1805 mit Friedrich Wilhelm III. zusammentraf, schien es ihm gelungen zu sein, Preußen zur Abkehr von seiner 1795 im Baseler Frieden eingegangenen Neutralitätsverpflichtung zu bewegen. Die Zugriffe Napoleons auf das preußische Staatsgebiet veranlassten den preußischen König, mit Alexander I. am 3. November 1805, dem Tage nach der Kabinettsorder zur Namensgebung des Alexanderplatzes, die Konvention von Potsdam abzuschließen. Beide Seiten verpflichteten sich darin, unter bestimmten Bedingungen einer Koalition gegen Napoleon beizutreten. In der Folge unterlief Friedrich Wilhelm diese Bedingungen aber.

Daraufhin ließ sich Alexander von Napoleon für den Gedanken einer gemeinsamen Leitung der europäischen Angelegenheiten gewinnen, was ein taktischer Schachzug Napoleons war. Als Alexander aufgrund der Politik Frankreichs die russischen Interessen jedoch nachhaltig verletzt sah, brach er das Bündnis. In Folge dessen startete Napoleon seinen Feldzug gegen das Zarenreich, der in der bekannten katastrophalen Niederlage endete und zu den europäischen Befreiungskriegen führte. Alexander galt seither als der »Befreier Europas«. Nach dem Wiener Kongress wurde er gemeinsam mit Klemens Wenzel Fürst von Metternich dann allerdings zum Haupt der politischen Reaktion in Europa. Längst hatte er seine Reformprojekte aufgegeben, sich rationalen Einflüssen entzogen und in eine mystische Gedankenwelt hineinbegeben. Auf einer Reise zur Krim starb er 1825.

*Bevor Alexander I. in den frühen Morgenstunden
des 5. November 1805 aus Potsdam abreist,
suchen er und das königliche Ehepaar in der
Potsdamer Garnisonkirche des Nachts den Sarkophag
Friedrichs II. auf. »Überwältigt von seinen
Empfindungen« küsst der Zar den Sarg des Königs.*

Das Königsstädtische Theater

1824 eröffnet ein – neben Oper und Schauspielhaus – drittes Theater in Berlin: das Königsstädtische Theater. Dieses Ereignis fällt in eine Zeit von maßloser Theaterbegeisterung in der Stadt. Kritische Zeitgenossen haben dieses Phänomen mit viel Ironie beobachtet und sehen darin, nachdem sich die Hoffnungen auf einen demokratischen Staat nach 1815 nicht verwirklichen ließen, eine Art Kompensation für die politische Resignation des Berliner Bürgertums in der Biedermeierzeit.

Das neue Haus ist ein Privattheater, auf der Basis von Aktien – ein Sonderfall neben den beiden königlichen Bühnen der Stadt. Initiator des Unternehmens ist der ehemalige Pferdehändler und Kaufmann Friedrich Cerf. Dieser stellt ein Grundstück am Ale-

xanderplatz zur Verfügung, einige Nachbarhäuser wie das ehemalige Manufakturgebäude an der Königsbrücke werden hinzugekauft. Der erst 24-jährige Absolvent der Bauakademie Karl Theodor Ottmer erhält den Auftrag als Architekt. Er verbindet die alte Bausubstanz geschickt mit dem Neubau eines Zuschauerraums im Hof des Gebäudekomplexes.

In einem Fremdenführer für Berlin von Johann Rumpf wird der Bau so beschrieben: »Das Königstädter Theater, auf Actien erbaut, eingeweiht am 3. Aug. 1824. Seine größte Längenausdehnung hat beinahe 150 Fuß, seine Breite 76 Fuß und seine Höhe bis zur Giebelspitze 90 Fuß. Der Haupteingang ist unter der Facade Alexanderstraße 2 und führt durch ein geräumiges Vestibulum und einen runden Saal zum Kassenflur, an dessen beiden Seiten die Haupttreppen der Logen aufsteigen. [...] Die innere Form ist, nach dem Muster der griechischen Theater, in sehr ansprechenden und zweckmäßigen Verhältnissen so gewählt worden, daß auch in den Logen zunächst dem Proscenium das Theater bequem überschaut werden kann. [...] Auf beiden Seiten des Erdgeschosses befinden sich Restaurationen, rechts für die Konditorei, links zum Speisen nach der Karte. Das Theater faßt 1600 Menschen.«

Die Bühne entwickelt sich schnell zum Volkstheater. Schon bald nach seiner Eröffnung landet das Haus eine Sensation. Für die damals unerhörte Gage von 7000 Talern wird die Sängerin Henriette Sontag engagiert, von der auch Goethe als seiner »flatternden Nachtigall« schwärmte. Monatelang feiern die Berliner die »göttliche Jette«. Hier tritt auch der legendäre Ludwig Devrient auf, und eine Zeit lang arbeitet der romantische Maler Carl Blechen als Bühnenbildner am Haus.

Berliner Lokalstücke in Form von Singspielen bilden umjubelte Bestandteile des Spielplans. Unter anderem wird mit dem 1832 uraufgeführten Stück »Ein Trauerspiel in Berlin« von Karl von Holtei die von Adolf Glaßbrenner geschaffene Figur des Eckenstehers Nante populär gemacht, jenes Prototypen eines spitzzüngigen Berliner Gelegenheitsarbeiters, der über die Zustände der Gesellschaft räsoniert. Überhaupt präsentiert das Theater manches, was später zum Berliner Humor gehört.

Drei Jahre nach der gescheiterten Revolution von 1848 muss das Königsstädtische Theater für immer schließen. Den Herrschenden ist die Aufmüpfigkeit der Truppe ein Dorn im Auge, es wird zum Opfer der politischen Reaktion in Preußen.

Links: Stahlstich des Königsstädtischen Theaters um 1835.

Programmblatt der Theater-Eröffnung

Karoline Bauer
Abschied von der »göttlichen Jette« auf dem Alexanderplatz
Und dann kam ein Tag der tiefsten Sontagtrauer für ganz Berlin. Henriette Sontag nahm am 9. Mai 1826 als »Aschenbrödel« von der Königsstadt Abschied. [...] Wieviel dutzendmal Henriette an jenem Abend, immer wieder vor die Lampen gerufen, – geseufzt – geweint hat? Wieviel Fuder von Blumen, wieviel Flaschen von Eau de Cologne, wieviel Hunderte von Gedichten über sie ausgegossen wurden? [...] Als sie nach der Vorstellung an der Tür des Theaters erschien, fand sie den ganzen großen Alexanderplatz mit einer summenden, wogenden Menge Kopf an Kopf gefüllt. Das waren Tausende, die im Theater keinen Platz gefunden hatten. Mit brausendem Hoch! Hoch! wurde sie empfangen. Obgleich sie bis zu ihrer Wohnung im »Kaiser von Russland« auf der anderen Seite des Alexanderplatzes nur hundert Schritte hatte, so bestieg sie doch klüglich ihren berühmten roten Wagen. Der Weg nach ihrer Wohnung war mit Blumen bestreut. [...] Unter tausendstimmigen Vivatrufen nahm sie ihren Triumphzug bis in ihre Wohnung. [...] Draußen auf dem Platz wogte die erregte Menge noch bis in die Nacht auf und ab und lauschte dem Fackelständchen mehrerer Regimentmusikkorps und wurde nicht müde, Vivat! Vivat! zu rufen – bis die Liebliche sich mit dem einen oder anderen ausgewählten Gardisten auf dem Balkon zeigte und mit ihrem Tüchlein dankend wehte.

(Aus meinem Bühnenleben. Weimar 1917)

Friedrich Arnold Steinmann
Was wäre Berlin ohne Theater?
Das Theater ist die heiligste Angelegenheit des Berliner Publikums, der einzige Gegenstand, worüber das ganze Volk Berlins ohne Repräsentativverfassung und freie Presse frei denkt, spricht und schreibt, je nachdem ihm Hirn, Zunge und Feder gewachsen. Es ist das gewaltige Triebrad der großen Konversationswalkmühle Berlins, der einzige Mittelpunkt des Berliner öffentlichen Lebens. Der Generalintendant der Schauspiele ist nach dem König der erste Mann in Berlin, und um Schauspieler und Sängerinnen kümmert man sich mehr als um Minister und Küster. Und was wäre Berlin ohne Theater? Dasselbe wie eine Börse ohne Geld. Es ist das große Steckenpferd, worauf das große Berlin kindisch reitet. Ungeheure Summen werden jahraus, jahrein vergeudet, um dieses große Schaukelpferd in Bewegung zu halten.

(Briefe aus Berlin. Berlin 1832)

Wollmarkt auf dem Alexanderplatz

Wollindustrie und Wollhandel entwickeln sich in der zweiten Hälfte des 18. Jahrhunderts zu wichtigen Gewerbezweigen in der Stadt. 20 000 Personen, also jeder siebte Berliner, haben in irgendeiner Weise damit zu tun. Tuchmacher und Tuchhändler sind hoch angesehene Persönlichkeiten, ihre Gilden zählen zu den reichsten. Von Friedrich Wilhelm I., dem Soldatenkönig, war der Grundstein für diese Gewerbe gelegt worden. Die Ausrüstung des von ihm geförderten und zahlenmäßig wachsenden Militärs wurde zur Grundlage der wirtschaftlichen Entwicklung Preu-

ßens, und das sollte auch unter seinen Nachfolgern so bleiben. Der Soldatenkönig hatte Weber angeworben – besonders aus Böhmen – und durch die Einrichtung eines Lagerhauses in der Klosterstraße dafür gesorgt, dass sie ihre Erzeugnisse stets zu gleichen Preisen und sofort bezahlt erhielten. In der Nähe des Lagerhauses fand dann im Juni eines jeden Jahres ein großer Wollmarkt statt. Neben Breslau wurde Berlin das wichtigste Zentrum des preußischen Wollhandels. Organisator dieses Systems war der Geheime Kriegsrat und preußische Staatsminister Johannes Andreas von Kraut, nach dem noch im 18. Jahrhundert eine Straße in der Stralauer Vorstadt benannt wurde.

Nach den Napoleonischen Kriegen geht die Wollindustrie in Berlin zurück. Teilweise wird die Ware

Verlag von Gebr. Gropius im Diorama zu

Woll'habender

von der billigeren Baumwolle verdrängt, teils wandert die Produktion in kleinere Städte der Mark ab. Der Wollhandel allerdings bleibt und findet seit 1820 aus Platzgründen überwiegend auf dem Alexanderplatz statt, wobei die Straßen um das Lagerhaus einbezogen bleiben. Hier ist ja auch die Wollzeugmanufaktur Hesse ansässig, die schon um 1800 mehrere hundert Webstühle betrieb. Naturgemäß ist der Juni der Monat des großen Wollhandels; jeweils an den fünf Tagen vom 19. bis 23. des Monats kommen auswärtige Händler in großer Zahl in die Stadt, unter ihnen viele Russen. Rohwolle aus allen östlichen Provinzen sammelt sich hier und wird weiter ins Ausland verkauft. Allmählich sinken jedoch die Preise

und die gehandelten Mengen. Kamen 1835 noch zwischen 25 000 und 40 000 Zentner Wolle jährlich auf den Berliner Markt, sind es 1869 nur noch knapp 20 000 Zentner. Die Wollmärkte sind im Leben der Stadt über viele Jahre ein wichtiges Ereignis, denn die Händler, im Volksmund »Wollsäcke« genannt, beleben das Gastgewerbe und bringen internationales Flair.

Adolf Streckfuß
Die Kartoffelrevolution 1847

Teuerung und Geschäftslosigkeit hatten eine drückende Not in der Hauptstadt hervorgerufen, welche sich mit jedem Tag fühlbarer machte. [...] Den Winter hatten sie glücklich überwunden, im Frühling aber fehlte es an Allem. [...] Die Regierung hatte schon im Januar die Einfuhrzölle für Getreide, Mehl etc. gänzlich aufgehoben, trotzdem war bei der allgemeinen Missernte des vergangenen Jahres doch der Preis aller Lebensmittel im fortwährenden Steigen begriffen. [...] Im April 1847 hatte die Not der arbeitenden Klasse den Kulminationspunkt erreicht. Mit jedem Markttage wurde die Stimmung der Arbeiter bedrohlicher, es gab oft heftige Wortwechsel zwischen Käufern und Verkäufern, bei denen die wegen ihrer Zungen- und Schimpffertigkeit wegen seit Altersher berühmten Hökerinnen [die Marktfrauen] in dem Glauben an den Schutz der Polizei häufig genug die hungernden Käufer, die um den Preis der Kartoffeln handeln wollten, frech verhöhnten. War einmal der Markt schwächer als gewöhn-

lich durch auswärtige Verkäufer besucht, dann benutzten die Hökerinnen sofort den glücklichen Umstand zu einer plötzlichen Steigerung des Preises, und sie wurden dabei getreulich durch die Bauern unterstützt, welche natürlich für ihre Kartoffeln möglichst hohe Preise zu erzielen suchten.

So geschah es auch am 21. April (1847) auf dem Gendarmenmarkt. Eine Hökerin, welche beim Beginn des Marktes noch die Metze Kartoffeln zu 3 Silbergroschen verkauft hatte, schlug plötzlich den Preis bis zu 4 Silbergroschen auf. Ihr Beispiel fand beim nächstsitzenden Bauern sofort Nachahmung. Ein wilder Tumult erhob sich. Der unerschwinglich Preis erregte den tiefsten Unwillen der Käufer, die Kartoffeln haben mussten, um ihre Kinder zu Hause zu sättigen, und sie doch nicht bezahlen konnten. Anfangs gab es nur Schimpf- und Drohreden, die von den Hökerinnen und Bauern derb erwidert wurden, dann aber riss den Arbeiterfrauen, die an ihre hungernden Kinder dachten, der zu straff gezogene Faden der Geduld. Eine Frau war es, die zuerst das Signal zur Gewalttat gab; mit einem scharfen Messer schnitt sie einen der zum Verkauf ausgestellten Kartoffelsäcke auf, die Kartoffeln rollten auf den Boden, und sofort warf sich jubelnd und schreiend die Menge über dieselben. Jeder versuchte zusammenzuraffen, was er finden konnte, niemand dachte mehr ans Bezahlen. Die Verkäufer schimpften und tobten, sie versuchten ihr Eigentum zu retten, aber sie wurden zurückgestoßen und misshandelt. Wer dachte da noch ans Kaufen! Die Kartoffelsäcke und Brotstangen wurden geplündert und die ohnmächtige Marktpolizei musste tatenlos zuschauen, denn die wenigen Polizisten vermochten nichts gegen die wütenden Menge auszurichten. Männer, Frauen und Kinder beteiligten sich mit gleicher Energie bei dem Raubwerk, ja die Frauen waren am kühnsten und rücksichtslosesten.

Auf dem Molkenmarkt hatten sich zu gleicher Zeit ähnliche Exzesse zugetragen. War es infolge einer Verabredung geschehen? Schwerlich! Dieselbe Ursache hatte an verschiedenen Orten dieselbe Folge gehabt.

Mit der Plünderung auf den Märkten war der Skandal nicht beendet, er begann mit derselben vielmehr. Die Arbeiter rotteten sich zusammen. Eine wilde Schar, welche zum großen Teil aus Weibern bestand, zog durch die Straßen, um die Bäcker- und Fleischerläden zu plündern. Erst am Abend gelang es dem energischen Einschreiten der Polizei, die Ruhe wieder herzustellen.

Schon früh am Morgen des 22. April wiederholten sich die Straßenskandale in verstärktem Maße. Aus den Vorstädten zogen singend und jubelnd große Massen zerlumpten Gesindels nach dem Alexanderplatz, wo Markt abgehalten werden sollte. »Wir

Oben: Darstellung der »Kartoffelrevolution« von einem zeitgenössischen Künstler, 1847. Links: »Das Brot«, Zeichnung von Theodor Hosemann.

wollen nach der Revolution!« schrieen sie den Arbeitern zu, die ihnen auf der Straße begegneten, und forderten sie zur Teilnahme auf. [...] Was fragten die Hungernden nach dem Gesetz? Die Leidenschaft machte sie blind. [...] Auf dem Alexanderplatz wiederholten sich die Szenen des gestrigen Tages. Der Aufruhr gewann sogar einen gefährlichen Charakter, daß die Ladenbesitzer in vielen benachbarten Straßen die Geschäfte schlossen und die Türen verrammelten, um sich vor Überfällen zu sichern. Den Bäckern nutzte dies nichts, denn ihre Läden wurden trotzdem erstürmt, auch einige andere Geschäftslokale wurden geplündert. [...] Der Tumult gewann an solcher Ausdehnung, daß Militär einschreiten und die Königstraße sperren mußte. Während dies aber hier geschah, wurden in den anderen Stadtgegenden die Läden ungestört geplündert.

Auch am folgenden Tag, dem 23. April, würde sich der Tumult wiederholt haben, denn wieder kamen die Vorstädter in dichten Scharen zu den Toren hinein. Sie fanden die Stadt aber so vollständig vom Militär besetzt, daß sie keine Plünderungen wagen durften. [...]

Die Kartoffel-Revolution, diesen Namen hat der unglückliche Aufstand des Proletariats in der Berliner Geschichte, war mit dem 22. April beendet. Sie hatte nicht den geringsten politischen Hintergrund und dennoch eine Bedeutung, denn sie zeigte, daß in der sonst so ruhigen Stadt Berlin der günstige Moment einen Sturm erzeugen konnte. Ein zusammengelaufener Volkshaufen vermochte zwei Tage lang die Hauptstadt in Schrecken zu setzen, obwohl er ohne Halt in der Bürgerschaft dastand. Was war zu erwarten, wenn die Bürgerschaft sich dem Aufstand anschlösse? Das sollte die Zukunft bald lehren.

(500 Jahre Berliner Geschichte. Vom Fischerdorf zur Weltstadt, Berlin 1880)

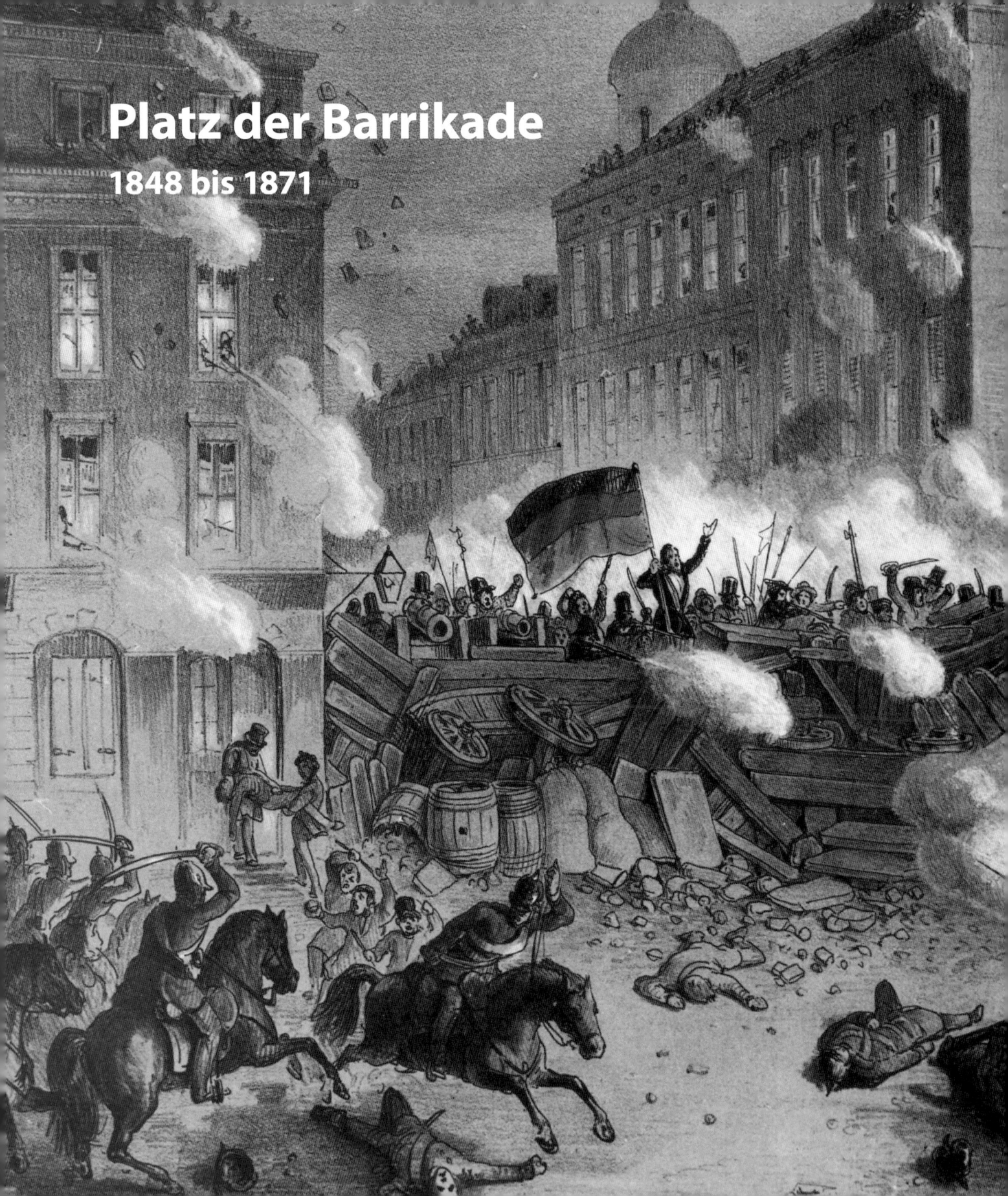

Platz der Barrikade

1848 bis 1871

In der Nacht vom 18. zum 19. März 1848, einer frühlingshaften Vollmondnacht, toben in Berlin Barrikadenkämpfe. Enttäuschungen entladen sich: über die schlechte soziale Lage, die geistige und politische Enge, die ungelöste nationale Frage. Die größte der Barrikaden wird am Alexanderplatz errichtet, von der Innenstadt aus gesehen am jenseitigen Ende, am Anfang der Bernauer Straße zwischen dem Gasthof »Zum Hirschen« und dem »Stelzenkrug«.

Tatsächlich gelingt es den Aufständischen, die königlichen Truppen immer wieder abzuwehren und am Alexanderplatz ihr Vordringen in die Vorstadt zu verhindern. Die Kämpfe werden später vielfach beschrieben, gezeichnet und gemalt. Die eindrucksvollste Darstellung ist eine zeitgenössische Kreidelithographie von Josef Klaus.

»*Erster Angriff der Cavallerie auf das unbewaffnete Volk vor dem königl. Schlosse in Berlin*«. *So stellt die in Leipzig erscheinende* »*Illustrirte Zeitung*« *in ihrer Ausgabe vom 8. April 1848 die verhängnisvollen Geschehnisse auf dem Schlossplatz am 18. März dar. Die Menge flieht vor den mit gezückten Säbeln heranreitenden Soldaten in Richtung Kurfürstenbrücke (heute Rathausbrücke), wo das von Andreas Schlüter geschaffene Reiterstandbild des Großen Kurfürsten andeutungsweise zu erkennen ist. Von dort geht es weiter in die Königsstraße hinein, die zur Königsbrücke und zum Alexanderplatz führt.*

Das Jahr 1848 ist von seinem ersten Tag an ein Jahr der revolutionären Erhebungen in Europa, die in Italien einsetzen, das ebenso wie Deutschland keine nationale Einheit besitzt. Der nächste Schauplatz ist Frankreich, wo im Februar die Revolution ausbricht. Unmittelbar danach folgen insbesondere in den süd- und südwestdeutschen Staaten Protestaktionen von Liberalen und Demokraten. Die Forderungen ähneln sich überall: Pressefreiheit, Versammlungsfreiheit, Rechtssicherheit, Volksbewaffnung sowie die Einheit Deutschlands auf verfassungsrechtlicher Grundlage.

Ab 6. März gibt es dann in Berlin erste politische Versammlungen, »in den Zelten« im Tiergarten, damals außerhalb des Stadtgebietes vor dem Brandenburger Tor gelegen. Nachrichten über den Aufstand in Wien, wo am 13. März Metternich gestürzt wird, treffen kurz darauf ein. Die Erregung auf den Versammlungen nimmt zu. Es kommt zu ersten schweren Übergriffen des Militärs gegen aufgebrachte unbewaffnete Bürger, mit mehreren Toten und Verwundeten. In der Bürgerschaft breitet sich Empörung aus.

Am 18. März 1848, einem Samstag, scheint der König den Konflikt entschärfen zu wollen. Es verbreitet sich die Kunde, Friedrich Wilhelm IV. wolle Presse-, Meinungs- und Versammlungsfreiheit gewähren und Deutschland aus einem Staatenbund in einen Bundesstaat umwandeln. Tausende versammeln sich daraufhin auf dem Schlossplatz, von großem Jubel wird berichtet. Die Stimmung schlägt um, als die Menschen in den Schlosshöfen Soldaten in großer Zahl wahrnehmen. Erst einzeln, dann in Sprechchören erschallen die Rufe »Militär zurück!« oder »Soldaten

fort!«. Der König erteilt den Befehl zur Räumung des Platzes. Die Versammelten sehen sich plötzlich einer Kavallerie-Attacke mit gezogenen Säbeln ausgesetzt. Zwei Schüsse fallen. Die Erinnerung an die Übergriffe des Militärs während der Tage zuvor wird wachgerufen. Allenthalben ertönt der Ruf »Verrat! Der König schießt auf das Volk!«. Die Sturmglocken werden geläutet. Innerhalb weniger Stunden errichten die Bürger im Stadtgebiet spontan mehrere Hundert Barrikaden; auf vielen weht die verbotene schwarz-rot-goldene Fahne als Zeichen für die Forderung nach Demokratie und Einheit.

Ein Stadtplan mit den Standorten von Barrikaden am 18./19. März 1848. Das vom Schlossplatz aus vorrückende Militär stieß in der Königsstraße auf eine Vielzahl von Hindernissen. Am Alexanderplatz sind alle Zugänge zu den Ausfallstraßen verbarrikadiert.

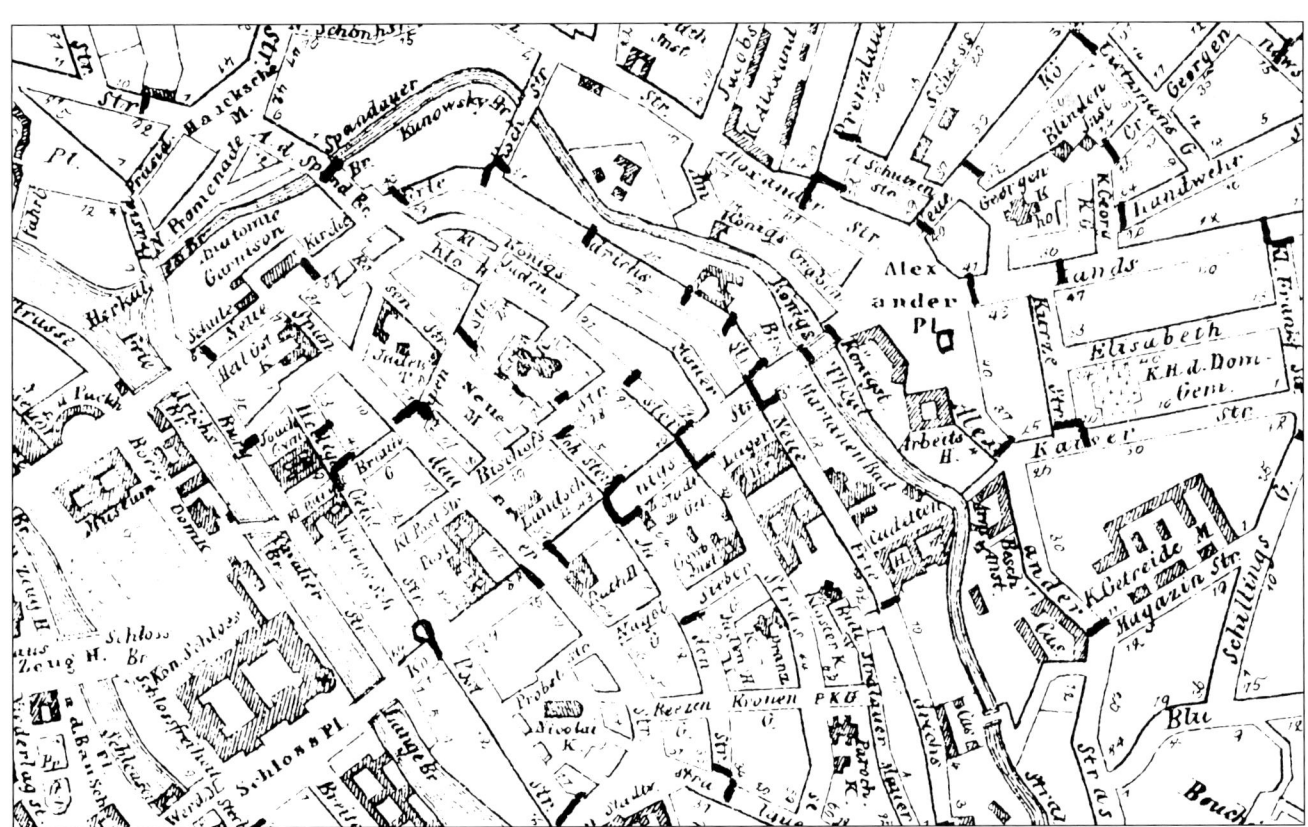

Die Barrikade am Alexanderplatz in Berichten von Zeitzeugen

Die Barrikade, mit der der Zugang zur Neuen Königsstraße blockiert wurde, erlangte alsbald einen legendären Ruf, denn sie hielt als einzige dem Ansturm der Soldaten stand. Von Seiten des Militärs wurde später behauptet, der König hätte befohlen, das Feuer dort einzustellen. Zeitgenössische Berichte veranschaulichen das Geschehen.

Anonymus
Barrikade

Gegen fünf Uhr wurde die erste Kartätsche gehört, welche von der Kurfürstenbrücke her die Königsstraße bestrich, in der sich bis zum Alexanderplatz hin in kurzen Zwischenräumen eine Barrikade hinter der anderen fest und hoch getürmt erhob. Droschken, Omnibuswagen, auch ein angehaltener Postwagen, Wollsäcke, Balken, umgestürzte Brunnengehäuse bildeten das Baumaterial dieser Barrikaden. Die Bewaffnung der hinter ihnen stehenden Kämpfer bietet zwar einen ärmlichen Anblick dar, denn an Schießgewehr fehlt es am Anfang, mit Ausnahme weniger Pistolen und Büchsen, fast ganz, und die übrige Bewaffnung besteht oft nur in einer losgerissenen Planke, in einer Mistgabel, in einem alten verrosteten Schwert und dergleichen Waffen. Die größte Bewegung herrscht die Königsstraße hinunter bis zum Alexanderplatz. [...] Eine eigentümliche Freischar hat sich hier am Alexanderplatz unter der Anführung eines jungen Polen gebildet, der, wie ein Ulan gekleidet und die polnische Mütze tragend, an der Spitze eines Zuges von ungefähr 200 Leuten heranmarschiert kommt. Er schwingt einen krummen Säbel in der Hand und ruft laut: »Es lebe die Freiheit!« Ihm folgen ein Trommler, dann mehrere Fahnenträger mit roten und gelben Fahnen, und hierauf seine Mannschaften, die auf buntscheckigste Weise bewaffnet erscheinen. Eine Hauptstätte mörderischsten Kampfes war die Gegend am Alexanderplatz, wo sich drei Barrikaden kolossaler Bauart erhoben hatten. Am gewaltigsten war die Barrikade, welche an den Ecken der Neuen Königsstraße nach dem Alexanderplatz zu gebaut wurde. [...] Die Barrikade stand noch am Morgen ungebrochen und in ihrer ganzen Festigkeit da.

(Die Gegenwart. Leipzig 1848)

Ein Blick hinter und über die Barrikade am Alexanderplatz. An den Hauswänden links und rechts sind die Straßenschilder »Neue Königs-Straße« zu lesen. An der etwa 130 Meter entfernten Königsbrücke ist Militär aufgezogen. Die Barrikade ist auf dieser Abbildung nicht nur mit der schwarz-rot-goldenen Fahne, der »deutschen Trikolore«, geschmückt, sondern auch mit einem so genannten »Freiheitsbaum«, einem Freiheitssymbol aus der Französischen Revolution von 1789. Offenbar wollte der unbekannte Zeichner auf dieser zeitgenössischen Darstellung den gesamteuropäischen Charakter der Freiheitskämpfe von 1848 betonen.

Adolf Streckfuß
Ein Augenzeuge berichtet

Bis nach dem Alexanderplatz drang das Militär vor, da aber fand es einen Widerstand, den es nicht überwand. Eine gewaltige Barrikade war in der Neuen Königsstraße erbaut, sie war fester als irgendeine andere. Ein paar umgeworfene Wagen hatten auch hier den Anfang zum Bau gemacht, da aber die Barrikade selbst schweren Geschützen widerstehen sollte und Zeit genug zum Bau gewesen war, hatten die Bürger sie mit allen nur zu Gebote stehenden Mitteln befestigt. Die Granitplatten des Trottoirs und Eisenplatten aus einer nahe gelegenen Eisenhandlung waren verwendet worden, um einen festen Schutz gegen die Geschützkugeln zu gewähren; man hatte Schanzkörbe herbeigeschleppt und mit Sand alle Zwischenräume ausgefüllt. Eine dreifarbige schwarz-rot-goldene Fahne wehete auf ihr. Aus dem nahen Schützenhause hatte man zwei Messing-Böller herbeigeschleppt. Ein paar Bürger, die früher Artilleristen gewesen waren, zeigten sich bereit, sie zu bedienen. Kugeln hatten die Bürger-Artilleristen freilich nicht, aber sie wußten sich zu helfen. Aus den nahe liegenden Läden wurden jene kleinen Steinkugeln, derer sich die Knaben in Berlin zum Spielen bedienen und die sie Murmeln nennen, herbeigeholt; diese in einen alten Strumpf gesteckt, bildeten eine Kartätschenladung. Zwei Waschkörbe voll Murmeln standen hinter der Barrikade bereit.

Auch an Lunten fehlte es; die beiden Kanoniere aber wußten auch dafür Rat, sie schossen in das Zündloch ein mit Pulver gefülltes Terzerol [zweiläufige Kleinpistole] ab, um ihr Geschütz abzufeuern.

Von der Barrikade aus wurde ein hartnäckiger und erbitterter Kampf gegen das Militär geführt. Das Eckhaus der Neuen Königsstraße war mit bürgerlichen Schützen besetzt, welche ein heftiges Feuer gegen die an der Königsbrücke aufgestellten Soldaten unterhielten, ein Feuer, welches wirksam genug war, obgleich auch das Militär sich durch eine Barrikade von Mehlsäcken gedeckt hatte. Die Bürger kämpften hier so tapfer und erfolgreich, daß der den bürgerlichen Streitern später von der Reaktion gemachte Vorwurf der Feigheit schon durch die Verteidigung dieser einzigen Barrikade hinreichend widerlegt worden ist.

Ein kleines Beispiel mag zum Zeugnis für den Todesmut dienen, welchen hier die Bürgerlichen bewiesen. Im Königsstädtischen Theater hatten sich [königliche] Mannschaften postiert, welche von hier aus um so sicherer schossen, als sie noch außerdem gedeckt waren durch eine Bretterbude, die sich vor dem Theater auf dem Alexanderplatz befand. Sie enthielt ein Panorama,

Auf dem Alexanderplatz ist die Lage der größten Barrikade von 1848 heute durch einen in den Boden eingelassenen und mit einer erläuternden Inschrift versehenen gepflasterten Streifen kenntlich gemacht (oberhalb des Halbkreises neben den Straßenbahnschienen). Eine Bürgerinitiative hatte sich für diesen Gedenkort eingesetzt. Allerdings muss der tatsächliche Standort zwar auf dieser Höhe, eher aber auf dem heutigen Gleisbett gelegen haben.

welches in derselben für Geld gezeigt wurde. Solange die Bude stand, konnten hinter ihr hervor die Tirailleure geschützt auf die Bürger zielen. »Wir müssen die Bude in Brand stecken!«, so rief einer der Anführer an der Barrikade. »Freiwillige vor!« Ein Student und ein paar Arbeiter zeigten sich sofort bereit, trotz der höchsten Gefahr, auf dem Weg über den freien Platz erschossen zu werden, das Wagestück zu unternehmen. Mit Brandfackeln und Brennmaterial sowie mit ein paar Äxten ausgerüstet, rückten sie gegen die Bude vor, und in kurzer Zeit loderte diese in Flammen empor, obgleich von der Königsbrücke aus ein heftiges Feuer gegen die Kühnen unterhalten wurde.

Die Lage der Barrikaden-Verteidiger am Alexanderplatz war eine höchst gefährliche; in der Front wurden sie angegriffen von der Besatzung der Königsbrücke, welche unter dem Befehl des Generals von Möllendorff stand, und zugleich waren sie bedroht von den Besatzungen der Kasernen in der Münzstraße und der Alexanderstraße, während sie erwarten mußten, im Rücken angegriffen zu werden von einem Regiment, welches durch das Frankfurter Tor in die Stadt eingedrungen war und sich den Weg nach dem Alexanderplatz zu erkämpfte.

Daß die Verteidiger der Barrikade trotz ihrer schwer bedrohten Stellung dennoch aushielten, daß sie mehrfache Angriffe zurückwiesen, ist wohl das glänzendste Zeugnis für ihren Mut.

(500 Jahre Berliner Geschichte. Vom Fischerdorf zur Weltstadt. Berlin 1880)

Theodor Fontane als Revolutionär

Der prominenteste Beobachter der Geschehnisse am Alexanderplatz war ohne Zweifel Theodor Fontane. Nach Abschluss seiner Apotheker-Ausbildung war er seit dem Herbst 1847 in der Jung'schen Apotheke »Zum Schwarzen Adler«, Ecke Neue Königsstraße / Georgenkirchstraße, angestellt. Hier überraschten ihn die Ereignisse, über die er rund ein halbes Jahrhundert später schrieb.

Die Berliner Märztage

Draußen hatte sich das Bild rasch verändert. Die Straße wirkte wie gefegt, und nur an den Ecken war man mit Barrikadenbau beschäftigt, zu welchem Zweck alle herankommenden Wagen und Droschken angehalten und umgestülpt wurden. In meinem Gemüt aber wurden plötzlich allerhand Balladen- und Geschichtsreminiszenzen lebendig, darunter dunkle Vorstellungen von der ungeheuren Macht des Sturmläutens; alles Große, soviel stand mir mit einem Male fest, war durch Sturmläuten eingeleitet worden. Ich lief also, ohne mich lange zu besinnen, auf die nur fünfzig Schritte von uns entfernte Georgenkirche zu, um da mit Sturmläuten zu beginnen. Natürlich war die Kirche zu – protestantische Kirchen sind immer zu. [...] Mit meinem Debut als Sturmläuter war ich also gescheitert, so viel stand fest.

Schweißtriefend kam ich von dem stillen Kirchplatz in die Neue Königsstraße zurück, auf der eben vom Tor her ein Arbeiterhaufen heranrückte, lauter ordentliche Leute, nur um sie herum etliche verdächtige Gestalten. Es war halb wie eine militärische Kolonne, und ohne zu wissen, was sie vorhatte, rangierte ich mich ein und ließ mich fortreißen. Es ging über den Alexanderplatz weg auf das Königsstädtische Theater zu, das alsbald wie im Sturm genommen wurde. [...] Mittlerweile hatten die weiter in den Innenraum Eingedrungenen all das gefunden, wonach sie suchten, und in derselben Weise, wie sich beim Hausbau die Steinträger die Steine zuwerfen, wurde nun, von hinten her, alles zu uns herübergereicht: Degen, Speere, Partisanen und vor allem kleine Gewehre, wohl mehrere Dutzend. [...] Wieder draußen angekommen, schloß ich mich abermals einem Menschenhaufen an, der sich diesmal unter dem Feldgeschrei »nun aber Pulver« zusammengefunden hatte.

(Die Berliner Märztage. Berlin 1898)

Der Alexanderplatz am Vorabend der Reichsgründung

In den Jahren 1848/49 vermag das deutsche Bürgertum nicht, seine politischen Ansprüche gegenüber der Adelsherrschaft durchzusetzen. Die revolutionäre Erhebung wird niedergeschlagen, die Deutsche Nationalversammlung in der Frankfurter Paulskirche scheitert und kann keine einheitliche Verfassung für alle deutschen Staaten durchsetzen, im Kugelhagel der Armee des Deutschen Bundes unter dem Kommando des späteren preußischen Königs und deutschen Kaisers Wilhelm I. werden neuerliche Erhebungen im Mai 1849 brutal beendet.

Was in Frankfurt im Großen geschieht, widerfährt der Preußischen Nationalversammlung im Schauspielhaus am Gendarmenmarkt im November 1848 im kleinen Maßstab. General Friedrich Wrangel lässt die Abgeordneten gewaltsam auseinander treiben.

Getragen vom industriellen Aufschwung und der zunehmenden politischen Bedeutung Preußens nach dem gewonnenen Krieg gegen Dänemark und der Bildung des Norddeutschen Bundes, entwickelt sich

Berlin in den 1860er Jahren spürbar weiter. Allerdings betrifft das mehr die wachsenden Vorstädte als den Alexanderplatz. Hätte Friedrich Nicolai in den Jahren vor der Reichsgründung 1871 den Alexanderplatz noch einmal aufsuchen können, so hätte er ihn – mit Ausnahme des »Hauses zum Kaiser Alexander« – städtebaulich so vorgefunden, wie er ihn 1786 beschrieben hat. Die nunmehr beinahe 100 Jahre alte Brücke überspannt noch immer den Königsgraben, der 200 Jahre zuvor angelegt worden war. Sie muss all den Verkehr bewältigen, der hier in die Innenstadt hinein und wieder hinaus führt, und das auf einer Breite von nicht einmal zehn Metern. Während es bis in die ersten Jahre des Kaiserreiches hinein auf dieser Seite der ehemaligen Befestigungsanlagen kaum Bautätigkeit gibt, entsteht auf der anderen Seite das große neue Rathaus.

Am Ende der 1850er Jahre wird unweit des Alexanderplatzes in der Münzstraße auch ein neues Theater eröffnet, das größte Berlins. Es ist der Sohn von Friedrich Cerf, Robert Cerf, der einige Jahre nach dem Niedergang des Königsstädtischen Theaters ein neues Projekt verfolgt. Zu Ehren der Hochzeit des Prinzen Friedrich Wilhelm mit der englischen Prinzessin Viktoria im Jahre 1858 wird es Viktoria-Theater genannt. Nach der Überwindung vielfältiger finanzieller Hürden ist im Dezember 1859 Eröffnung. Das neue Theater ist die erste Spielstätte Berlins, die das Genre des prachtvollen Ausstattungsstücks pflegt. Es erweitert sein Repertoire, als 1869 in Preußen die Theaterfreiheit eingeführt wird. 1881 folgt dann eine Sensation: Nicht in der Hofoper, sondern im Viktoria-Theater findet im Mai die Berliner Erstaufführung des Zyklus »Der Ring des Nibelungen« von Richard Wagner statt: viermal hintereinander und in der Bayreuther Besetzung. Der gewaltige Erfolg wiederholt sich im Herbst des folgenden Jahres. Zehn Jahre später läuft die letzte Vorstellung im Viktoria-Theater. Der Bau muss der Verbreiterung der Münzstraße und dem Durchbruch der Kaiser-Wilhelm-Straße weichen.

Am Vorabend der Reichsgründung zieht es immer mehr Menschen nach Berlin. Die neuen Industriebetriebe locken Abertausende an, die Stadt dehnt sich vor allem nach Westen und Nordwesten weiter aus. Die Fläche Berlins beträgt nunmehr knapp 6000 Hektar. Es findet die letzte wesentliche Erweiterung vor der Gründung von Groß-Berlin im Jahre 1920 statt. Die Zollmauer des 18. Jahrhunderts mit ihren Toren erweist sich dabei zunehmend als Verkehrshemmnis und wird 1867/68 abgerissen. Stehen bleibt lediglich das Brandenburger Tor.

Links oben: Die Königskolonnaden mit Blick auf den Alexanderplatz 1860. Wie die Abbildung auf Seite 44 aus ähnlicher Perspektive zeigt, hat der Alexanderplatz in knapp 100 Jahren sein Aussehen kaum geändert.

Links: Das Viktoria-Theater.

Raumordnung und neues Rathaus

Der wirtschaftliche Aufschwung und das starke Bevölkerungswachstum machen in der Mitte des 19. Jahrhunderts eine koordinierte Stadtplanung unumgänglich. Bemerkenswerterweise unter Verantwortung des Polizeipräsidenten legt der 33-jährige Baurat James Friedrich Hobrecht 1862 einen Bebauungsplan für Berlin und Charlottenburg vor, der die bauliche und räumliche Gestaltung Berlins nachhaltig prägen soll. Bevor Hobrecht mit diesem Auftrag betraut wird, hat er sich um die Kanalisation in Berlin verdient gemacht, um deren Ausbau er sich auch in den Folgejahren noch kümmert. Sein Bebauungsplan, der die Fluchtlinien der Straßen und zentralen Plätze festlegt, gründet sich auf die Baupolizei-Ordnung von 1853, die eine extreme Grundstücksausnutzung gestattet und damit den Bau von hoch verdichteten Wohnquartieren zulässt, was dann in der Gründerzeit nach 1871 zu den berüchtigten Mietskasernen führt. Danach durfte an Straßen von mehr als 15 Metern Breite beliebig hoch gebaut werden; an schmaleren Straßen war eine Gebäudehöhe von 1¼ der Straßenbreite zulässig. Zum eigentlichen

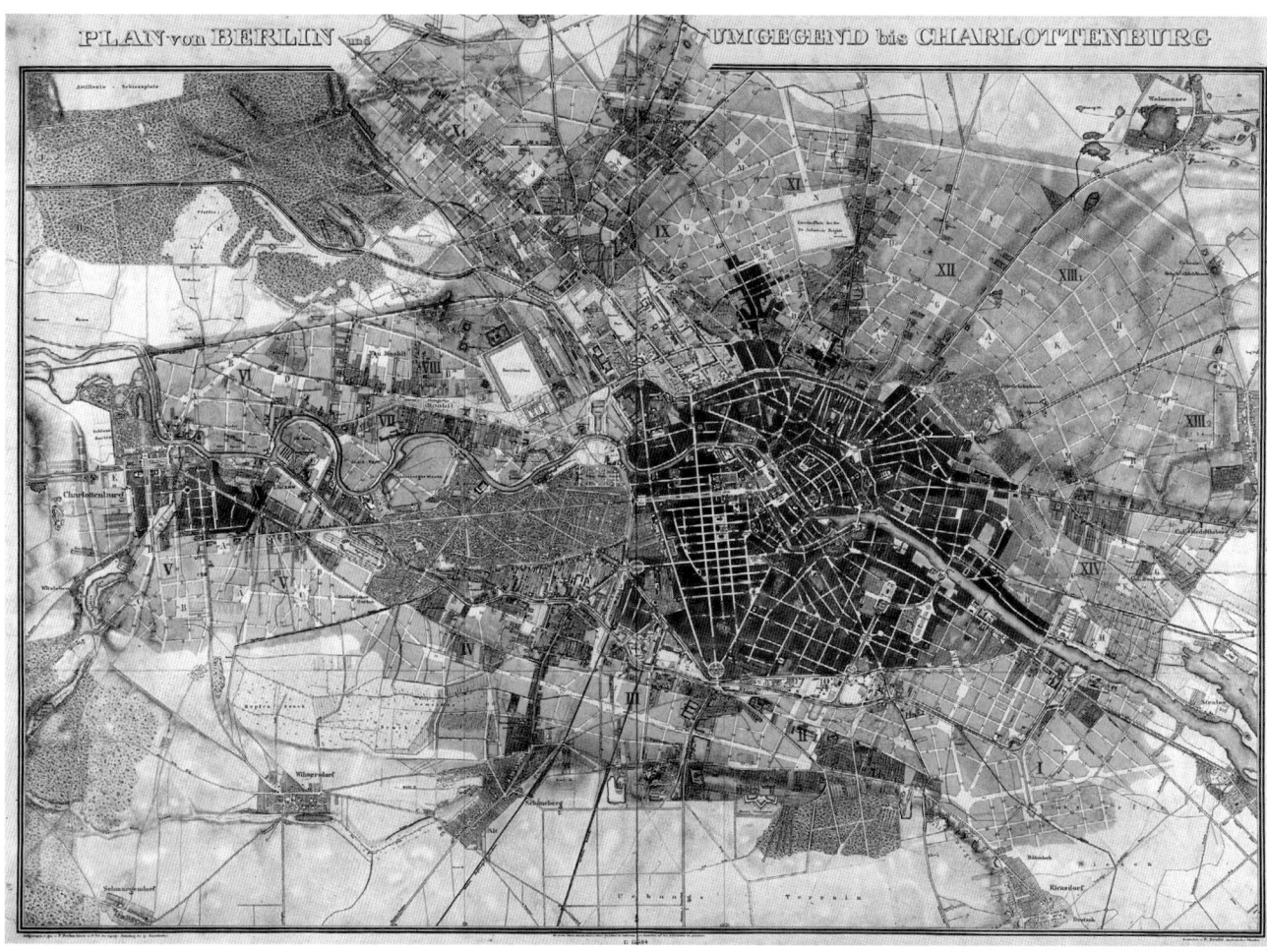

Links: Der Hobrecht-Plan von 1862. Oben: Das neue (Rote) Rathaus kurz nach seiner Fertigstellung, Zeichnung von Carl Graeb um 1870.

Problem aber werden die Hinterhofgebäude, die sich um die 5,3 Meter breiten und ebenso tiefen Höfe – dem für das Umdrehen einer Feuerwehrspritze notwendigen Platz – gruppieren und die Höhe der Vorderhäuser haben dürfen. Dadurch können lichtarme, mehrfach gestaffelte Hinterhäuser entstehen, in denen das neue Industrieproletariat billigen Wohnraum findet. Gebaut wird dann vor allem östlich der alten Berliner Vorstädte, in den heutigen Bezirken Prenzlauer Berg, Friedrichshain und Lichtenberg.

Ausdruck von Preußens Machtanspruch im Kreis der deutschen Staaten wird als bauliches Symbol dieser Zeit das neue Rathaus. Das alte, verfallene Gebäude an der Ecke Königsstraße/Spandauer Straße konnte schon längst nicht mehr alle Verwaltungsbereiche aufnehmen, weshalb nun sämtliche Abteilungen in einem großen Bau zusammengefasst werden

sollen. Hierfür ist ein imposanter Backsteinbau aus roten Klinkern vorgesehen, weshalb es auch sogleich Rotes Rathaus genannt wird.

Der Bau erfolgt zwischen 1861 und 1869 in zwei Abschnitten und wird vom Preußisch-Königlichen Baurat Hermann Friedrich Waesemann geleitet. Stilistisch orientiert sich die Architektur an Vorbildern der norditalienischen Hochrenaissance. Die Front des Hauses ist an der Königsstraße 99,2 Meter lang; die Tiefe beträgt 87,9 Meter. Der fast quadratische vierstöckige Komplex umschließt drei Innenhöfe. Über dem Mittelbau der Hauptfront erhebt sich, etwas eingerückt, ein 74 Meter hoher Turm, mit der Fahnenstange sogar 97 Meter hoch. Dieser Turm ist es dann auch, der später die meisten Darstellungen des Alexanderplatzes nach Westen hin optisch begrenzt – heute ist es eher der Fernsehturm.

Aufschwung
in der Kaiserzeit

1871 bis 1914

Die Entwicklung Berlins als Hauptstadt des Deutschen Kaiserreiches nach 1871 verändert das Gesicht, ja den Charakter der Stadt. Die Bevölkerung wächst unaufhaltsam – in erster Linie durch Zuwanderung. Als erste deutsche Stadt überschreitet Berlin die Millionengrenze. 1880 sind es 1,25, 1905 bereits zwei Millionen Einwohner. Das Stadtgebiet dehnt sich aus, und die benachbarten Orte wachsen der Stadt entgegen. Zu den Räumen, die eine sinnfällige bauliche Veränderung erfahren, gehören auch der Alexanderplatz und seine Umgebung. Mit dem Bau des Stadt- und Fernbahnhofs setzt eine Neustrukturierung des Platzes ein, die ihn bis zum Vorabend des Ersten Weltkrieges zum bedeutendsten Verkehrsknotenpunkt Berlins werden lässt. Ein Grand Hôtel mit einer Kolossalfigur davor (links im Bild), ein Konsumpalast, Markthallen, das Polizeipräsidium, eine vaterländische Freizeitattraktion, große und kleine Restaurationsbetriebe, der öffentliche Verkehr mit der ersten U-Bahn-Anbindung ziehen die Menschen an. Der Alexanderplatz erhält das Fluidum eines Weltstadt-Platzes (Fotografie um 1905).

1871 säumen den Alexanderplatz noch die Bauten des 18. Jahrhunderts und geben dem Raum einen eher vorstädtischen Charakter. In den östlichen Vorstädten dagegen ist eine bis dahin völlig unbekannte Bautätigkeit im Gange, die bis ins neue Jahrhundert anhält. Es entsteht eine Ballung von Mietskasernen, die an Steinwüsten, an »greuliche Steinhaufen« erinnern, wie sie August Endell, neben Kurt Berndt der Schöpfer der Hackeschen Höfe, charakterisiert hat. In einem Wohngebäude werden oft über 20 Wohnungen untergebracht, in den Hinterhäusern mit Seitenflügeln und Quergebäude nochmals 40 oder 50. 1875 wohnen zehn Prozent der Berliner in Ein-Zimmer-Wohnungen ohne Bad, mit Toiletten im Treppenhaus.

In der Königstadt (ab 1873 schreibt sie sich ohne das Fugen-s in der Mitte) sind 1875 erst acht Prozent der Grundstücke mit Mietskasernen bebaut, 1890 aber bereits 37 Prozent, 1910 schließlich gar 65 Prozent. Zu dieser Zeit sind es im südlichen Teil des Stralauer Viertels (heute Friedrichshain) sogar 73 Prozent und in der Rosenthaler Vorstadt (heute Mitte) 68 Prozent. In Gesamt-Berlin beläuft sich der Anteil an Mietskasernen 1910 auf knapp 50 Prozent. Selten steht eine neue Wohnung lange leer, der Zuzug ist ungebrochen: 1867 leben in der Königstadt rund 42 000 Menschen, 1880 sind es 63 000, 20 Jahre später 131 000 und nach weiteren zehn Jahren 198 000. Im Stralauer Viertel steigt die Bevölkerungszahl im Zeitraum von 1867 bis 1910 von 80 000 auf rund 300 000, in der Rosenthaler Vorstadt von 35 000 auf über 300 000. Nördlich, östlich und südöstlich des Alexanderplatzes leben 1910 insgesamt mehr als 800 000 Menschen. In 40 Jahren hat sich die Einwohnerzahl mehr als verfünffacht.

In den Steinwüsten der eingemeindeten Vorstädte lebt vor allem die sozial benachteiligte proletarische Bevölkerung Berlins. 1905 beträgt der Einkommenssteuerbetrag in der Stadt durchschnittlich 14,6 Mark pro Person. Während es in Tiergarten 88,7 und in Wilmersdorf 28,5 Mark sind, beträgt die zu zahlende

Steuer in der Königstadt nur 7,8, in der Rosenthaler Vorstadt 6,9 und im südöstlichen Teil des Stralauer Reviers gar nur 5,9 Mark. Das proletarische und zum Teil auch kleinbürgerliche Elend ist Stoff der realistischen Literatur, die als Stilrichtung in den beiden letzten Jahrzehnten des 19. Jahrhunderts ihren Höhepunkt erlebt. In den über einhundert Jahre alten ehemaligen Magazingebäuden Ecke Alexander- / Magazinstraße – zu jenem Zeitpunkt längst ein Obdachlosenasyl – lässt Gerhart Hauptmann sein Stück »Die Ratten« spielen. Im wörtlichen Sinne notgedrungen entladen sich immer wieder soziale Spannungen. Besonders schwer wiegt das Wohnungselend. Selbst billige Wohnungen werden für viele Menschen – für Arbeiter-, aber auch für Kleinbürgerfamilien – vor allem in der Phase der wirtschaftlichen Depression nach 1873 unbezahlbar. Exmittierungen sind an der Tagesordnung. Vor den Toren der Stadt wachsen Barackensiedlungen; Menschen leben auf der Straße und in Erdhöhlen. Es gibt Unruhen, örtliche Revolten, Demonstrationen. Bisweilen erreichen sie auch den Alexanderplatz. Als die Polizei Ende August 1872 erste Barackensiedlungen zerstört, sollen die vertriebenen Frauen ins Arbeitshaus. Sie weigern sich und lagern mit ihren Kindern einige Tage auf dem Alexanderplatz, bis sich private Hilfsorganisationen ihrer annehmen. Noch im gleichen Jahr kommen Unruhen in der Blumenstraße auf, als ein Hauseigentümer eine Schuhmacherfamilie auf die Straße setzt. Hunderte von Polizisten und Soldaten – schließlich liegen in der Nähe genügend Kasernen – unterdrücken die Unruhen gewaltsam. So auch einige Jahre später, als sich 1877 polnische Arbeiter, die beim Gleisbau für die Pferdebahn beschäftigt sind, mit revoltierenden Arbeitslosen solidarisieren.

Verstädterung und Industrialisierung bedingen einander. In den an den Alexanderplatz angrenzenden Stadtgebieten siedeln sich in diesen Jahrzehnten praktisch alle denkbaren Gewerbe an, wobei hier die Eisen-, Metall- und Maschinenproduktion, das Nahrungs- und Genussmittelgewerbe sowie die holzver-

Bau der Stadtbahn, Ende der 1870er Jahre.

arbeitenden Betriebe und die Baustoffproduktion ihren Schwerpunkt haben. Nennenswert sind daneben noch die vielen kleinen Druckereien und einige Großbrauereien.

Angesichts dieser Entwicklungen wird der Ausbau des öffentlichen Verkehrssystems unumgänglich. Wenn auch die Anbindung des Alexanderplatzes zunächst nur zögerlich vonstatten geht, so wird er schließlich zur Drehscheibe des Verkehrs in den Berliner Osten. 1873 wird eine Pferdebahn-Verbindung nach Weißensee begonnen, wegen der wirtschaftlichen Depression zunächst aber wieder eingestellt, vier Jahre später allerdings neu belebt. 1895 zählt man

auf dieser Strecke bereits 3,5 Millionen Fahrgäste. In der Mitte der siebziger Jahre beginnt dann der Bau einer Stadtbahn, die bis 1882 als Viaduktbahn ausgeführt wird. Ab 1888 kann der Alexanderplatz von allen zulaufenden Straßen mit der Pferdebahn erreicht werden, deren Ende sich jedoch bereits abzeichnet, da die Firma Siemens seit 1881 die erste elektrische Straßenbahn in Lichterfelde vor den Toren Berlins erfolgreich erprobt. Am 1. Januar 1900 wird die Große Berliner Straßenbahn Gesellschaft gegründet, und es beginnt die Elektrifizierung auch in den östlichen Teilen der Stadt.

Die günstige Verkehrsanbindung des Alexander-

83

platzes führt zur Ansiedlung zahlreicher Dienstleistungseinrichtungen von teilweise gesamtstädtischer Bedeutung. So entstehen auf der innerstädtischen Seite der Stadtbahn die größten Markthallen der Stadt (Eröffnung 1886 und 1893) und auf der anderen Seite erhebt sich ab 1884 das elegante »Grand Hôtel Alexanderplatz«, womit ein architektonischer Kontrapunkt zum klobigen Arbeitshaus geschaffen wird. Neuer Publikumsmagnet ist das neben dem Bahnhof errichtete Panorama der Schlacht von Sedan, in dem der Sieg über Frankreich im Krieg von 1870 farbenprächtig dargestellt wird. Die angrenzende kleine Straße erhält 1883 den Namen Panoramastraße (ein Rest davon existiert noch heute zu Füßen des Fernsehturms).

Auf dem Grund des Arbeitshauses entsteht in der zweiten Hälfte der 1880er Jahre das riesige neue Polizeipräsidium, die größte preußische Behörde ihrer Zeit. 1895 errichtet man das Standbild der Berolina, womit der Platz einen beliebten Treffpunkt erhält. Von hier aus geht man gern in eine der »Bier-Quellen« von August Aschinger, von denen um die Jahreswende 1893/94 eine auch im Gebäude des einstigen Königsstädtischen Theaters eingerichtet wird. Später kommen noch eine Konditorei und eine Gaststätte hinzu. Gegen Ende des Jahrhunderts unterhält Aschinger in fünf Stadtbahnbögen gegenüber dem Polizeipräsidium seinen zentralen Küchen- und Lagerbetrieb, wo zugleich neue technische Verfahren für die Massenproduktion von Speisen erprobt werden.

Kein Ort des Berliner Ostens bietet sich schließlich für die Errichtung von Kaufhäusern mehr an als der belebte Alexanderplatz. So entsteht zwischen der Straße am Königsgraben und der Alexanderstraße eine weitere Großbaustelle – für das Warenhaus Hermann Tietz. Als 1911 der dritte und letzte Bauabschnitt vollendet ist, steht hier das größte Warenhaus der Welt. An der Alexanderstraße verläuft die Front über beinahe 250 Meter. Aber auch Wertheim drängt es hierher. Sogar die Königskolonnaden müssen 1910 dafür weichen (das Kaufhaus befand sich genau dort,

wo heute das Cubix-Kino steht). Am Anfang der Landsberger Straße, direkt im Anschluss an das Haus »Zum Hirschen«, bezieht das alte Berliner Konfektionshaus Hahn ein neues Domizil.

Kaum sind diese Bauwerke fertig gestellt, wird am Alexanderplatz bereits die nächste Baustelle eingerichtet. Nun aber geht es in die Tiefe. Die U-Bahn-Linie aus Richtung Potsdamer Platz wird nach Pankow verlängert und führt in einem Bogen unter dem Alexanderplatz hindurch. Mit der Einweihung der Station 1913 bekommt der Umsteigepunkt zu Straßenbahn, Bus und Stadtbahn eine neue Dimension.

Die rasanten Veränderungen am Alexanderplatz finden auch Niederschlag in der Literatur. Ein Beispiel liefert Julius Rodenberg 1891 mit seiner Beschreibung »Bilder aus dem Berliner Leben«. Unter der Überschrift »Im Herzen Berlins« heißt es dort:

»Offen und frei liegt alles, und durch die prächtig verbreiterte Neue Friedrichstraße schweift der Blick schon unbehindert bis zum Alexanderplatz. Welcher alte Berliner würde ihn wiedererkennen? Einst die Esplanade vor dem Königstor, zu Friedrichs des Großen Zeiten ein Sand- und Exerzierplatz, kümmerlich bebaut, und das auch noch auf königliche Kosten oder mit königlicher Unterstützung, seine beiden vornehmsten Gebäude, das Arbeitshaus und der ›Stelzenkrug‹ – so war die ›Contrescarpe‹, seit 1805 dem Kaiser von Rußland zu Ehren Alexanderplatz genannt, und nicht viel besser haben wir diesen Platz noch vor zwanzig, dreißig Jahren gesehen. Jetzt sind die Königskolonnaden, mit ihren Säulen und Rokokofiguren dicht anstoßend an den Stadtbahnhof Alexanderplatz, der einzige Rest jener Zeit, und der Platz selber ist das Zentrum des Ostens von Berlin geworden – ein Platz des Fremdenverkehrs mit zahllosen Läden und Magazinen, einem Theater, einer spanischen Bodega und einer bayerischen Bierhalle, im Dämmerlichte der Stadtbahnbögen und mit dem Rollen der Züge von fünf zu fünf Minuten; – ein gewaltiger Wagenpark von Omnibussen und Pferdebahnwagen, aufgefahren zu beiden Seiten und stets in Bewegung; die Hauptstraßen der Königstadt und der ehemaligen Vorstädte mit ihrem ungeheuren Menschen- und Frachtenstrom von allen Richtungen her einmündend; – das riesige ›Grand Hôtel Alexanderplatz‹ mit seinem weltstädtischen Restaurant und Wiener Café anstelle des alten ›Stelzenkruges‹; – der endlose Bauzaun des Polizeipräsidiums, fast die ganze Länge der unteren Alexanderstraße flankierend – das ist der Alexanderplatz in seiner heutigen Gestalt.«

Unweit des Platzes allerdings gibt es einen Raum, der sich der modernen Entwicklung weitgehend entzieht: das Scheunenviertel. Im Laufe des 19. Jahrhunderts ist in den baumlosen Straßen dieser Gegend eine planlose Mischung von ein-, zwei- und vereinzelt dreigeschossigen Häusern entstanden, in deren Höfen bisweilen noch Kleinvieh gehalten wird. Nach der Reichsgründung ist das Viertel Anlauf- und Zufluchtspunkt für manche, die in Berlin ihr Glück machen wollen, und für viele osteuropäische Juden, vor allem aus dem zaristischen Russland, dem östlichen Nachbarn des Deutschen Reiches zu dieser Zeit, und aus dem zur Habsburger Monarchie gehörenden Galizien. Angesichts zunehmender Pogrome im Zarenreich setzt in den achtziger Jahren des 19. Jahrhunderts eine massenhafte Wanderungsbewegung von Juden nach Westen ein. Die weitaus größte Zahl geht nach Nordamerika, einen Teil zieht es aber auch in die urbanen Zentren Deutschlands und Österreichs. In Deutschland leben um 1900 etwa 41 000 osteuropäische Juden, zehn Jahre später mit 78 000 fast doppelt so viele. Nicht alle lassen sich registrieren, viele kommen einfach bei Verwandten unter. Etwa zwölf Prozent der in Deutschland lebenden Juden haben zu jener Zeit keine deutsche Staatsangehörigkeit. Deren Zahl vergrößert sich noch während des Ersten Weltkrieges, als aus den von Deutschland besetzten russischen Gebieten etwa 30 000 Juden – zum Teil zwangsweise – in das Reichsgebiet umgesiedelt und in der Kriegsindustrie eingesetzt werden.

Im Scheunenviertel wohnen aber auch andere Randgruppen: Bohèmiens, Kriminelle, Liebesdienerinnen. In trauter Nachbarschaft finden sich verrufene Destillen und Talmudschulen, Kneipen mit ihren Ringvereinen und jüdische Buchhandlungen, Animierlokale und Bethäuser.

Anfang der neunziger Jahre werden einige Häuser niedergerissen, als man die Kaiser-Wilhelm-Straße, die zwischen den beiden Markthallen verläuft, über die Münzstraße hinaus zur Hirtenstraße verlängert. Diesem Durchbruch muss auch das größte und – wie manche meinen – schönste Theater Berlins weichen: das Viktoria-Theater. Damit sollen die östlichen Stadtteile besser an den Verkehr angebunden sowie Königstraße und Alexanderplatz entlastet werden. Noch vor dem Weltkrieg erfolgen zu diesem Zwecke auch der Ausbau der Kaiser-Wilhelm-Straße (heute Rosa-Luxemburg-Straße) und die Anlage des Bülowplatzes (Rosa-Luxemburg-Platz), auf dem 1913/14 die Volksbühne errichtet wird.

Juden in der Grenadierstraße im Scheunenviertel, 1928.

Die Stadtbahn und der Bahnhof Alexanderplatz

Seit der Kaiserzeit hat es eigentlich in jeder Generation auf dem Alexanderplatz eine Großbaustelle gegeben. Den Anfang macht ein Bauwerk, das nicht allein den Alexanderplatz betrifft, sondern das gesamte Stadtgebiet: die Stadtbahn – eine Hochbahn quer durch Berlin. Von 1875 bis 1882 wird an ihr gebaut. Vordenker war August Orth, seine Ideen konkretisierte dann Emil Hartwich, und Ernst Dircksen setzt sie schließlich in die Realität um.

Bis heute zeugt das Viadukt der Stadtbahn mit den Bahnhöfen Hackescher Markt (damals »Börse«) und Alexanderplatz bis hin zur Spree an der Jannowitzbrücke von dem Verlauf der Berliner Festungsanlage im 17. Jahrhundert. Nachdem das Festungswerk im 18. Jahrhundert zurückgebaut worden war, blieb noch der östliche Wassergraben erhalten, über dem jetzt die Ingenieure die Hochbahn errichten können. Mit seinen Windungen misst der Graben etwa zwei Kilometer. Seine Füllung erfordert rund 100 000 Kubikmeter Mauerwerk. Dabei entsteht ein unverrückbarer Orientierungspunkt, an dem sich der historische Stadtgrundriss nachvollziehen lässt. Die Überfüh-

Oben: Der Bahnhof Alexanderplatz um 1900.

*Links: Die Luftaufnahme (um 1920) zeigt den
Alexanderplatz aus nordöstlicher Perspektive. Ausgehend
vom Bahnhofsgebäude verläuft das Viadukt in südöstlicher
Richtung und beschreibt dabei einen leichten Bogen.
Sinnfällig ist die spitzwinklige Form des Alexanderplatzes,
dem die Vorschanze vor dem Georgentor seine Form gab.
Die Alexanderstraße zieht sich (links davon) beinahe
gradlinig am Polizeipräsidium vorbei, bildet dann mit
Voltairestraße (Richtung Alt-Berlin) und Magazinstraße
eine Kreuzung und wird danach mit einem Knick
weitergeführt. Auch hier befand sich eine
Vorschanze, der sich die Bebauung angepasst hat.*

rung der Stadtbahn am Ende der Königstraße (heute
Rathausstraße) markiert exakt die Lage der früheren
Königsbrücke. Auf den ersten Planungen für den
dortigen Bahnhof fand sich ursprünglich noch der
Name Bahnhof Königsbrücke; offenbar bemerkten
die Verantwortlichen erst später, dass die Brücke
nicht mehr bestehen würde, wenn der Bahnhof erst
einmal errichtet ist.

Die Stadtbahn beginnt am Schlesischen Bahnhof
(heute Ostbahnhof) und führt zunächst nach Charlottenburg, damals noch eine selbstständige Stadtge-

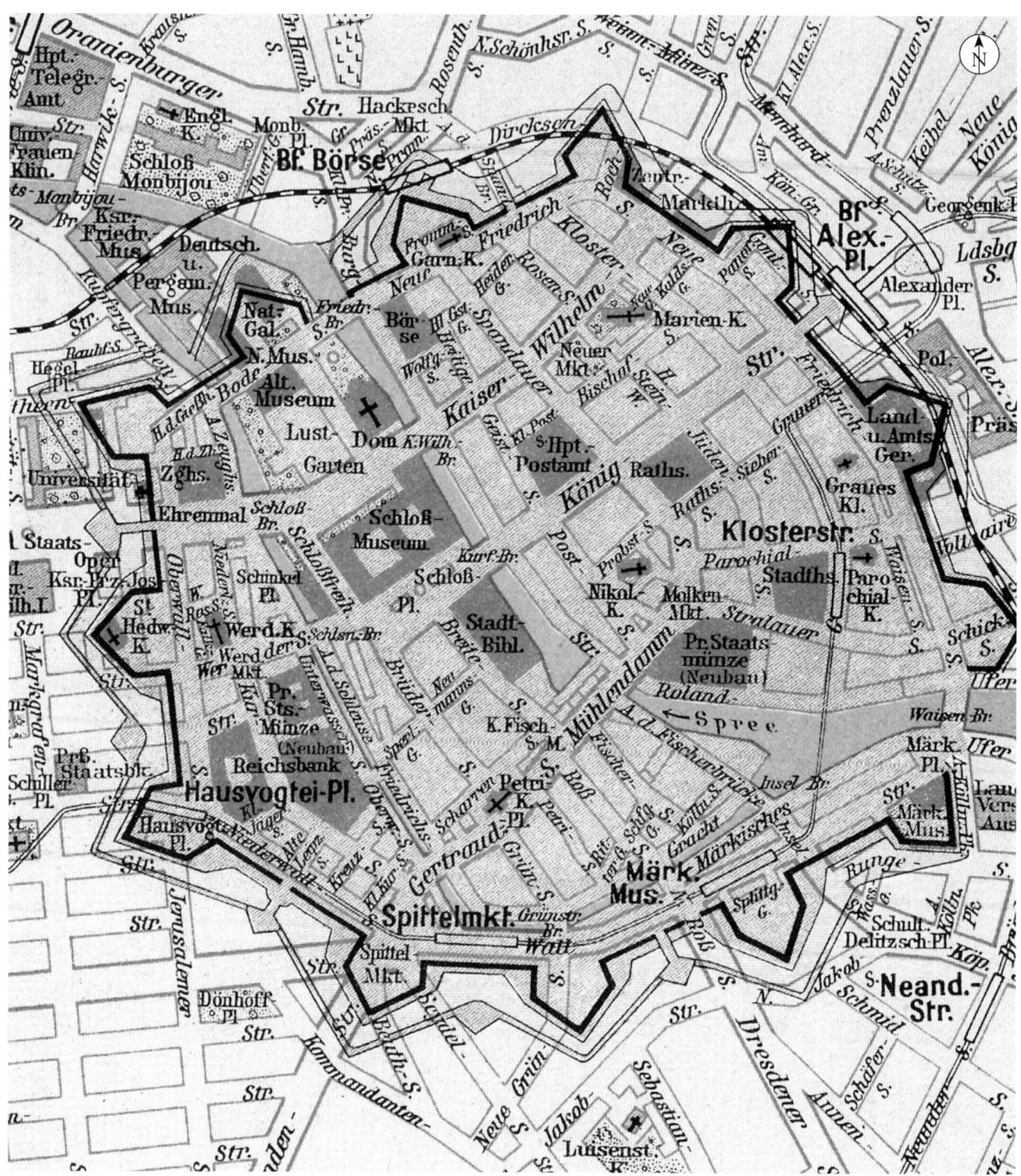

meinde westlich von Berlin, später zum Westkreuz. Sie hat eine Länge von 12,145 Kilometern und zwei Gleispaare, von denen das nördliche dem Stadtverkehr, das südliche dem Fernverkehr vorbehalten ist. Knapp acht Kilometer sind als Mauerwerksviadukt mit 722 Bögen ausgeführt. Nur selten dürften bei einem Bauwerk mehr Ziegelsteine verarbeitet worden sein. Die Stahlkonstruktionen der Brücken überqueren sieben Wasserläufe sowie 56 Straßen und machen etwa zwei Kilometer der Strecke aus. Die durchschnittliche Breite des Gleiskörpers beträgt 15,5 Meter, die mittlere Höhe über dem Straßenniveau sechs Meter. An der Strecke werden zehn Bahnhöfe gebaut. Eine Ingenieurleistung und ein bauorganisatorisches Meisterstück sondergleichen! Ein Kilometer Stadtbahn kostet etwa fünf Millionen Mark, die das Deutsche Reich trägt.

Die Stadtbahn bildet quasi den Durchmesser zu der zwischen 1851 und 1877 gebauten Ringbahn, dem heutigen S-Bahn-Ring. Sie dient grundsätzlich dem Personenverkehr; wegen der an die Stadtbahn angeschlossenen Markthallen findet auch Güterverkehr statt, um 1900 in einem Umfang von etwa 75 000 Tonnen jährlich. Zu diesem Zeitpunkt werden auf der Stadtbahn jährlich etwa 60 Millionen zurückgelegte Fahrten gezählt. Das Tarifsystem richtet sich nach

Das Kartenbild veranschaulicht die Nutzung des Festungsgrabens als Schneise für das Viadukt der Stadtbahn. Wie einst der Festungswall, so begrenzt seither das Viadukt im Norden und Osten den Stadtraum von Alt-Berlin.
Zwischen den Bahnhöfen Börse (heute Hackescher Markt) und Alexanderplatz beschreibt das Viadukt einen Bogen, der die Bahnen bis heute zu einer Verringerung ihrer Geschwindigkeit zwingt. Auch die leichten Bögen, die das Viadukt in Richtung Jannowitzbrücke beschreibt, ergeben sich durch die Anpassung an den ehemaligen Festungsgraben.

Zonen und der Nutzung von Wagen der 2. oder 3. Klasse. 1886 kostet eine Fahrt auf der Stadtbahnstrecke einschließlich einer Station auf der Ringbahn in der 3. Klasse 30 Pfennig. Als Stadt- und Fernbahnhöfe zugleich dienen allein der Schlesische Bahnhof und die Stationen Alexanderplatz, Friedrichstraße, Zoologischer Garten sowie Charlottenburg. Bei den anderen sechs – lediglich zweigleisigen – Bahnhöfen, damals »Haltstellen« genannt, führen die Fernbahngleise südlich an den Bahnsteig-Hallen vorbei.

Nördlich und östlich der alten Stadtgrenze Berlins werden das Mauerwerksviadukt und zwei Bahnhofsgebäude in die Schneise hineingebaut, die der noch bestehende alte Festungsgraben bildet.

Der Bahnhof Alexanderplatz wurde – wie die Haltestelle Bellevue – von dem Architekturprofessor an der Technischen Hochschule Charlottenburg, Johann Eduard Jacobsthal, entworfen. Bei der Gestaltung sollte die unmittelbare Nähe zu den Königskolonnaden Berücksichtigung finden. Jacobsthal tat dieser Forderung Genüge, indem er am Gebäude dem Barock angeglichene ornamentale Stilelemente verarbeitete. Das Bahnhofsgebäude ist etwa 170 Meter lang und im Bereich des Vestibüls 50 Meter breit. Die Halle hat eine Breite von 30 Metern und ist 19 Meter hoch. Licht erreicht sie von oben und durch große seitliche Rundbogenfenster zwischen den Hallenträgern.

Während es bis zum Bau der Stadtbahn in Berlin nur Kopfbahnhöfe gab, die praktisch vor der Stadtgrenze des 18. Jahrhunderts endeten, wird nun auf der Ost-West-Strecke die gesamte Stadtbahn zu einer Art Hauptbahnhof, denn einen Zentralbahnhof im eigentlichen Sinne hat Berlin nicht. Die Stadtbahn ist bald mehr als nur eine Verkehrsstrecke. In den Bogenräumen unter den Gleisen, insgesamt 477 Einheiten, entstehen Lagerräume und Pferdeställe, Werkstätten und Lokalitäten. Um die Jahrhundertwende betragen die Mieteinnahmen dafür jährlich 600 000 Mark.

Nadelöhr Königstraße

Mit dem Bau der Stadtbahn ist zwar die enge Königsbrücke verschwunden, doch die Kolonnaden verengen immer noch die viel befahrene Königstraße, die jetzt neben dem Bahnhof unter dem Viadukt hindurchführt. Es beginnt ein jahrelanges Ringen, wie man mit den 1780 von Carl von Gontard geschaffenen königlichen Kolonnaden angemessen umgehen soll, bis man sich schließlich 1909 dazu durchringt, sie umzusetzen.

Zur einen Seite liegt unter der Brücke der Eingang zur Stadtbahn, auf der gegenüberliegenden Seite hat sich ein Lokal eingerichtet: »Zum Prälaten«. Wegen seiner auffälligen Lage gehört es bald zu den bekannten Gaststätten in Berlin. Später unterhält das Unternehmen unter gleichem Namen noch ein Ballhaus in Berlin-Schöneberg, das bis in die achtziger Jahre des 20. Jahrhunderts hinein existiert. Heute gibt es unter dieser S-Bahn-Überführung noch immer eine Kneipe.

Robert Springer
Nadelöhr Königstraße

Die Königstraße ist eigentlich zu eng für das rege und geschäftige Treiben, Laufen und Drängen, welches hier zu jeder Tagesstunde herrscht, für die Lastwagen, Droschken, Omnibusse und Equipagen, die sich unablässig begegnen, kreuzen und streifen und am meisten in Verwirrung geraten, wenn die Riesenwagen der Feuerwehr rücksichtslos dahertoben, oder die Postwagen und die einspännigen Briefwagen, welche die Stadt-Correspondenz nach dem Central-Amte befördern, in den Hof des Postgebäudes einfahren.

(Die deutsche Kaiserstadt. Berlin 1876)

Holzstich nach einer Zeichnung von W. Geißler, 1886.

Das Sedan-Panorama

Westlich des Bahnhofs Alexanderplatz ist sie noch heute zu finden: die Panoramastraße. Von der Gontardstraße zweigt sie zum Fernsehturm ab. Früher mündete sie in die Neue Friedrichstraße. Der Name rührt vom Sedan-Panorama her, einem 17-eckigen Rundbau, in dem ein monumentales Gemälde von der Schlacht bei Sedan im Jahre 1870 zur Schau gestellt war.

In Berlin werden zwischen 1880 und 1913 von privaten Investoren insgesamt sechs feststehende Pano-rama-Rotunden errichtet, an deren Innenwänden sich riesige bildnerische Darstellungen befinden. Deren Themen sind überwiegend Schlachten- und Kolonialmotive. Das berühmteste und mit Kosten von einer Million Mark aufwendigste ist das Sedan-Panorama. Es wird am 1. September 1883 eröffnet, also auf den Tag genau 13 Jahre nach dem dargestellten Geschehen, das schließlich die Reichsgründung von 1871 erst ermöglicht hatte. Der folgende Tag, der Tag der Kapitulation Frankreichs, ist im Kaiserreich ein Feiertag.

Der Durchmesser der Rotunde beträgt 39 Meter. Das Rundbild im Inneren ist etwa 15 Meter hoch und 120 Meter lang. Es entsteht unter der künstlerischen

Links: Der Eingang der Panorama-Rotunde war der südwestlichen Front des Bahnhofs Alexanderplatz zugewandt. Im Hintergrund rechts: die Unterführung der Kaiser-Wilhelm-Straße (heute Rosa-Luxemburg-Straße). Der Blick auf die Stadtbahnbögen war alsbald nicht mehr möglich, weil die Markthalle wegen des Gleisanschlusses an die Hochbahn herangebaut wurde. Zeichnung eines unbekannten Künstlers.

Rechts: Foto von Waldemar Titzenthaler vom Turm des Roten Rathauses um 1900: In der Mitte der rechten Bildhälfte die Kuppel der Panorama-Rotunde, rechts dahinter das Dach des Bahnhofs Alexanderplatz. Von der Rotunde ziehen sich bis zum linken Bildrand die Dächer der beiden Markthallen.

Leitung des Hofmalers Anton von Werner und dokumentiert eine entscheidende Szene des Deutsch-Französischen Krieges, den Stand der Schlacht von Sedan am 1. September 1870 zwischen 13.30 Uhr und 14 Uhr: die Abwehr von französischen Kavallerieattacken durch die vordringenden deutschen Fußtruppen. Dioramen zeigen später auch noch die Kapitulationsszene des Folgetages.

Für viele Jahre zählt ein Besuch des Sedan-Panoramas zu den vaterländischen Pflichtübungen von Schulklassen, national gesinnten Familien und Veteranenvereinen. Das patriotische Hochgefühl kann aber nicht verhindern, dass das Grundstück für einträglichere Geschäfte genutzt werden soll. 25 Jahre nach ihrer Eröffnung muss die Rotunde einem Kaufhausbau weichen. Vom Sedan-Panorama bleibt nur die Panoramastraße.

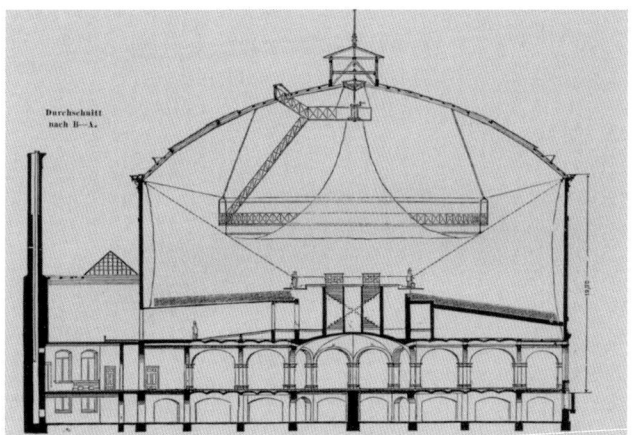

Querschnitt der Panorama-Rotunde. In der Kuppel befand sich eine Besucherplattform, die 300 Personen aufnehmen konnte und einen etwa 1,50 Meter breiten drehbaren Außenring hatte. Eine Umdrehung währte 20 bis 25 Minuten. Im Kellergeschoss waren Wirtschafts- und Maschinenräume; im Erdgeschoss gab es einen Restaurationsbetrieb.

Das »Grand Hôtel Alexanderplatz« kurz nach seiner Errichtung 1884.

Das »Grand Hôtel Alexanderplatz«

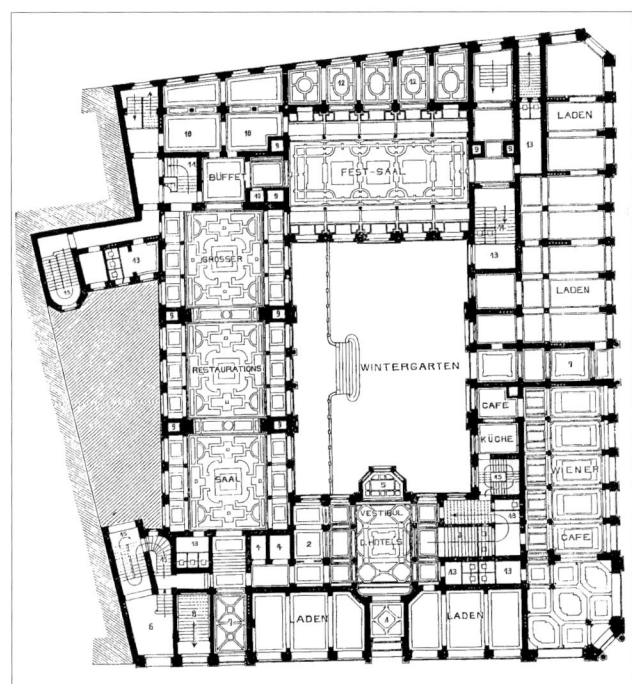

Berlin wird als Hauptstadt des Deutschen Reiches alsbald ein Zentrum des Geschäfts- und Fremdenverkehrs. Um 1890 kommen täglich mehr als 30 000 Personen in die Stadt, weshalb in jenen Jahren auch mehrere große Hotels errichtet werden.

Unter den Häusern mit gehobenem Standard entsteht als erstes zwischen 1873 und 1875 der »Kaiserhof« in der Wilhelmstraße, wonach später auch die U-Bahnstation benannt wird (heute Mohrenstraße). Es folgt 1879/80 das »Central-Hotel« unmittelbar am Bahnhof Friedrichstraße. Der dritte große Hotelbau ist das »Grand Hôtel Alexanderplatz«, das 1884 nach knapp zweijähriger Bauzeit eröffnet wird. Architekten sind Wilhelm Martens, Matthias von Holst und Carl Zaar – damals viel beschäftigte Baumeister, deren Gebäude im Zweiten Weltkrieg weitgehend zerstört worden sind. Einige vom Architekturbüro Carl Zaar / Rudolf Vahl geschaffene Zoobauten sind allerdings erhalten geblieben bzw. rekonstruiert worden, so das Zooportal und das Aquarium.

Der viergeschossige Bau liegt zwischen Alexanderstraße und Alter Schützenstraße mit einer Seitenfront an der Neuen Königstraße (heute etwa in Verlängerung des Sockelbaus des Hotelhochhauses). Die Fassaden sind im Stil der Neo-Renaissance ausgeführt, in dem seinerzeit viele Gebäude gestaltet werden – Zeichen für das Ende der klassizistischen Epoche des Bauens in Berlin. Das Hotel hat 185 Gästezimmer. Es wird hauptsächlich von Geschäftsreisenden besucht. Entlang den Fronten gibt es Läden, an der Ecke zum Platz hin zunächst ein Café, später dann eine Gaststätte.

Offenbar kann das Hotel sein Niveau nicht halten. Schon während der Kaiserzeit werden Räume für andere Gewerbe abgegeben. Wirtschaftlich übersteht der Betrieb den 1. Weltkrieg nicht, und der Hotelbau wandelt sich zum Büro- und Geschäftshaus.

Unten: Das ehemalige Hotelgebäude in den 1930er Jahren, nunmehr ein Büro- und Geschäftshaus im Besitz der Engelhardt-Brauerei.

Oben: Grundriss des Erdgeschosses des »Grand Hôtel Alexanderplatz« (1884).

Die Markthallen

Um 1880 hat Berlin 20 Märkte unter freiem Himmel, einen – montags und donnerstags – am Alexanderplatz. Obst, Gemüse, Fisch, Fleisch, Waren aller Art werden angeboten. Die meisten Märkte genügen nicht im Entferntesten den Anforderungen der Hygiene, und in der heißen Jahreszeit geht von ihnen ein belästigender und weithin wahrnehmbarer Gestank aus. Regelmäßig wird zudem an Markttagen der Verkehr behindert – und das seit den frühen Morgenstunden, wenn die Händler mit ihren Wagen und Karren zu den Standorten ziehen.

Als die Gegebenheiten gänzlich unzumutbar werden, beschließt der Magistrat ein Markthallen-Programm. In allen Stadtteilen sollen kleinere Hallen

entstehen, eine Zentralmarkthalle jedoch am Alexanderplatz. Der Stadtbaurat Hermann Blankenstein, der bereits den Bau des zentralen Vieh- und Schlachthofs an der Landsberger Straße geleitet hat, erhält den Auftrag, entsprechende Entwürfe anzufertigen. Nach dreijähriger Bauzeit ist am 3. Mai 1886 Eröffnung. Eine Besonderheit der Zentralmarkthalle ist der direkte Gleisanschluss am Stadtbahnviadukt. Mit dem Ende des Hallenbauprogramms 1893 wird gegenüber der Zentralmarkthalle I noch die Zentralmarkthalle Ia für den Großhandel fertig gestellt. Insgesamt werden in jenen Jahren in Berlin 15 Markthallen errichtet.

Oben: Blick in die Zentralmarkthalle 1887, Holzstich nach einer Skizze von W. Busch.

Links: Die Zentralmarkthallen 1928. Die Neue Friedrichstraße (heute Littenstraße) dient in diesem Bereich praktisch nur der Belieferung der Markthallen.

Walter Benjamin
Markthalle

Vor allem denke man nicht, daß es Markt-Halle hieß. Nein, man sprach »Mark-Thalle«, und wie diese beiden Wörter in der Gewohnheit des Sprechens verschliffen waren, daß keines seinen ursprünglichen Sinn behielt, so waren in der Gewohnheit meines Gangs durch diese Halle verschliffen alle Bilder, welche sie gewährte, so daß ihrer keines sich dem ursprünglichen Begriff von Einkauf und Verkauf darbot. Hatte man den Vorraum mit den schweren, in kräftigen Spiralen schwingenden Türen hinter sich gelassen, so heftete sich der erste Blick auf Fliesen, die von Fischwasser oder Spülwasser schlüpfrig waren und auf denen man leicht auf Karotten ausgleiten konnte oder auf Lattichblättern. Hinter Drahtverschlägen, jeder behaftet mit einer Nummer, thronten die schwerbeweglichen Weiber, Priesterinnen der käuf-

lichen Ceres, Marktweiber aller Feld- und Baumfrüchte, aller eßbaren Vögel, Fische und Säuger, Kupplerinnen, unantastbare strickwollene Kolosse, welche von Stand zu Stand miteinander, sei es mit einem Blitzen der großen Knöpfe, sei es mit einem Klatschen auf ihrer Schürze, sei es mit einem busenschwellenden Seufzen, verkehrten. Brodelte, quoll und schwoll es nicht unterm Saum ihrer Röcke, war nicht dies der wahrhaft fruchtbare Boden? Warf nicht in ihren Schoß ein Marktgott selber die Ware: Beeren, Schaltiere, Pilze, Klumpen von Fleisch und Kohl, unsichtbar beiwohnend ihnen, die sich ihm gaben, während sie träge, gegen Tonnen gelehnt oder die Waage mit schlaffen Ketten zwischen den Knien, schweigend die Reihen der Hausfrauen musterten, die mit Taschen und Netzen beladen mühsam die Brut vor sich durch die glatten, stinkenden Gassen zu steuern suchten.

(Berliner Kindheit um Neunzehnhundert. Frankfurt a. Main 1950)

Die Rückentragekörbe (Kiepen) wurden sowohl von den Landleuten aus Potsdam und Werder genutzt, um ihre Waren nach Berlin zu transportieren (Foto 1905), als auch von den Dienstbotinnen zum Einkauf (Zeichnung von W. Zehme).

Der neue Polizeipalast, 1889/90. Zeichnung von Robert Geißler.

Das Polizeipräsidium

Bis zum Bau des Polizeipräsidiums am Alexanderplatz waren Polizei und Gefängnis am Molkenmarkt in unmittelbarer Nähe der Nikolaikirche untergebracht. Im Laufe der Jahrzehnte reichten dort die Räumlichkeiten aber nicht mehr aus, und mit dem Anwachsen der Zuständigkeiten waren Behörden verstreut im ganzen Stadtgebiet untergebracht worden. Mit einen Neubau sollen diese nun zusammengeführt werden, weshalb man die große Fläche des ehemaligen Arbeitshauses und einer so genannten Irrenanstalt mit den südlich angrenzenden Grundstücken auswählt. Dort befinden sich noch Militärgebäude aus dem 18. Jahrhundert. Wiederum ist es Hermann Blankenstein, der Leiter des Markthallen-Programms, dem die Planungen obliegen. Ein monumentales Gebäude wird unter seiner Regie errichtet. An der Jah-

reswende 1889/90 können die meisten Diensträume bezogen werden. Das Polizeipräsidium wird in kurzer Zeit zum Synonym für den Alexanderplatz. Bald wird von der »Zwingburg am Alex« gesprochen.

Das Gebäude ist mit 10 610 Quadratmetern bebauter Fläche auf einem knapp 16 000 Quadratmeter großen Grundstück nach dem Schloss eines der größten Gebäude der Stadt. Es erstreckt sich 196 Meter an der Alexanderstraße, 92 Meter am Alexanderplatz. Die Außenfront besteht aus hellrotem Stein, der naturgemäß im Laufe der Jahre dunkelt und somit die Stimmung, die von diesem Gebäude ausgeht, noch verdüstert. Ein wuchtiger Eckturm ist dem Platz zugewandt. Das Gebäude hat vier Geschosse, acht unbedeckte Höfe von unterschiedlicher Größe und einen glasbedachten Mittelhof. Untergebracht sind mit Stallungen und überdachter Reithalle auch die berittenen Abteilungen der Schutzmannschaften. Das Polizeigefängnis hat Raum für 328 Männer und 94 Frauen.

Die Berolina

Am 17. Dezember 1895 wird sie enthüllt: die Berolina. Ihr Name ist das latinisierte Wort für Berlin. Die weibliche Monumentalfigur aus Kupfer, 7,50 Meter hoch, steht auf einem Sockel aus dunkelrotem schwedischen Granit von 6,25 Meter Höhe. Ihr Schöpfer ist Emil Hundrieser, im Kaiserreich ein renommierter Bildhauer, der zu diesem Zeitpunkt schon an dem Reiterstandbild Kaiser Wilhelms I. für den Kyffhäuser arbeitet.

Als Gipsstandbild hatte die Berolina bereits einmal eine Funktion erfüllt, 1889 nämlich, als sie zur Begrüßung des italienischen Königs Umberto auf dem Potsdamer Bahnhof aufgestellt worden war. Die Berolina, gestaltet nach einem Gemälde im Roten Rathaus, zu der die Schustertochter Anna Sasse das Modell gewesen sein soll, ist eine üppige Frau mit Mauerkrone und Eichenlaubkranz auf dem Kopf; sie trägt ein Kettenpanzerhemd, darauf eine Kette mit dem Amtszeichen des Stadtoberhauptes. Mit der Rechten hält sie ein stehendes Schild. Anklänge an die ebenfalls gewichtige deutsche Symbolfigur des 19. Jahrhunderts, die Germania, sind unverkennbar. Grazil ist die Geste, die die Berolina mit ihrem linken Arm ausführt, den sie von sich streckt und dem ihr gesenkter Blick zu folgen scheint. Mit der nach oben geöffneten Hand weist sie ... nun: Wohin? Auf was? Darüber macht man sich in Berlin immer wieder Gedanken. Die Antworten reichen von einem Hinweis auf eine Bedürfnisanstalt bis – wie bei Heinrich Zille – zur Richtungsanzeige zum Obdachlosenasyl am Prenzlauer Berg.

Nun hat der Alexanderplatz erstmals einen Treffpunkt. Im Berliner Jargon wird die Figur irgendwann »Beeren-Lina« genannt. Und dabei bleibt's. 1927 muss sie wegen ihres Gewichtes von fünf Tonnen dem U-Bahn-Bau weichen. Kurt Tucholsky widmet ihr noch ein Lied. Ihre Geschichte hat damit jedoch kein Ende. Selbst Hans Kollhoff sucht in seinen Entwürfen für den »Neuen Alexanderplatz« am Ende des 20. Jahrhunderts für die Berolina einen Standort.

Ganz links: Die Berolina-Statue am Rande des Alexanderplatzes vor dem Warenhaus Hermann Tietz (1909).

Links: Die Berolina in den 1930er Jahren.
Sie erhielt inzwischen einen neuen Standort im stumpfen Winkel des Alexanderhauses, etwa gegenüber von ihrer früheren Position.

Die neue Georgenkirche

Im Berliner Volkswitz macht um 1900 der Satz die Runde: »Bei uns werden mittwochs und samstags von zehn bis zwölf Uhr Kirchen eingeweiht.« Und tatsächlich werden in der Stadt nach dem Dreikaiserjahr 1888 bis zur Jahrhundertwende in Berlin und seiner Umgebung 49 neue Kirchen geweiht. Initiator der Kirchenbaubewegung ist der Evangelische Kirchenbau-Verein unter dem Protektorat der Kaiserin Auguste Viktoria. Im Volksmund heißt sie darum alsbald »Kirchenjuste«; ihre Hofdamen werden als »Hallelujah-Tanten« tituliert.

Mit den Kirchen und deren sozialer Arbeit sollen in der »unchristlichsten Hauptstadt Europas« Zeichen gegen die Gottlosigkeit – vor allem in der Arbeiterschaft – gesetzt werden. Wie schon bei einigen größeren Profanbauten jener Zeit – man denke nur an verschiedene Bahnhöfe der Stadtbahn oder an das »Grand Hôtel Alexanderplatz« – gilt es offenbar, den bisherigen klaren nüchternen Baustil des 19. Jahrhunderts zu überwinden. Der »mittelalterlich-gotische« Backsteinbau wird wiederbelebt. Einige Gotteshäuser wie die Kaiser-Wilhelm-Gedächtniskirche (1891 bis 1895) und die Gethsemanekirche (1893) entstehen allerdings in einem der Romanik nachempfunden Baustil, dem Lieblingsstil von Wilhelm II. in Erinnerung an die mittelalterliche Kaiserzeit.

Letztendlich aber ist der Baustil sekundär. Grundsätzlich geht es darum, durch einen aufwendig gestalteten Kirchenbau mit einem weithin sichtbaren Turm in den »sozialdemokratisch infizierten« Arbeitervorstädten Flagge zu zeigen. Auch der Neubau der Georgenkirche in den Jahren 1894 bis 1898 soll diese Funktion erfüllen. Während das Kirchenschiff wegen der umgebenden Randbebauung an den Straßen der Sichtbarkeit entzogen ist und die Kuppel des alten Turmes die weltlichen Bauwerke nur mühsam überragt hat, wird nunmehr ein wahrhaft unüber-

Die neue Georgenkirche, 1906.

sehbares Zeichen gesetzt: ein Turm von 105 Metern Höhe, in der Achse der Königstraße stehend und schon vom Schlossplatz aus zu sehen. Bis zum Bau des Berliner Domes am Lustgarten, der 1905 eingeweiht wird, ist dieser Turm das höchste Kirchenbauwerk der Berliner Innenstadt.

Das »Berliner Abnormitäten- und Biograph-Theater« von Otto Pritzkow in der Münzstraße, um 1913.

Kinos und Kleinkunst

Zu Beginn des 20. Jahrhunderts hat die Mietskasernenbebauung mit ihren Hinterhäusern auch die kleinen und großen Straßen im Umfeld des Alexanderplatzes erreicht. Nur vereinzelt finden sich noch die typischen einstöckigen Häuser mit ihren Mansarden aus dem 18. Jahrhundert. Umgestaltet wird nicht nur die Alexanderstraße, sondern auch ihr nordwestliches Anhängsel, die Münzstraße, mit ihren Seitengassen.

Bereits in der Mitte des 19. Jahrhunderts gibt es in diesen Straßen ein gutes Dutzend Vergnügungsorte: Zimmertheater, »Caffee«-Häuser, Buden, Bierhallen, Restaurantbetriebe. In der Ecke Münz-/Grenadierstraße (heute Almstadtstraße) wurde am 1. Juli 1855 sogar Werbungsgeschichte geschrieben, als Ernst Litfaß hier die erste seiner Reklame-Säulen der Öffentlichkeit präsentierte. Mit dem Anwachsen der Bevölkerung rund um den Alexanderplatz nehmen auch die Vergnügungsorte in den Straßen seiner Umgebung zu. Und um die Wende zum 20. Jahrhundert etablieren sich in der Alexander- und der Münzstraße sogar gänzlich neue Formen der Unterhaltungskunst.

103

1899 eröffnet in der Münzstraße 16 unter dem Namen »Berliner Abnormitäten- und Biograph-Theater« das erste ortsfeste Kino Berlins. Der Inhaber heißt Otto Pritzkow. Einer der ersten Streifen, die dem Publikum geboten werden, zeigt eine Straßenszene rund um die Berolina mit dem Blick in Richtung Stadtbahnbrücke und Rathausturm. Pritzkow begründet ein Gewerbe mit Zukunft, und seine »Flohkiste« hat Bestand. Von Jahrzehnt zu Jahrzehnt feiert man die einstige Gründung, ja das »Pritzkow« gibt es noch zu DDR-Zeiten, später dann als »Münz-Kino«. In der Straße und anderswo in Berlin eröffnen bald weitere »Handtuchkinos«, immer mit etwa 100 Plätzen. 1905 sind es 16, zwei Jahre später sogar schon 139.

Dann wird in der Berliner Presse zum 4. September 1909 als »Klasse für sich« und als »Schönstes Theater seiner Art in der Welt!« ein weiteres Kino angepriesen. Der Name: »Union Theater«, kurz »U.T.« Es hat seinen Ort im Grand Hôtel, das trotz seines Namens längst nicht mehr als erstklassiges Haus gilt. Für ein Hotel garni lässt sich der Große Saal nicht auslasten, so dass er für Unterhaltungen jedweder Art genutzt wird. Nun fungiert er als Kinosaal.

In den Folgejahren richtet das von dem Frankfurter Unternehmer Paul Davidson geführte »U.T.« zahlreiche weitere Kino-Betriebe in Berlin ein, alle unter gleichem Namen. Das Kino im Gebäude des einstigen Grand Hôtels besteht noch bis 1943, als Ufa-Kino.

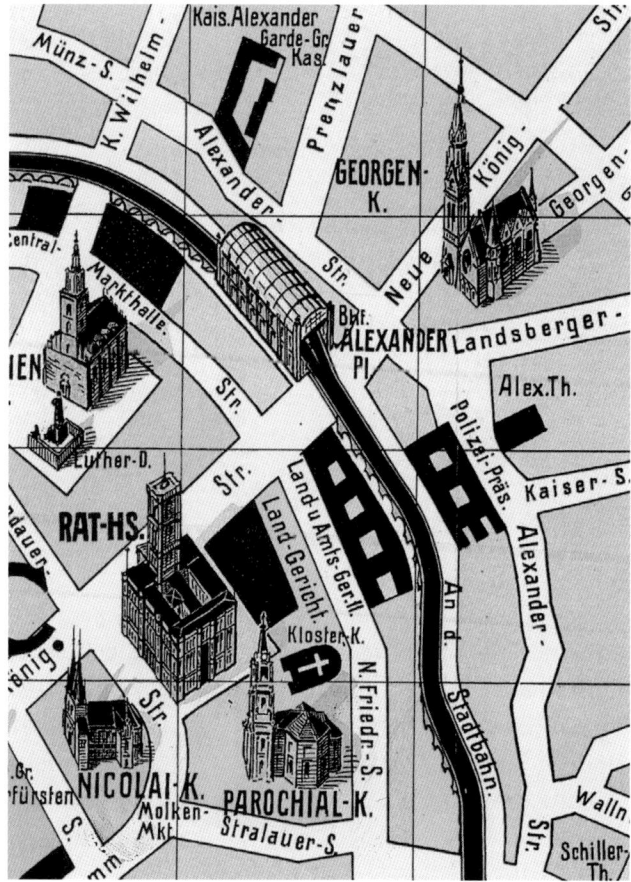

Vis-à-vis vom Polizeipräsidium und gerade einhundert Schritte vom Hotel entfernt, feiert 1901 ein anderes Genre der Unterhaltungskunst seinen Einstand in Deutschland: das Kabarett – in einer Unterhaltungsstätte mit dem Namen »Buntes Brettl«, Alexanderstraße 40. »Geboten wird Kabarett als gehobene Unterhaltung mit Kunstanspruch. Kaisertreu und marktorientiert steht das unkritische Amüsement im Vordergrund.« So charakterisiert Ernst von Wolzogen sein Unternehmen, das mit 42 neuen Anträgen auf Erteilung einer entsprechenden Konzession noch im selben Jahr einen Kabarett-Boom in Berlin auslöst.

Oben: Die Stätte des ersten Kabaretts in Deutschland – direkt gegenüber vom Polizeipräsidium. Das Gebäude beherbergt auch ein »Grand Café Alexandre«. Das rechte Nachbarhaus des »Brettl« wird alsbald für den Bau des Lehrervereinshauses abgerissen.

Links: Das Werbeplakat mit der Ankündigung von Wolzogens Kabarett im Januar 1901. Auf einem Plan aus dem Jahre 1905 wird die Spielstätte als »Alexander Theater« bezeichnet.

Tietz – das »Volkswarenhaus«

Um 1900 grassiert in Deutschland ein »Warenhausfieber«. Wann immer ein städtischer Ort als geeignet erscheint, wird ein Warenhaus errichtet. In Berlin nehmen einige dieser Häuser einen palastartigen Charakter an, wovon heute allein noch das 1907 eröffnete Kaufhaus des Westens, das KaDeWe, zeugt. Es war, gemessen an seiner Grundfläche, nicht einmal das größte Kaufhaus der Stadt. Die Betreiber dieser Warenhäuser gelten als die ungekrönten Könige Berlins: Wertheim, Jandorf, Oskar Tietz. Letzterer eröffnet im Oktober 1905 am Alexanderplatz auf dem Grundstück zwischen Alexanderstraße und Am Königsgraben den ersten Bauabschnitt seines zweiten Warenhauses in der Hauptstadt, das 1911 eine dritte und letzte Erweiterung erfährt, und benennt es nach seinem Stiefonkel und Förderer Hermann Tietz.

Architekten sind Wilhelm Albert Cremer und Richard Wolffenstein, die sich insbesondere durch einen 2. Preis im Reichstags-Wettbewerb einen Namen gemacht hatten. Dem Tietz-Komplex müssen alle Gebäude zwischen Alexanderstraße und der Straße am Königsgraben aus dem 18. Jahrhundert weichen, u. a. das ehemalige Manufakturhaus und das Lessinghaus. Die Fronten des Warenhauses sind durchgängig vertikal durch schmale Mauerpfeiler gegliedert, zwischen denen die Fenster angeordnet sind. Über dem Hauptportal, vor dem die Berolina steht, schwebt als Symbol der globalen Handelsbeziehungen des Hauses eine Weltkugel mit dem Namen Tietz. Das Warenhaus hat letztendlich eine überbaute Grundfläche von 7300 Quadratmetern und mit einer Länge von 250 Metern an der Alexanderstraße die damals längste Warenhaus-Fassade der Welt. Hier gibt es gegenüber der Einmündung der Prenzlauer Straße einen zweiten aufwendig gestalteten Eingangsbereich.

Durch die zwei Erweiterungsbauten (1907/08 und 1910/11) erhält das Warenhaus zusätzliche repräsen-

Oben: Die Hauptfassade des Kaufhauses Hermann Tietz.
Links: Blick in den Lichthof des Erweiterungsbaus.

tative Räume, zunächst einen zweigeschossigen Teppichsaal und dann im letzten Bauabschnitt als Mittelpunkt einen zweiten Lichthof mit einer farbig verglasten Apsis, welche von außen auch die Fassade am Königsgraben prägt.

Während das Kaufhaus Wertheim am Leipziger Platz als »Weltstadtwarenhaus für die Welt« gilt, versteht sich Tietz am Alexanderplatz als »Volkswarenhaus« für die Berliner. Mit Ausnahme der beiden Lichthöfe und des Teppichsaales ist es für ein Warenhaus in jener Zeit eher schlicht gestaltet. Auch in dieser Hinsicht können sich die weniger kaufkräftigen Schichten des Berliner Ostens, auf die das Warenangebot abgestimmt ist, mit Tietz identifizieren. Als Arbeitgeber ist das Unternehmen wegen seiner sozialen Leistungen gleichfalls geschätzt. Kein Wunder also, wenn Claire Waldoff in den 1920er Jahren ihrem Geliebten in einem Chanson vorwirft: »Wegen dir hab' ich meine jute Stellung bei Tietz aufjejeben!«

107

Karl Hubbuch: *Der Traum des Tietzmädchens* (1921)

Die neuen Warenhäuser, namentlich die Warenhaus-Paläste, sind für die Zeitgenossen in vielfacher Hinsicht erregende Phänomene, die alle möglichen Phantasien aktivieren, beginnend mit der »Verführbarkeit des Weibes« als Kundin bis hin zur Herabwürdigung der zumeist weiblichen Angestellten als Objekte der Begierde.

Auch in der Bildenden Kunst erscheinen die Konsumtempel als neue Motive. Ein Blatt des sozialkritischen Künstlers Karl Hubbuch (1881–1979) vom Anfang der zwanziger Jahre hat die Kaufhauswelt zum Gegenstand.

Hubbuch projiziert wie in vielen seiner Arbeiten Traum- und Phantasiebilder in eine konkrete Außenrealität, hier in die Verkaufsebene eines Warenhauses. Dass es sich um »Tietz am Alexanderplatz« handelt, bestätigt der Blick aus dem Fenster in der rechten Bildhälfte,

wo im Hintergrund das Haus »Zum Hirschen« zu identifizieren ist. Auf dem Platzausschnitt sind drei Personen im Gespräch, auffällig ein alter gebeugter Mann. Im Verkaufsraum, aus dem in der linken Bildhälfte eine Treppe nach oben führt, sind, ohne dass irgendeine Ordnung auszumachen wäre, Waren aller Art aufgetürmt. Insoweit könnte es sich um den Entwurf zu einem Bühnenbild handeln.

Zum Traumbild wird die Szene durch mehrere Frauengestalten und ein Mädchen im Vordergrund, bis auf eine alle nackt. Ihre Gesten und Haltungen vermitteln Anspannungen, Verzweiflung. Die Nacktheit erscheint als Metapher für das Gefühl des Ausgeliefertseins in dem gigantischen Warenhausbetrieb. Als Objekt sexueller Phantasie taucht auf einer der obersten Treppenstufen – entblößt – eine männliche Person auf, ein Vorgesetzter, der mit Gelassenheit auf die Szene herabzublicken scheint. »Der Traum des Tietzmädchens« – ein Albtraum.

Das Lehrervereinshaus

Im Oktober 1908 wird auf dem Grundstück Alexanderstraße 41 – schräg gegenüber vom Turm des Polizeipräsidiums und neben dem Grundstück, auf dem das »Bunte Brettl« seinen Ort hatte – das von Hans Toebelmann und Henry Groß entworfene Lehrervereinshaus eingeweiht. Bauherr ist der Berliner Lehrerverein, in dem überwiegend Volksschullehrer zusammengeschlossen sind, also Pädagogen, denen zwangsläufig soziale Fragen und reformpädagogische Ideen am Herzen liegen und die sich gegen die Benachteiligung von Arbeiterkindern im Schulsystem engagieren. Johann Heinrich Pestalozzi und Adolph Diesterweg sind ihre pädagogischen Leitbilder.

Das Gebäude am Alexanderplatz ist ein modernes Geschäftshaus mit Personen- und Lastenaufzügen, dessen Räume dem Verein als Mieteinnahmequelle dienen. Im Erdgeschoss sind eine Konditorei und ein anspruchsvolles Restaurant eingerichtet. Aschinger befindet sich schließlich jenseits des Platzes. Der Bau ist Teil eines Ensembles, das sich auf dem 97 Meter tiefen Grundstück bis zur Kurzen Straße befindet. Hier hat der Verein ein Verwaltungsgebäude mit einem Hoteltrakt für Mitglieder, die die Reichshauptstadt besuchen. Zwischen diesen beiden Bauten liegt ein Saalgebäude mit unterschiedlich großen Veranstaltungsräumen, von denen der größte 1700 Personen fassen kann. Hier findet am 2. Februar 1919 die Trauerfeier für die ermordeten Arbeiterführer Karl Liebknecht und Rosa Luxemburg statt; am 4. Dezember 1920 ist es Ort des Vereinigungsparteitages von KPD und USPD.

Von historischer Bedeutung ist die pädagogische Bibliothek des Lehrervereins, die Deutsche Lehrerbücherei. Sie übersteht zwei Weltkriege und hat zu Zeiten der DDR im Haus des Lehrers ihren Ort. Der Bestand befindet sich heute in der Bibliothek für Bildungsgeschichtliche Forschung (BBF) in der Warschauer Straße im Bezirk Friedrichshain.

Die 33 Meter breite schlichte Jugendstilfront des Lehrervereinshauses korrespondiert mit der Fassade des Kaufhauses Tietz, das schräg gegenüber die nordwestliche Platzwand bildet.

Der Alexanderplatz im U-Bahn-Netz

Die Stammstrecke der Berliner Untergrundbahn vom »Knie«, der Gegend am heutigen Ernst-Reuter-Platz, bis zur Warschauer Brücke wird zwischen 1902 und 1905 zunächst als Hochbahn geplant und gebaut. Erst während der Bauarbeiten fällt die Entscheidung, die Trasse in Charlottenburg unterirdisch zu führen, um die Kaiser-Wilhelm-Gedächtniskirche optisch nicht zu beeinträchtigen. Der östliche Teil dieser Strecke wird am Ende des 20. Jahrhunderts zu einem Begriff in der deutschen Theatergeschichte, nämlich mit dem Musical »Linie 1« des »GRIPS-Theaters« in Berlin. Darin ein Song, in dem die Bahnhöfe besungen werden: »Wittenbergplatz, Nollendorfplatz, Kurfürstenstraße, Gleisdreieck usw.«

Ab Gleisdreieck gibt es von Beginn an einen Abzweig zum Potsdamer Platz. Diese Strecke wird 1908 bis zum Spittelmarkt verlängert. Die Weiterführung nach Pankow – zunächst bis zum S-Bahnhof Nordring (heute Schönhauser Allee), später bis Vinetastraße – bezieht ab Juli 1913 den Alexanderplatz in das U-Bahn-Netz ein. Die neue Strecke heißt »Centrumslinie«, denn der Alexanderplatz gilt als Zentrum der Stadt. Auf keiner anderen Linie fahren mehr Menschen.

Der Alexanderplatz hat seine ersten beiden U-Bahn-Zugänge, am nördlichen und am südlichen Ende des von Alfred Grenander entworfenen, sehr einfach ausgestalteten Bahnhofs, der in der Farbfolge der U-Bahnhöfe, beginnend mit Grün für den Leipziger Platz, ein dunkles Rot erhält. Der Bahnsteig ist 110 Meter lang und 21 Meter breit. Der südliche Zugang mit einem Portal liegt auf dem eigentlichen Platzgelände; der nördliche befindet sich in der Alexanderstraße zwischen der östlichen Seitenfront des Kaufhauses Tietz und dem Grand Hôtel und ist über eine Verkehrsinsel zugänglich. Schon 1913 ist auch eine U-Bahn-Strecke nach Osten – in Richtung Frankfurter Allee – geplant, wofür bereits ein tiefer liegender Bahnsteig eingerichtet wird.

Links: Der nördliche Bahnhofseingang neben dem Warenhaus Tietz.

Rechts oben: Querschnitt durch den U-Bahnhof Alexanderplatz mit der tiefer liegenden Bahnhofsanlage für die zukünftige Strecke nach Osten.

Rechts unten: Der erste Streckenplan mit dem Umsteige-Bahnhof Alexanderplatz von 1913.

LINIE ZUR SCHÖNHAUSER ALLEE

KÜNFTIGE LINIE ZUR FRANKFURTER ALLEE

Liniennetz der Hochbahngesellschaft.
Erweiterungen 1913.

Nordring
SCHÖNHAUSER ALLEE
1913

Stadion
Westend
1913
(an Reichstagm)
Wilhelm platz
1906
1908
Reichskanzlerplatz
1902
Alexanderplatz
Klosterstr
FRANKFURTER ALLEE
1913
1908
Wittenbergplatz
1916
Spittelmarkt
1913
Kurfürstendamm
Leipziger Platz
Warschauer Brücke
1913
WILMERSDORFER BAHN
1915
1913
Nollendorfplatz
Gleisdreieck
Hallesches Tor
1902
SCHÖNEBERGER BAHN
1902
Haupt strasse

Zeichenerklärung.

Eigene Linien { im Betrieb.
im Bau und in Vorbereitung.

DAHLEM
Rastatter Platz
1913

Anschlusslinien ▪▪▪▪▪▪▪▪

112

Heinrich Zilles Milieustudien

Der Alexanderplatz ist bis in die sechziger Jahre des 20. Jahrhunderts hinein, als er zum zentralen Platz der DDR-Hauptstadt gestaltet wird, kein Thema der Bildenden Kunst. Mit einer Ausnahme: Heinrich Zille (1858 – 1929). Die Orte, an denen Zille die Menschen in seinen Zeichnungen darstellt, sind im Allgemeinen zwar typisch für die Millionenstadt Berlin, aber in der Regel anonym: Mietskasernen mit ihren Straßen und Läden, Hinterhöfe, Kellerwohnungen, Destillen, Parks, Schaubuden, Badeanstalten. Nur bisweilen werden die Orte konkret. Keine Stelle Berlins hat Zille so häufig zum bildnerischen Thema gemacht wie den Alexanderplatz, der für ihn einen Raum von Leid und Not darstellt.

Links: »Kinder, da geht's zum Asyl!«, o. J.:
Die Berolina weist einer endlos scheinenden
Menschenmenge den Weg zum bekannten
Obdachlosenasyl in der Fröbelstraße
(Prenzlauer Berg).

Unten: Alexanderplatz, 1909.

Die Platzgestaltung

Von den vielfältigen Umbauten des Alexanderplatzes in der späten Kaiserzeit bleibt auch die eigentliche Platzfläche nicht verschont. Da es hier nach der Fertigstellung der Markthallen keinen Bedarf mehr für die Ausrichtung von Wochenmärkten gibt, erhält der Platz nach Plänen des Stadtgarteninspektors Hermann Mächtig 1889/90 eine erste Grünanlage. Angesichts der Dominanz des Schienenverkehrs in diesem Raum, seinerzeit der Pferdebahn, lassen sich lediglich zwei Restflächen gestalten. Die größere von beiden – etwa 100 mal 60 Meter groß – hat die Adresse Alexanderplatz und liegt unmittelbar vor der Eingangsfront des gerade fertig gestellten Polizeipräsidiums. In dessen Mitte setzt Mächtig einen Brunnen, an die Ränder Baum- und Gehölzgruppen; ein Fußweg durchschneidet die Fläche. Diese Anlage muss

1912/13 dem U-Bahn-Bau weichen. Erhalten bleibt bis zu den großen Umbauten am Ende der 1920er Jahre die kleinere Verkehrsinsel vor dem alten Manufakturhaus (später Tietz), in deren Mitte 1895 die Berolina ihren Platz findet. Eine noch heute genutzte Anlage von Mächtig ist übrigens der 1881 eingeweihte Städtische Zentralfriedhof in Friedrichsfelde, auf dem 1919 auch Karl Liebknecht und Rosa Luxemburg beerdigt wurden. Zu DDR-Zeiten ist hier eine »Gedenkstätte der Sozialisten« eingerichtet worden.

Alfred Grenander gestaltet den Alexanderplatz schließlich neu. Unmittelbar vor dem Polizeipräsidium errichtet er über dem südlichen Eingang des U-Bahnhofes einen gemauerten Torbogen mit einem schlichten Jugendstil-Ornament. Die Platzfläche wird von ihm als Kreis gefasst.

Der Alexanderplatz 1906 (links) und 1925 (unten) aus östlicher Richtung gesehen.

Stätte der Revolution

1919 bis 1925

In den politischen Kämpfen und sozialen Auseinandersetzungen nach dem Ersten Weltkrieg wird der Alexanderplatz zu einem zentralen Versammlungsort. Durch die Lage des unmittelbar angrenzenden Polizeipräsidiums (rechts im Hintergrund dessen Eckturm) erhält seine Besetzung sowohl für Linksrevolutionäre wie für rechte Gegenrevolutionäre symbolische Bedeutung, weshalb es hier mehrfach zu bewaffneten Auseinandersetzungen kommt.

Das Foto zeigt den Alexanderplatz Anfang März 1919 nach einem politischen Generalstreik mit anschließenden schweren Kämpfen, bei denen es zahlreiche Opfer und erhebliche Zerstörungen gegeben hat. Die Niederschlagung des Aufstandes bedeutet das Ende der gewaltsamen Umsturzversuche und die Stärkung der jungen Weimarer Republik. (Links im Bild ist der nördliche Eingang zum Bahnsteig der U-Bahn-Linie nach Pankow zu sehen.)

2. Extraausgabe   Sonnabend, den 9. November 1918.

Vorwärts

Berliner Volksblatt.
Zentralorgan der sozialdemokratischen Partei Deutschlands.

Der Kaiser hat abgedankt!

Der Reichskanzler hat folgenden Erlaß herausgegeben:

Seine Majestät der Kaiser und König haben sich entschlossen, dem Throne zu entsagen.

Der Reichskanzler bleibt noch so lange im Amte, bis die mit der Abdankung Seiner Majestät, dem Thronverzichte Seiner Kaiserlichen und Königlichen Hoheit des Kronprinzen des Deutschen Reichs und von Preußen und der Einsetzung der Regentschaft verbundenen Fragen geregelt sind. Er beabsichtigt, dem Regenten die Ernennung des Abgeordneten Ebert zum Reichskanzler und die Vorlage eines Gesetzentwurfs wegen der Ausschreibung allgemeiner Wahlen für eine verfassunggebende deutsche Nationalversammlung vorzuschlagen, der es obliegen würde, die künftige Staatsform des deutschen Volk, einschließlich der Volksteile, die ihren Eintritt in die Reichsgrenzen wünschen sollten, endgültig festzustellen.

Berlin, den 9. November 1918. **Der Reichskanzler.**
Prinz Max von Baden.

Es wird nicht geschossen!

Der Reichskanzler hat angeordnet, daß seitens des Militärs von der Waffe kein Gebrauch gemacht werde.

Parteigenossen! Arbeiter! Soldaten!

Soeben sind das Alexanderregiment und die vierten Jäger geschlossen zum Volke übergegangen. Der sozialdemokratische Reichstagsabgeordnete Wels u. a. haben zu den Truppen gesprochen. Offiziere haben sich den Soldaten angeschlossen.

Der sozialdemokratische Arbeiter- und Soldatenrat.

Während des Zusammenbruchs des Kaiserreiches und in den frühen Jahren der Weimarer Republik geraten der Alexanderplatz und seine Umgebung zwangsläufig in die bürgerkriegsähnlichen Wirren und sozialen Kämpfe jener Zeit. Das benachbarte Polizeipräsidium gilt als ein Repressionssymbol der staatlichen Gewalt. (Es stand dort, wo im neuen Jahrtausend das Alexa-Einkaufs- und Freizeitzentrum errichtet wird.) Zahlreiche Bilder zeugen von erbitterten bewaffneten Kämpfen, zeigen Panzerfahrzeuge, Granatwerfer, Flammenwerfer, Barrikaden, Tote und Verwundete sowie Zerstörungen großen Ausmaßes an den umliegenden Gebäuden. Vor allem während der Kampfhandlungen 1919 wird der gesamte Platz

mit den benachbarten Straßen in Mitleidenschaft gezogen.

Den Kämpfen während der ersten Nachkriegsmonate und des Kapp-Putsches von 1920 folgen die Unruhen auf dem Höhepunkt der Inflation von 1923. Anfang November 1923 beträgt der Preis für ein Brot 140 Milliarden Mark. Der Unmut der Bevölkerung wird von reaktionären Kräften ausgenutzt, was in München zum Hitler-Putsch und in Berlin unter anderem zu einem Pogrom im Scheunenviertel führt. Ausgangspunkt der Geschehnisse ist das Arbeitsamt in der Gormannstraße, zwischen Linien- und Mulackstraße. Am späten Vormittag des 5. November wird einer großen Menge Wartender mitgeteilt, dass Unterstützungsgelder nicht mehr vorhanden seien. Offenbar gelingt es den vielen anwesenden völkischen Agitatoren, der Wut der Menge eine antisemitische Stoßrichtung zu geben. In den nahen Straßen des Scheunenviertels kommt es zu Plünderungen und gewaltsamen Übergriffen, wobei ein antisemitischer Gewalttäter in Notwehr erschossen wird. Es gibt zahllose Verletzte. Die Ausschreitungen halten noch in der Nacht zum 6. November an, als die Polizei endlich entschieden eingreift.

Der damalige Vorsitzende der SPD, Arthur Crispien, schreibt am 8. November 1923 in einem Leitartikel im »Vorwärts« dazu: »Die antisemitische Saat ist nun in Berlin aufgegangen. [...] Berlin hat sein Judenpogrom gehabt. Berlin ist geschändet worden. Eine Schmach für ein Volk, das sich zu den Zivilisierten zählt.«

Seit 1920 gehört der Alexanderplatz zum neu geschaffenen Bezirk Mitte. In diesem Jahr entsteht das moderne Groß-Berlin mit seiner Gliederung, die bis heute noch Bestand hat (lediglich der Neubau-Bezirk Hellersdorf kommt 1986 hinzu). Die bisherigen Vorstädte werden den neuen Bezirken zugeteilt, die alten Namen verschwinden. Sie leben nur noch in Firmen- und Straßennamen fort. Der Alexanderplatz mit seiner engeren Umgebung wird genau wie die

Spandauer Vorstadt dem Bezirk Mitte zugeordnet. Der größte Teil der Königstadt geht im Bezirk Prenzlauer Berg auf. Die historisch gewachsene Einheit des Raumes jenseits der einstigen Königsbrücke wird damit verwaltungsorganisatorisch aufgelöst. Das Stralauer Viertel kommt zum Bezirk Friedrichshain.

Menschenauflauf an der Berolina auf dem Alexanderplatz während der Januarkämpfe 1919. Die soziale Zusammensetzung ist bunt gemischt, wie an den unterschiedlichen Kopfbedeckungen zu erkennen ist.

Bewaffnete Aufstände

Mit der Abdankung von Wilhelm II. als Kaiser am 9. November 1918 wird im Deutschen Reich, insbesondere in seiner Hauptstadt Berlin, der Kampf um eine neue politische Ordnung konkret. Ein Generalstreik wird ausgerufen, Arbeiter- und Soldatenräte werden gebildet, strategisch wichtige Gebäude besetzt. Darunter auch das Polizeipräsidium am Alexanderplatz. Als Polizeipräsident fungiert der Linkssozialist Emil Eichhorn (USPD). Seine Entlassung am 4. Januar 1919 auf Grund politischer Auseinandersetzungen mit dem zerstrittenen Rat der Volksbeauftragten löst den so genannten Spartakusaufstand aus, der von Reichwehr und Freikorpsverbänden niedergeschlagen wird. Wenn auch die Hauptkämpfe im Zeitungsviertel in der südlichen Friedrichstadt stattfinden, so ist der Alexanderplatz doch ein weiterer Ort blutiger Auseinandersetzungen. In der Hand der Aufständischen ist nicht allein das Polizeipräsidium. Sie halten auch den Turm der Georgenkirche besetzt und beherrschen somit den Platz und angrenzende Straßen. In der Nacht vom 11. auf den 12. Januar beginnt der Sturm der Truppen unter Reichswehrminister Gustav Noske auf das Polizeipräsidium. Am 15. Januar ist der Aufstand niedergeschlagen. An diesem Tag werden die KPD-Gründer Rosa Luxemburg und Karl Liebknecht ermordet. Wenige Tage später, am 19. Januar, finden die Wahlen zur Nationalversammlung statt, die dann – wegen der unsicheren Lage in Berlin – in Weimar ein Verfassungswerk auf parlamentarischer Grundlage erarbeitet.

Einen weiteren von der erst kurz zuvor gegründeten KPD angeführten Aufstand in Berlin gibt es in den ersten Märztagen 1919. Er entwickelt sich aus einem zunächst von allen Linksparteien organisierten Generalstreik, dem die Sozialdemokraten jedoch schließlich ihre Unterstützung versagen. Die bewaffnete Erhebung zielt auf den Sturz der Reichsregierung, die Anerkennung der Arbeiter- und Soldatenräte und die Errichtung einer Räterepublik. Ein Schwerpunkt der tagelangen bewaffneten Kämpfe mit über 1000 Opfern ist wiederum der Alexanderplatz.

Die gewaltsamen und opferreichen Auseinandersetzungen im Januar 1919 werden ebenso wie spätere soziale und politische Kämpfe auf zahlreichen Postkarten dokumentiert.

Oben: Regierungstruppen mit einem Flammenwerfer im Schutz eines Tanks, März 1919. Hinten links ist das Polizei-präsidium zu erkennen.

Links: Bewaffnete Arbeiter vor dem Marstallgebäude, auf der Fahrt in Richtung Alexanderplatz am 6. Januar 1919.

Die Gegenrevolution in Berlin im März 1920
Am Alexanderplatz

*Menschenauflauf während des Kapp-Putsches im
März 1920 auf dem Alexanderplatz. Im Hintergrund
das Gebäude des ehemaligen »Grand Hôtels«
und rechts am Rand das Haus »Zum Hirschen«.*

*Aufruf zum Generalstreik, verfasst
am frühen Morgen des 13. März 1920.*

Arbeiter! Parteigenossen!

Der Militärputsch ist da! Die Baltikum-Landsknechte,
die sich vor der befohlenen Auflösung fürchten, haben den Versuch
unternommen, die Republik zu beseitigen, und eine diktatorische
Regierung zu bilden.

Mit Lüttwitz und Kapp an der Spitze!

Arbeiter, Genossen!

Wir haben die Revolution nicht gemacht, um uns heute wieder
einem blutigen Landsknechtregiment zu unterwerfen. Wir paktieren
nicht mit den Baltikum-Verbrechern.

Arbeiter, Genossen!

Die Arbeit eines ganzen Jahres soll in Trümmer geschlagen,
Eure schwer erkaufte Freiheit vernichtet werden.

Es geht um alles! Darum sind die schärfsten
Abwehrmittel geboten.

Kein Betrieb darf laufen, solange die Militärdiktatur
der Ludendorffs herrscht!

Deshalb legt die Arbeit nieder! Streikt! Schneidet
dieser reaktionären Clique die Luft ab. Kämpft mit
jedem Mittel um die Erhaltung der Republik! Laßt

Der Kapp-Putsch

Ein Umsturzversuch von rechts gegen die junge deutsche Demokratie wird im März 1920 erfolgreich abgewehrt. Getragen wird der Putsch von Teilen des von Demobilisierung bedrohten Heeres und von militanten rechtsradikalen Politikern mit Wolfgang Kapp an der Spitze. Am 13. März 1920 besetzen eine Marinebrigade unter Hermann Ehrhardt und weitere militärische Einheiten das Regierungsviertel. Kapp wird zum Reichskanzler ernannt. Der Chef des Truppenamtes, Geberaloberst von Seeckt, weigert sich mit den Worten »Truppe schießt nicht auf Truppe«, gegen die meuternden Offiziere vorzugehen. Die legale Regierung, die Berlin bereits verlassen hatte, ruft zum Widerstand auf. Dem Appell der Gewerkschaften zum Generalstreik folgen im gesamten Reichsgebiet Arbeiter wie Angestellte, die Reichsbehörden verweigern jede Zusammenarbeit mit den Putschisten. Nach vier Tagen scheitert der Umsturzversuch.

Mit dem Widerstand gegen den Kapp-Putsch hat die Geschichte der Demokratie in Deutschland eines ihrer wenigen positiven Beispiele. Zwar versuchten einige linke Gruppen, den Generalstreik zu einer bewaffneten proletarischen Revolution umzufunktionieren, und aufgrund standrechtlicher Erschießungen gab es auch eine größere Zahl von Opfern, aber der Widerstand zeigte dennoch, dass die traditionellen gewaltlosen Kampfmittel der Gewerkschaftsbewegung entscheidende Wirkung haben konnten.

Eine wohl eher nur symbolisch gemeinte Barrikade an der Alexanderpassage, die sich am südlichen Ende des Polizeipräsidiums befand und einen Durchgang zwischen Alexanderstraße und Dircksenstraße ermöglichte.

In den Kneipen am Alex

Max Fürst
Das Leben in seinen Tageszeiten

Aus dem Fenster des Cafés sah man auf den Alexanderplatz, das Café selbst spiegelte das Leben in seinen Tageszeiten. Kam man früh hin, so waren noch die Markthelfer da, die nach ihrer Nachtarbeit noch das letzte Bier vor dem Schlafengehen tranken. Dann kamen die Geschäftsleute und Ladenmädchen, die noch ihr Frühstück einnahmen, ihnen folgten die gewichtigen Geschäftemacher, die sich zu ihren Besprechungen dorthin zurückgezogen hatten, abgelöst durch mancherlei Volk zu Schnellimbiß und Mittagessen. Es trat eine Ruhepause ein, bis dann am Nachmittag eine Musikkapelle aufbaute und einige Stunden lang eifrig Kaffee und Kuchen mit Schlagsahne verzehrt wurden. Nach dem Abendessen wechselte das Publikum von neuem, junge Leute kamen mit ihren Freundinnen, dazu gab es Stammtische, bis gegen 11 Uhr die Kapelle einpackte. Nun begannen langsam die Huren und ihre Liebhaber das Lokal zu beherrschen. Es war ein dauerndes Kommen und Gehen. Nach 1 Uhr nachts waren außer uns nur noch die Mädchen da, die auf ihre Zuhälter warteten und mit ihnen abrechneten.

(Talisman Scheherezade. Die schwierigen zwanziger Jahre. München 1976)

Joseph Roth
Nächte in Kaschemmen

Die Romantik der Kaschemmennächte bricht am Bahnhof Alexanderplatz, Ausgang Münzstraße, ein und überwuchert groß, schwellend, die Gegend, ich glaube, die ganze Welt. Zu dem Wesen dieser Kaschemmennächte gehört die Neue Schönhauser Straße, aus deren Pflastersteinen, als wären es Laternenpfähle oder sonstwie der Straße gehörende Gegenstände, Zuhälter und ihre Mädchen wachsen, und auch die Polizeidirektion, deren Tore bereits zu sind und von zwei Grünen bewacht. Die Sehnsucht dieser zwei Schutzpolizisten ist eine Zigarette, die man nicht rauchen darf im Dienst, oder eine Stunde im rötlich angehauchten Lokal ... Ohne die Weinmeisterstraße, an deren Ecke Gesindel wuchert, kann ich mir die Kaschemmennacht auch nicht denken ...

Café Dalles

Das Café Dalles in der Neuen Schönhauser 13 hieß einmal Engelspalast. So ändern sich die Zeiten. Es war eine Zeitlang öffentliche Speisehalle, und ich glaube, das ist wohl seine ursprüngliche Bestimmung. Engelspaläste werden nicht von vornherein so gebaut: Mit langen Schlünden, deren äußerstes Ende, wie das Ufer eines weiten Sees, unsichtbar in Rauchnebeln verschwindet; und mit einem zweiten Eingang links, in dem einmal vielleicht ein Separé für Engel außer Dienst war und heute ein Roulettetisch steht und Roulettespiele an den Wänden hängen, Kästen mit Glasscheiben, mit buntbemaltem Ansichtskartenhintergrund, harmlos wie Spielzeuge für die heranreifende Jugend. Kirsch, der Einbrecher, und Tegler Willy und der Apachenfritz sitzen am Tisch, und gegenüber steht der Herr Wachtmeister. Hinten am Ende des Schlundes sitzt Elle auf irgendjemandes Knien, denn sie hat neue Strümpfe an. Es geht nicht, daß man die neuen Strümpfe nicht zeigt. Sie hat blonde Löckchen ins Gesicht gekämmt. Die Löckchen sind etwas steif und baumeln, wie gestärkte Rüschen, um das Gesicht. Ich glaube, sie hat keinen anderen Wunsch als den nach einem halbgeleerten Allasch. Mag sie ihn trinken. Mein Freund gibt ihr ein Butterbrot. Ich glaube, sie hat keine Wünsch mehr. Neue Strümpfe, einen Allasch und ein Butterbrot, es ist wirklich ein Engelspalast.

Das Reeselokal

Das Reeselokal schwimmt in rotem Licht. Alle Lampen tragen dunkelrote Papierservietten um die Schultern, wie Pelerinen, und auf dem Podium spielt die Musik, und die Gäste sind etwas nüancierter. Reese ist das Lokal, in das man hingeht. Die anderen sind Lokale, in denen man sich aufhält. Man tut gewissermaßen einen tiefen Atemzug, bevor man zu Reese kommt. Und man geht gewöhnlich nach 8 Uhr abends hin. Und die Musik heißt »Konzert«. [...] Bei Reese spielt die Kapelle ohne Pause, und sie ist schwarz gekleidet. Es ist zwar kein ausgesprochener Kapellmeister da, aber ein erster Geiger, der mit den Augen dirigiert. Und die Musik spielt gut.
Manchmal ist bei Reese auch ein kleiner Skandal. Aber es sind immer Ehrensachen. Es geht nie um Geld, sondern um Frauen. So ist es bei Reese.

Der Albert-Keller

Der Albert-Keller dagegen in der Weinmeisterstraße ist still und ohne Musik und auch nicht in Rot getaucht. Der Besitzer ist ein rumänischer Einwanderer und heißt mit dem Namen Albert. Man versteht den Namen »Albert-Keller«.

Heinrich Zille: Destille. Lithographie von 1916.

liert auf und ab, unaufhörlich und gleichmäßig, wie ein Pendel, als würde sie von einem unsichtbaren Räderwerk in Bewegung gesetzt.

An der Ecke links ist Willys Budike. Sein Gehilfe Hans ist auch da. Dieser Gehilfe ist von einer geschniegelt-unschuldigen Haartracht, gescheitelt und pomadisiert. Und Gustav, der Lithograph, fühlt sich hier ganz wie zu Hause. Er trägt weiche Filzpantoffeln, und sein Gesicht ist wie ein herbstliches Stoppelfeld.

Die Tippelkneipe

In der Tippelkneipe (Linienstraße) sitzen »Kloppbrüder« und Straßenfeger. »Kloppbrüder« sind Bettler. Ihre Uniformen sind weit und haben Raum genug für »Gelegenheitsware«. Die »Kloppbrüder« sind alle dünn und erfroren, die Kälte sitzt in allen Poren ihrer Haut. Die Kälte ist in zehn afrikanischen Sommern nicht auszutreiben. Es ist gewiß nicht leicht, »Kloppbruder« zu sein. Sie spielen Karten. Ihre schmutzigen Pappkartons klatschen jedesmal auf den Tisch wie gedämpfte Ohrfeigen.

Fred und Karlchen sind keine Kloppbrüder. Es ist überhaupt sehr nett von ihnen, daß sie hier sitzen. Das haben sie, Gott sei Dank, nicht nötig. – Fred und Karlchen verdienen jeden Tag zweihundert Mark. Fred und Karlchen sind im Westen tätig. Als Glühlampenspezialisten. [...] Die Elektrotechniker fragen nicht nach der Herkunft der Glühbirnen. Elektrotechniker sind nicht neugierig. [...]

Es ist sehr still in der Tippelkneipe. Ein alter Hund lagert vor dem eisernen Ofen. Das Aufklatschen der Karten stört ihn nicht. »So ist das Hundeleben!« – denkt er.

Gipsdiele

Diese Diele heißt deshalb so, weil sie in der Gipsstraße liegt. Es ist alles so einfach in dieser Welt! ... Es sind viele Bekannte hier. Der »lange Max«, Stukkateur (aber nur am Tage), die Grete, die eigentlich Margot heißt, die kleine Berta, Else (ohne Zunamen) und schließlich Anny, die schlesische, zum Unterschied von der bayerischen.

Es empfiehlt sich, beide nicht zu verwechseln; die bayerische Anny hat ihren Stand am Schönhauser Tor und kommt nie in diese Gegend. Außerdem ist sie erst vor einer Woche zurückgekommen. Aus dem Zuchthaus, behauptet sie. Aber ich glaube ihr nicht. Sie ist, wie Max ganz richtig sagt, aus dem Krankenhaus gekommen und schämt sich nur, es zu sagen.

Der Albert-Keller hat Stammgäste von einer solchen Dauerhaftigkeit, daß sie sogar ihre Post dort abholen. Gewisse Institutionen des Albert-Kellers erinnern an die eines Literatencafés. Man kann zum Beispiel im Albert-Keller einen ganzen Nachmittag schlafen. Paul schlief gerade die vierte Stunde, als wir ankamen. Er schlief, den Kopf auf dem Tisch, und es war als sägte er mit der Nase die Tischplatte durch. Neben ihm bewachte Regine, glasbrillanten-geschmückt, seinen Schlaf. [...] Therese ist blond, ganz oxydiert, und ich begleite sie zum Stand am Alexanderplatz.

In der Mulackstraße

Um elf Uhr nachts sieht die Mulackstraße aus wie ein Teil einer ausgegrabenen Stadt. Eine Laterne an der Ecke der Schönhauser Straße schielt furchtsam quer herüber. Ein Mädchen patrouil-

(Neue Berliner Zeitung, 12-Uhr-Blatt, 23. und 28. Februar 1921)

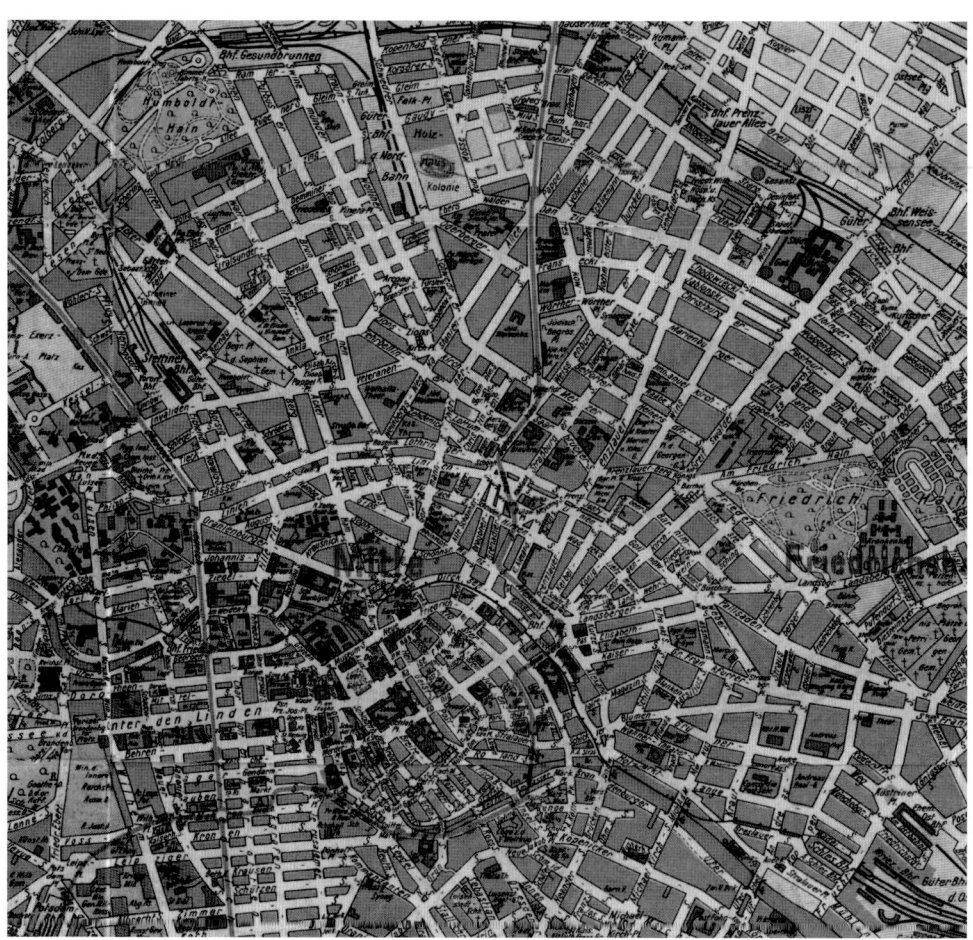

*Stadtplan von Berlin-Mitte
aus dem Jahr 1920.*

Linke Poot (d. i. Alfred Döblin)
Östlich vom Alexanderplatz (1923)

Ein sonniger Vormittag; ich mache mich auf zu einer Umzinge-
lung des Alexanderplatzes. Der verlockt mich sonst, menschen-
strudelnd, wie er ist, geradewegs auf ihn zuzustoßen; ich will
einmal die Peripherie dieses mächtigen Wesens abtasten. Breite, oft boulevardartige Straßen führen in ihn ein; ich tippele von
der Lichtenberger Straße an. In der Frankfurter Allee hat man
die grünen Rasenstreifen in der Mitte eingehen lassen; die Straße ist ganz sachlich geworden. Es gibt Warenhäuser; schematische Aufmachung für Ärmere, auch viel Plunder. Aus einem
Hausflur kommt Gesang; man steht; ich gehe hinein. Da agiert
auf dem Hof mit drolliger Theatralik ein schäbiger jüngerer Mann
herum und singt — singt, ja was? Heil dir im Siegerkranz. Mit
allen Strophen; ich höre es zum ersten Male seit 1918 und glau-

be es nicht. Die Leute kichern; einige sind betreten; der brüllt
weiter. Und hat sich nicht verspekuliert mit diesem Appell an die
Sentimentalität. Wie er herauskommt, entschuldigt er sich rechts
und links, ist plötzlich gar nicht verdreht: »Regt euch bloß nicht
auf. Ich muß mein Geschäft machen wie jeder andere. Der Arbeiter gibt mir nichts; der hat nichts.« Eine blutrote Plakathand an
vielen Häusern: »Du! Bist du schon ein Kämpfer in deiner Sa-
che?« Kleine Zettel mit einem Rettungsring auf dem Meere preisen eine Arbeiterpartei. Die Beklebung der Häuser ist ein Baro-
meter für die politische Erregung; man sieht hier einigermaßen
Farben. Ich stecke den Kopf in zahlreiche Kneipen; schwacher
Besuch. Ein Wirt sagt mir, was ich schon weiß: die hohen Preise,
und eine Brauerei hätte schon einen Teil ihrer Pferde verkauft
und stelle sich auf Nährmittel um. Was keine Schande ist; Brot ist
besser als Bier. Am Strausberger Platz vor einer Zeitungsfiliale
eine Menschenansammlung; in der Mitte ein langhaariger klei-

ner Jüngling mit Schillerkragen debattiert mit einem ruhigen älteren Arbeiter. Der Ältere sagt: »Ihr schützt die Juden.« Der heftige Kleine, unter Assistenz anderer: »Nein, wir stellen uns nicht vor die Juden. Aber wir wissen, daß der Kapitalismus in der Klasse und nicht in der Rasse steckt.« Es ist die erste Straßendebatte unter Arbeitern, die ich höre, die sich mit Antisemitismus befaßt. Aber er wurde nicht angenommen; die Leute sind geschult. Drollig ein Zeitungshändler; er hat an seinem Stand ein Schild: »Zeitung einsehen 50 Prozent des Kaufpreises.«

An einem Gartengitter drängen sich Menschen. Ich denke: ein Unglück oder (was dasselbe ist) eine politische Ansprache. Aber es sind illustrierte Kriminalzeitungen: man betrachtet die Mutter, »von einem Bären zerfleischt«, und eine »italienische Liebestragödie«. Nun biege ich in die Weberstraße ein, eine enge Straße. Viele niedrige Häuser, alle verwahrlost; Mörtel fällt von den Fronten. Der linke Straßendamm ist weit hinauf mit Wagen kleiner Händler besetzt; eine Masse ärmlicher Frauen bewegt sich mit Kindern und Handgepäck davor; es gibt Blumenkohl, Fetteringe, Käse in Kästen, Fische auf Eis, prima Dauerbollen. Drüben ist ein »Zentrallogierhaus«; Händler erhalten Extrapreise, man verkauft und kauft im Hause Stampepapier. Zahlreiche Produktenkeller mit Preistafeln vor der Tür, mit Kreide geschrieben, ein »Einkaufsbureau für Edelmetalle« (welcher Stolz). In einem Schaufenster sitzt ein Schneider und näht: eine »Expreßschneiderei«. Alles handelt und kauft noch etwas anderes; überall besteht Nachfrage nach Säcken, Bindfäden. In einem »Kommissionshaus« stehen aus: Bierseidel, abgeschnittene Telephonhörer, eine Staffelei, ein Rauchservice, Militärstiefel. Eine Leihbibliothek; ein ganzes Schaufenster mit buntem Schund: »Die Warenhausdiebe«, »Sittlichkeitsdelikte in der Großstadt«, Serie »Wildtöter«, »Winoga, der letzte Mohikaner«. Die Titelbilder tragen Unterschriften: »Ein Blitz, ein Knall, der Oberhäuptling sank zu Boden«, »Da hast du deinen Lohn, Verräter«. Eine ernste Arbeiterbuchhandlung; die eine Ladenflanke ist bemalt mit einer Hand, die auf einem offenen Buch liegt, mit einer Ähre und Sichel; darunter: »Um mehr zu produzieren, mußt du mehr wissen.«

Ich überschreite die Landsberger Straße. An der Ecke sitzt ein nettes Fräulein bei einem Gummiabsatzhändler; sie sitzt in bloßen Strümpfen, völlig ernst; er wetzt sein Messer, schneidet ihre Stiefelhacken zurecht; hämmert. Die Gollnowstraße. Die Straße ist noch finsterer und teilweise bröckeliger als die Weberstraße. Proletarier und Lumpenproletarier. Wieder Produktenkeller, »Sortieranstalten«. Ein Kaffeelokal trägt hetzerische Bilder: »Der Wannsee verschoben«. Ein Schild ruft: »Sie haben einen Schatz und wissen es nicht«; es ist ein Briefmarkenladen. Der Schatz

sind alte Briefe auf dem Boden. Galizische Typen treten auf; jenseits der Neuen Königstraße, in der Linienstraße, werden es mehr. Es gibt Häuser von abenteuerlichem Schmutz und phantastischer Gebrechlichkeit. Trotzdem verheißt ein Barbier in einem ganz unglaublich kümmerlichen Haus: »Kein Warten! Gute, saubere Bedienung.« Weißbärtige, elende Männer im zerrissenen Kaftan gehen vorbei. Lebensmittelverkauf in Hausfluren. Vor Möbelgeschäften, Altkleiderhandlungen stehen die Besitzer und blicken unter die Passanten.

Der Bülowplatz trägt die pompöse »Volksbühne«; umringt ist er von wüsten Lagerplätzen für Alteisen, Schienen. Sehr lebhafter Wagenverkehr; es wimmelt von Menschen. Und immer »Gelegenheitskäufe«, Tuchläden, Uhrmachergeschäfte, Stiefel. – Links die Grenadierstraße. Hier scheint ein Dauerauflauf zu sein. Der Damm ist von Menschen besetzt; sie kommen und gehen aus den winkligen, uralten Häusern. Das ist ein ganz östliches Quartier, das gutturale Jiddisch dominiert. Die nicht zahlreichen Läden tragen hebräische Inschriften; ich treffe Vornamen: Schaja, Uscher, Chanaine. In Schaufenstern zeigt ein jüdisches Theater an: »Jüdele der Blinde, fünf Akte von Joseph Lateiner.« Jüdische Fleischereien, Handwerkerstuben, Buchläden. Das bewegt sich in unaufhörlicher Unruhe, blickt aus den Fenstern, ruft, bildet Gruppen und tuschelt in finsteren Hausfluren. An einer Ecke steht alles um einen gut berlinischen Ausrufer, einen Eulenspiegel: eine weiße Maus läuft über die Mütze, er zeigt Kunststücke mit falschen Millionenscheinen, um dann Seife zu verkaufen: »Klares Wasser, das ist der beste Beweis, meine Herrschaften.« Ich mache mir Platz. Schlängele mich durch zur Münzstraße. Passiere die Kinos, die am hellen Tag dauernd spielen, mit Jahrmarktsorgeln, die über die Straße toben; sie locken zu »Marko, der Mann der Kraft« und »Das Schicksal einer anständigen Frau«. Ein Menschenstrom, Wagenstrom; der Alexanderplatz ist nahe. Zwischen zahlreichen sehr billigen Damen, unter den hastenden Leuten suchend, wandern sonderbare langsame Menschen, die sich offenbar kennen, erkennen, beiseitetreten, Kleiderköfferchen tragen. Ein Hinundherlungern. Viele unbeschäftigte Burschen mit kessen Mützen. Die Alexanderkaserne mit Schupo kommt, der endlos lange Bau des Warenhauses Tietz; er setzt eine neue, etwas puppige Ecke an. Dann die breite Öffnung, grüner Rasen, der Alexanderplatz, die Gulaschkanone der Heilsarmee, umlagert von Neugierigen und Ketten Armer und Alter, das finstere rote Polizeipräsidium.

(Berliner Tageblatt vom 29. September 1923)

Der Weltstadtplatz

1925 bis 1933

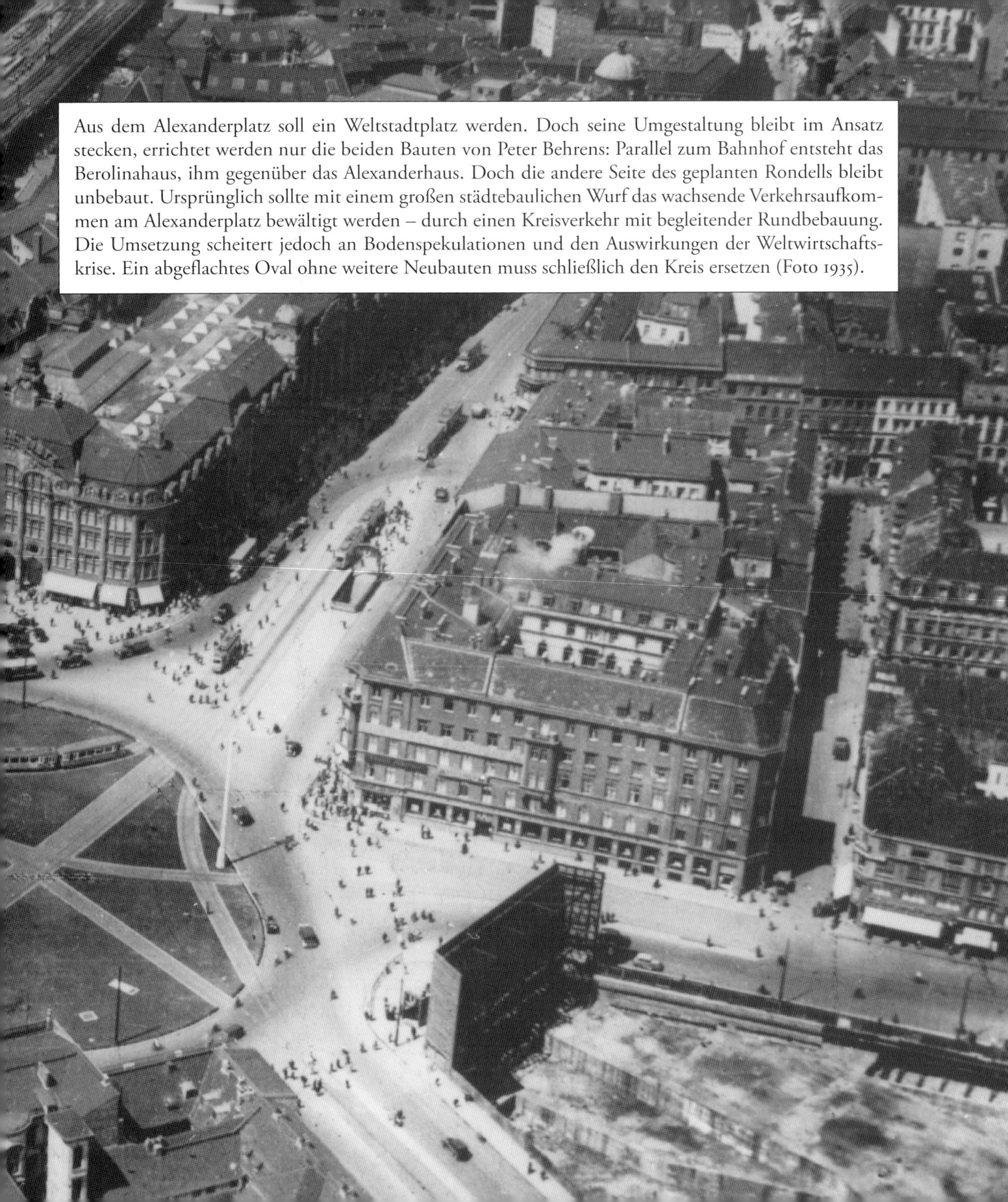

Aus dem Alexanderplatz soll ein Weltstadtplatz werden. Doch seine Umgestaltung bleibt im Ansatz stecken, errichtet werden nur die beiden Bauten von Peter Behrens: Parallel zum Bahnhof entsteht das Berolinahaus, ihm gegenüber das Alexanderhaus. Doch die andere Seite des geplanten Rondells bleibt unbebaut. Ursprünglich sollte mit einem großen städtebaulichen Wurf das wachsende Verkehrsaufkommen am Alexanderplatz bewältigt werden – durch einen Kreisverkehr mit begleitender Rundbebauung. Die Umsetzung scheitert jedoch an Bodenspekulationen und den Auswirkungen der Weltwirtschaftskrise. Ein abgeflachtes Oval ohne weitere Neubauten muss schließlich den Kreis ersetzen (Foto 1935).

Auslöser für die Umgestaltung des Alexanderplatzes am Ende der 1920er Jahre ist der Bau von zwei neuen U-Bahn-Linien. Dies wird zum Anlass genommen, dem Platz auch oberirdisch ein neues Gepräge zu geben, und zwar nach den Ideen des Neuen Bauens. Die Vertreter dieser Architekturrichtung wenden sich gegen den Schnörkelstil der Wilhelminischen Epoche aus dem letzten Drittel des 19. Jahrhunderts und setzen ganz auf Funktionalität, Sachlichkeit und Lichtfülle. An die Stelle beengter Hinterhöfe sollen nun frei stehende Wohnbauten treten, die menschenwürdigere Lebensverhältnisse ermöglichen. Es ist die Zeit der großen Reformbewegungen, mit denen nach dem Untergang des alten Europa im Krieg von 1914 bis 1918 neue Formen des Wirtschaftens, Arbeitens und Lebens gesucht werden.

Bevorzugte Materialien des Neuen Bauens sind Stahl, Glas und Beton. Der neu entwickelte Stahlbeton, der sich bereits bei zahlreichen Industriebauten bewährt hat, regt die Architekten zu Experimenten mit neuen gestalterischen Elementen an. Die Protagonisten verstehen sich als internationale – vor allem europäische – Bewegung und schließen sich 1928 zu den Congrès Internationaux d'Architecture Moderne (CIAM) zusammen. Zu den Hauptvertretern in Deutschland zählen Peter Behrens (seit 1907 zudem künstlerischer Berater für AEG-Produkte), Walter Gropius, Wassili und Hans Luckhardt, Erich Mendelsohn, Ludwig Mies van der Rohe, Hans Scharoun, Bruno und Max Taut sowie Martin Wagner, die heute zu den großen Architekten des 20. Jahrhunderts gerechnet werden.

Die berühmte Charta von Athen der CIAM von 1933 ist das Ergebnis eines jahrelangen Diskussionsprozesses und einer damit verknüpften Praxis. Dort heißt es:

»Der Städtebau hat vier Hauptfunktionen, und das sind: erstens, den Menschen gesunde Unterkünfte zu sichern, d. h. Orte, wo Raum, frische Luft und Sonne, diese drei wesentlichen Gegebenheiten der Natur, weitestgehend sichergestellt sind; zweitens, sol-che Arbeitsstätten zu schaffen, daß die Arbeit, anstatt ein drückender Zwang zu sein, wieder den Charakter einer natürlichen menschlichen Tätigkeit annimmt; drittens, die notwendigen Einrichtungen zu einer guten Nutzung der Freizeit vorzusehen, so daß diese wohltuend und fruchtbar wird; viertens, die Verbindungen zwischen diesen verschiedenen Einrichtungen herzustellen durch ein Verkehrsnetz, das den Austausch sichert und Vorrechte einer jeden Einrichtung respektiert.«

Die Verkehrsprobleme werden in jener Zeit bereits als äußerst drängend empfunden. Der deutsch-niederländische Stadtplaner Theo van Doesburg bilanziert 1929 in der Zeitschrift »Architektur der Gegenwart«: »Die Großstadt ist einer Katastrophe nahe! Die Ursache liegt in der enormen Steigerung des mechanischen Verkehrs. Der Fußgängerverkehr wird allmählich unmöglich; aber auch der Autoverkehr wird verhängnisvoll: An bestimmten Stellen, in bestimmten Stunden kommt man nicht mehr vom Fleck weg.« Die Architekten der Charta von Athen sehen eine Lösung darin, dass jedem Verkehrsmittel eine eigene Fahrbahn zugewiesen wird, die der Natur des benutzten Fahrzeuges entspricht – so die Empfehlung von Le Corbusier, dem berühmten Begründer der CIAM.

In diese Richtung gehen auch die Leitideen zur Neugestaltung des Alexanderplatzes. Man will jedoch nicht nur die verkehrstechnischen Probleme lösen, sondern zugleich auch den gesamten Stadtraum gesellschaftlich und wirtschaftlich aufwerten, da sich in den letzten Jahrzehnten eine Verlagerung des städtischen Schwerpunkts nach Westen abzeichnete. Kurfürstendamm und Tauentzienstraße haben deutlich an Attraktivität gewonnen, wohingegen die Gegend zwischen Friedrichstraße und Alexanderplatz – jenseits der Straße Unter den Linden – eher zu einem billigen Vergnügungsviertel herabgesunken ist. Die Reichen zieht es nicht mehr in den Tiergarten, sondern weiter in Richtung Grunewald und Wannsee.

Einfamilien-Reihenhäuser in Berlin Dahlem, Schorlemmer Allee, errichtet 1925 nach Entwürfen von Hans und Wassili Luckhardt.

Da in Berlin die meiste Zeit des Jahres Westwind herrscht, mit der sprunghaft angewachsenen Industrie und der dichten Wohnbebauung mit den vielen Kohleöfen die Luft gen Osten somit immer schlechter wird, bilden sich die besseren Viertel spätestens seit dem 19. Jahrhundert im Westen heraus. Von dieser Entwicklung ist auch der Alexanderplatz berührt. Bernt von Kügelgen beschreibt in einem »Brief an Berlin« die Situation so:

»Damals entwickelten sich Deine beiden Zentren des Lebens und des Verkehrs, die für uns nun das typische Berlin sind. Tagsüber ist es der Alexanderplatz. Moderne Geschäftshäuser, U-Bahnschächte, die ununterbrochen Menschenströme ausspeien und einsaugen, ratternde rot- und gelbgestrichene S-Bahnzüge, überfüllte Autobusse, in den Schienen kreischende, funkensprühende Straßenbahnen, Autokolonnen, die sich vor dem roten Licht der Verkehrsampeln stauen, um dann gemeinsam mit aufbrausenden Motoren anzufahren, flinke Zeitungsfahrer, die sich, mit ihrem großen Sack frischgedruckter Neuigkeiten auf dem Rücken, auf ihren Rädern geschickt durch den Verkehr winden. Das ist der ›Alex‹. Wertheim, Tietz, Jonass sind dort mit ihren grellbunten Inventur- und Ausverkaufs-Plakaten die großen Kaufhäuser, in deren überfüllten Verkaufshallen sich die Hausfrauen um die schwerbeladenen Tische drängen, um ›angestaubte Wäsche‹ und ›Schlipse mit Webfehlern‹ billig zu erhandeln. Dort steht der wortgewandte Straßenverkäufer im Kreise seiner aufmerksamen ›Sehleute‹, und das Maulwerk der Blumenfrau am Alex plappert hier genauso schnoddrig wie am Potsdamer Platz.

Dein anderes Zentrum: Nachts der Tauentzien! Dort mischen sich auf regennassem Asphalt die glitzernden Reflexe der bunten Reklameschrift, der lichterfüllten Schaufenster, der grellen Bogenlampen und der blendenden Autoscheinwerfer zu einem festlich-bunten Abbild des Großstadtlebens. Das flackernde fahle Licht der roten und blauen Neonröhren hebt aus dem Dunkel den massiven Bau der Kaiser-Wilhelm-Gedächtniskirche hervor, die den ruhig-ernsten Hintergrund zu diesem Zentrum der Daseinsfreude und des Weltstadttempos bildet. Alexanderplatz und Tauentzien! Berlin der Arbeit und der Lebensbejahung!«

(Freies Deutschland, Mexiko 1944)

Visionen und Wettbewerb

Die treibende Kraft bei der Neugestaltung des Alexanderplatzes ist der Architekt Martin Wagner. 1926 wird er als Nachfolger von Ludwig Hoffmann Stadtbaurat in Berlin, nachdem er diese Funktion von 1918 bis 1920 bereits in Schöneberg innegehabt hatte. Gerade im Amt, propagiert er ganz im Sinne des Neuen Bauens seine Vorstellungen von der städtebaulichen Entwicklung Groß-Berlins. Während seiner Amtszeit werden bedeutende und international beachtete Projekte realisiert, u. a. die Hufeisensiedlung in Britz und die Siedlung Onkel Toms Hütte in Dahlem.

Vignette des Lette-Vereins, Ende der 1920er Jahre.

Innerstädtisch gilt die Neuordnung der Plätze als vordringliche Aufgabe – nicht allein des Alexanderplatzes, aber diesem Platz soll eine Vorreiterfunktion zukommen.

Hier will die Berliner Verkehrs AG, die Vorläuferin der BVG, gerade den U-Bahnhof um zwei neue Linien erweitern und die baulichen Voraussetzungen für eine spätere vierte Verbindung schaffen. Ein Gefüge von drei Einzelbahnhöfen und eine Verbindung zum S-Bahnhof sollen hergestellt werden. Das Projekt verlangt den Abriss einer Reihe von Gebäuden, die das Bild des Alexanderplatzes über lange Zeit geprägt haben.

Die Neugestaltung des gesamten Platzes versteht Wagner als eine Herausforderung, die er mit der Vision verknüpft, einen beispielhaften weltstädtischen Verkehrsplatz zu schaffen. Das Vorhaben sei ohne Vorbild, zumindest in Europa, und selbst Paris habe keinen solchen Platz, betont er 1929 in einem Aufsatz für die Zeitschrift »Das neue Berlin«. Aus heutiger Sicht lässt die Rigorosität erstaunen, mit der damals dieses architektonische Projekt verfolgt wurde. Pragmatisch analysierte man, dass sich Verkehrskapazitäten allenfalls für 25 Jahre berechnen ließen, die Lebensdauer eines Verkehrsplatzes also begrenzt sei. Daher sollten auch »die den Platz umgebenden Bauten keine bleibenden wirtschaftlichen wie architektonischen Werte besitzen«. Trotzdem hatten ästhetische Gesichtspunkte einen hohen Stellenwert und sollte die Formgebung der neuen Plätze vom Gewohnten abweichen. »Klarste Formen, die während des Tages wie während der Nachtstunden ihre charakteristische künstlerische Wirkung ausüben, sind grundlegende Voraussetzungen des Weltstadtplatzes. Einflutendes Licht bei Tage und herausflutendes Licht bei Nacht erzeugen ein gänzlich neues Gesicht des Platzes. Farbe, Form und Licht (Reklame) sind die drei Hauptbauelemente für neue Weltstadtplätze.«

Wagner macht für die zukünftige Gestalt des Alexanderplatzes weitreichende Vorgaben. Unter ande-

Martin Wagner
Merkmale eines Weltstadtplatzes

Ein Weltstadtplatz ist kein Kleinstadtplatz. Die Gestaltung des Kleinstadtplatzes, eines Marktes, kann rein architektonischen Gesichtspunkten folgen und dennoch mit den nur zeitweise auftretenden Anforderungen an den Verkehr (Markt) nicht in Widerspruch treten. Der Weltstadtplatz ist eine fast dauernd gefüllte Verkehrsschleuse, der »Clearing«-Punkt eines Adernetzes von Verkehrsstraßen erster Ordnung. Man kann nun sagen, daß die Durchschleusung des Verkehrs das Primäre und Wesentliche und die formale Gestaltung, die Zweckform von sekundärer Bedeutung ist. [...] Weltstadtplätze sind Organismen mit ausgeprägtem formalen Gesicht.

Das Ideal eines Verkehrsplatzes

Der Verkehr muß mit einem Höchstmaß von Beschleunigung, Stockungslosigkeit und Übersichtlichkeit über den Platz geleitet werden. Der Weltstadtplatz verlangt darum eine Differenzierung der Verkehrswege für den Schienenverkehr (Straßenbahn), Radverkehr (Autos) und den Fußgängerverkehr. Das Ideal eines Verkehrsplatzes ist eine Anlage, die die drei Arten des Verkehrs ohne jede Kreuzung und Niveauschneidung über den Platz führt. (Rundverkehr in verschiedener Höhenlage.) [...] Dem Fließverkehr auf dem Platz muß ein Standverkehr entgegengestellt werden, der die Konsumkraft der den Platz kreuzenden Menschenmassen festhält (Läden, Lokale, Warenhäuser, Büros usw.).

(Das Formproblem eines Weltstadtplatzes. Das neue Berlin 2/1929)

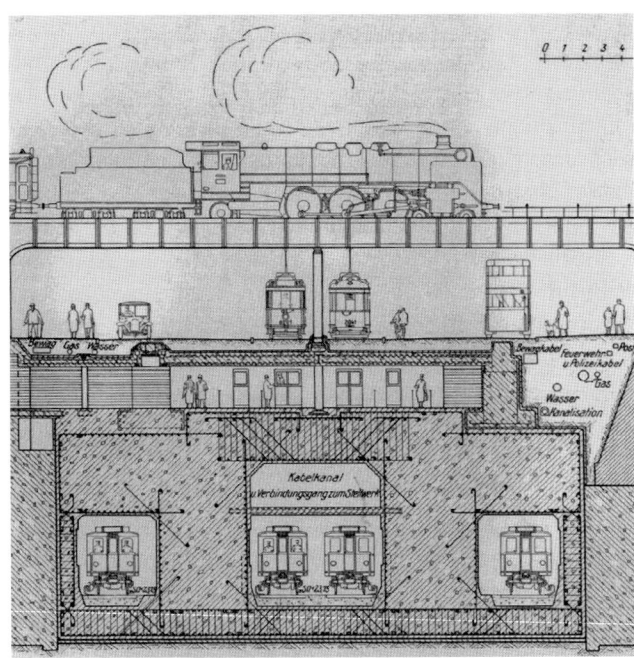

Querschnitt des Bahnverkehrs in drei Ebenen an der Königstraße.

Heinrich Mendelsohn
Schlagadern einer Millionenstadt

Dieser Platz ist dazu berufen, die Seele einer Stadt von heute bereits annähernd einer Million Einwohner zu sein. [Gemeint sind die östlichen Bezirke Berlins.] Der Alexanderplatz von heute ist jedoch berufen, in diesem Sinne weit stärker wieder aufzuleben und in der »Stadt am Alexanderplatz« ein Zentrum zu bilden, wie es im Westen durch die Neubauten am Zoo im Laufe der letzten Jahre entstanden ist. [...] Am Alexanderplatz hingegen konzentrieren sich die Schlagadern einer Millionenstadt! Der gesamte Osten Deutschlands kommt hier am Alexanderplatz ein.

(Die Stadt am Alexanderplatz. Das neue Berlin 2/1929)

Herz und Seele des Ostens

So sicher eine Vernachlässigung des Alexanderplatzes oder eine falsche Auffassung in der Organisation seiner Bebauung dazu führen muß, seine Entwicklung zu beeinträchtigen [...], so wird, wenn es gelingt, den Alexanderplatz zu einem Magneten für die rückwärtig gelegene Stadt zu gestalten, dieser Platz für alle Zeiten Herz und Seele des Ostens sein! [...] Aber es muß zur Tat geschritten werden. [...] Der Alexanderplatz wird also durch schnelle Neugestaltung und Neubebauung der starke Magnet für eine Million Einwohner. Auch für alle nach Berlin kommenden Fremden wird fernerhin der Alexanderplatz nach seiner Umgestaltung eine Sehenswürdigkeit werden.

(Die Stadt am Alexanderplatz. Das neue Berlin 5/1929)

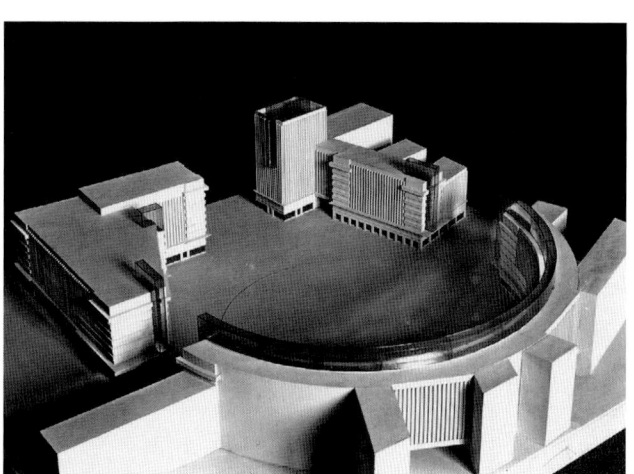

Oben: Der von Martin Wagner erstellte Generalplan zur Bebauung des Alexanderplatzes, der die Vorlage für den Wettbewerb lieferte. Die Angabe des Maßstabes 1:500 betrifft die Originalzeichnung. Für den Kreis in der Mitte ist ein Durchmesser von 100 Metern vorgesehen.

Links, von oben nach unten: Die Wettbewerbsentwürfe von Wassili und Hans Luckhardt und Alfons Anker (1. Preis), Peter Behrens (2. Preis) und Ludwig Mies van der Rohe. Mies van der Rohe ist der einzige, der die Vorgaben des Generalplans unbeachtet lässt und den Platz unabhängig von den Verkehrsbahnen allein nach baukünstlerischen Gesichtspunkten zu gestalten versucht. Durch das Öffnen der Straßenräume erzielt er eine größere Weiträumigkeit.

rem präsentiert sein Amt für Stadtplanung 1928 eine Skizze, auf der der Alexanderplatz als ein umbautes Rondell angelegt ist. Wagners Plan ist dann Anfang 1929 Grundlage eines Einladungswettbewerbs, an dem sechs Architekturbüros beteiligt werden. Der Entwurf der Brüder Wassili und Hans Luckhardt und von Alphons Anker erhält den 1. Preis, das Konzept von Peter Behrens den 2. Preis. Die Preisverteilung wird unter gleichgesinnten Architekten heftig diskutiert. Der Bauhauslehrer Ludwig Hilberseimer sieht darin zum Beispiel eine Vergewaltigung der Architektur durch den Verkehr und spricht von einer »Fassadenarchitektur«, die die Beziehung des Platzes zu seinem Umfeld beeinträchtigen würde.

Keiner der Wettbewerbsbeiträge von 1929 wird am Alexanderplatz realisiert. Es finden sich nur schwer private Bauherren dafür. Dann tritt eine mit US-amerikanischem Kapital arbeitende »Bürohaus am Alexanderplatz GmbH« auf den Plan, die allerdings eigene Gestaltungsvorstellungen umsetzen will. Als Architekt wird zunächst Hans Poelzig angesprochen. Der ist aber mit der Arbeit am Haus des Rundfunks an der Masurenallee und mit der Randbebauung des Bülowplatzes (heute Rosa-Luxemburg-Platz), einschließlich des Gebäudes mit dem Kino »Babylon«, ausgelastet. So empfiehlt Poelzig den Bauherren seinen Kollegen Peter Behrens, der letztlich zwei als Hochhäuser klassifizierte Achtgeschosser entwirft, wobei er seine ursprünglichen Wettbewerbspläne grundlegend modifiziert.

Unten: Am Ende mehrerer Gestaltungskonzepte von Peter Behrens für die am Alexanderplatz zu errichtenden Hochhäuser steht diese Skizze, die Grundlage für die schließlich realisierten Bauten.

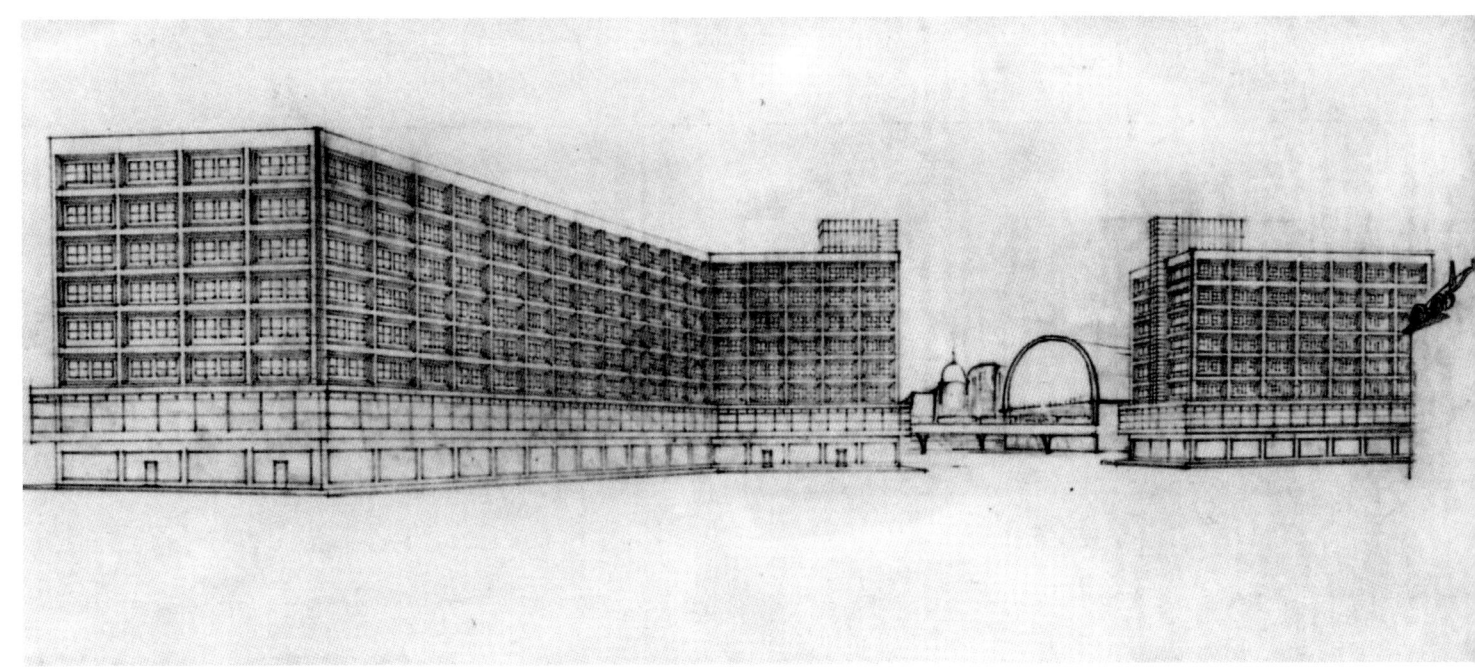

Die Baustelle

Schon vor Abschluss des Wettbewerbs wird 1927 mit dem Abriss der ältesten Bauten am Alexanderplatz begonnen, denn der U-Bahn-Bau erfolgt von oben. 1930 rollen die ersten Züge auf den neuen Strecken durch das komplizierte unterirdische Labyrinth. Zu diesem Zeitpunkt sind die Arbeiten an den Behrens-Bauten bereits im Gange. Sie werden bis Ende 1932 abgeschlossen.

Die große Berolina-Statue, das beliebte Stadtsymbol, wird mitsamt Sockel, der immer noch übersät ist mit Einschüssen der Maschinengewehrsalven von 1919, abgebaut und auf einem Schrottplatz in Treptow gelagert. Der Abriss des Hauses »Zum Hirschen«

und des Kaufhauses Hahn geben plötzlich den Blick vom Alexanderplatz bis zur Georgenkirche frei. Andererseits verstellt das neue Alexanderhaus die Sicht auf das Polizeipräsidium – die Blickachsen auf dem Platz verändern sich völlig.

Für fünf Jahre ist der Alexanderplatz Großbaustelle. Fußgänger können ihn nur auf Pfaden passieren, Straßenbahnen werden umgeleitet. Die Baustelle wird zum Ereignis; Journalisten und Literaten setzen sich mit ihr auseinander. Alfred Döblin macht sie zu einem Leitmotiv seines Großstadtromans »Berlin Alexanderplatz«.

Links: Die Baustelle Alexanderplatz im Jahre 1930, fotografiert vom Turm der Georgenkirche.

Unten: Nur zeitweilig ist der Blick an Tietz vorbei auf das Bahnhofsgebäude möglich (links), dazwischen entsteht das Berolinahaus (rechts).

Alfred Döblin
Berlin Alexanderplatz

Rumm rumm wuchtet vor Aschinger auf dem Alex die Dampframme. Sie ist einen Stock hoch, und die Schienen haut sie wie
nichts in den Boden. Eisige Luft. Februar. Die Menschen gehen
in Mänteln. Wer einen Pelz hat, trägt ihn, wer keinen hat, trägt
keinen. Die Weiber haben dünne Strümpfe und müssen frieren,
aber es sieht hübsch aus. Die Penner haben sich vor der Kälte
verkrochen. Wenn es warm ist, stecken sie wieder ihre Nasen
raus. Inzwischen süffeln sie doppelte Ration Schnaps, aber was
für welchen, man möchte nicht als Leiche drin schwimmen.
Rumm rumm haut die Dampframme auf dem Alexanderplatz.
Viele Menschen haben Zeit und gucken sich an, wie die Ramme
haut. Ein Mann oben zieht immer eine Kette, dann pafft es oben,
und ratz hat die Stange eins auf den Kopf. Da stehen die Männer
und Frauen und besonders die Jungens und freuen sich, wie das
geschmiert geht: ratz kriegt die Stange eins auf den Kopf. Nach-
her ist sie klein wie eine Fingerspitze, dann kriegt sie aber noch
immer eins, da kann sie machen, was sie will. Zuletzt ist sie weg,
Donnerwetter, die haben sie fein eingepökelt, man zieht befrie-
digt ab. [...]

Am Alexanderplatz reißen sie den Damm auf für die Untergrund-
bahn. Man geht auf Brettern. Die Elektrischen fahren über den
Platz die Alexanderstraße herauf durch die Münzstraße zum
Rosenthaler Tor. Rechts und links sind Straßen. In den Straßen
steht Haus bei Haus. Die sind vom Keller bis zum Boden von
Menschen voll. Unten sind die Läden. [...] Über den Läden aber
sind Wohnungen, hinten kommen noch Höfe, Seitengebäude,
Quergebäude, Hinterhäuser, Gartenhäuser.
Alles ist mit Brettern belegt. Die Berolina stand vor Tietz, eine
Hand ausgestreckt, war ein kolossales Weib, die haben sie weg-
geschleppt. Vielleicht schmelzen sie sie ein und machen Medail-
len draus.
Wie die Bienen sind sie über den Boden her. Die basteln und
murksen zu Hunderten rum den ganzen Tag und die Nacht. [...]
Über den Damm, sie legen alles hin, die ganzen Häuser an der
Stadtbahn legen sie hin, woher sie das Geld haben, die Stadt
Berlin ist reich, und wir bezahlen die Steuern. [...]
Wind gibt es massenhaft am Alex, an der Ecke von Tietz zieht es
lausig. Es gibt Wind, der pustet zwischen die Häuser rein und
auf die Baugruben. Man möchte sich in die Kneipen verstecken,
aber wer kann das, das bläst durch die Hosentaschen, da merkst
du, es geht was vor, es wird nicht gefackelt, man muß lustig sein
bei dem Wetter. [...]
An der Ecke Landsberger Straße haben sie Friedrich Hahn, ehemals Kaufhaus, ausverkauft, leergemacht, und werden es zu
den Vätern versammeln. Da halten die Elektrischen und der Au-
tobus 19 Turmstraße. Wo Jürgens war, das Papiergeschäft, haben sie das Haus abgerissen und dafür einen Bauzaun hinge-
setzt. Da sitzt ein alter Mann mit einer Arztwaage: Kontrollieren
Sie Ihr Gewicht, 5 Pfennig. O liebe Schwestern und Brüder, die
ihr über den Alex wimmelt, gönnt euch diesen Augenblick, seht
durch die Lücke neben der Arztwaage auf diesen Schuttplatz,
wo einmal Jürgens florierte, und da steht noch das Kaufhaus
Hahn, leergemacht, ausgeräumt und ausgeweidet, daß nur die
roten Fetzen noch an den Schaufenstern kleben. Ein Müllhaufen
liegt vor uns.

(Alfred Döblin: Berlin Alexanderplatz. Berlin 1929)

*Links: Die von Döblin beschriebene Dampframme vor Aschinger,
Oktober 1927.*
*Rechts: Die Mitte der Baustelle. Die ehemalige Gartenanlage ist von
einem Bretterzaun umgeben und nunmehr Standort für Bauwagen.*

Franz Hessel
Spazieren in Berlin

Lohnt's noch, vom heutigen und gestrigen Alexanderplatz zu
sprechen? Er ist wohl schon verschwunden, ehe diese Zeilen
gedruckt werden. Schon wandern die Trambahnen, Autobusse
und Menschenmassen um die Zäune breiter Baustellen und tief-
gerissener Erdlöcher. Die gute, dicke Stadtgöttin Berolina, die
hier früher von hohem Postament den Verkehr regelte, ist abge-
wandert. Das benachbarte Scheunenviertel mit seinen schiefen
und geraden, verrufenen und armselig ehrlichen Straßen und
Gassen ist zum größten Teil bereits eingerissen. Düster ragen
von Süden die Mauern des Polizeipräsidiums über die Trüm-
merstätte des Platzes. Vom Nordosten überwächst Häuser und
Zäune der hohe Turm der Georgenkirche. Polizei und Kirche
werden so bleiben. Aber was sonst hier noch steht, wird fast alles eingerissen und umgebaut werden. [...] Um eine Mittelinsel,
auf der Kreisverkehr eingerichtet werden wird, sollen in Hufei-
senform Hochhäuser aufwachsen.

Wo Altes verschwindet und Neues entsteht, siedelt sich in den
Ruinen die Übergangswelt aus Zufall, Unrast und Not an. Wer hier
die Schlupfwinkel kennt, kann in seltsame Wohnstätten finden und
führen, schaurige Zwischendinge aus Nest und Höhle. Da versteckt sich zum Beispiel in den Kellerräumen einer abgerissenen
Mietskaserne, die einen der großen Obstläden enthielt, welche
zur nahen Markthalle ihre Wagen und Körbe sandten, hinter
Schutt und Mörtel der »Bananenkeller«, eine traurige Schlafstel-
le für Obdachlose, die in den Nachtasylen nicht mehr unterkommen können oder wollen. Sie kriechen hier in ihren Winkel, wenn
die Lokale rings am Platz und in den nahen Straßen geschlossen
werden. Sie ziehen die Beine nur ein bißchen näher an den
Bauch und zerren die Jacke über die Knie, wenn wir unbefugten
Eindringlinge an ihnen vorüberstolpern. Andere Kellerräume enthalten kleine Basare, deren Inhalt an den Pariser Flohmarkt erinnert. Da sind zu verkaufen: Konservengläser und Karbidlampen,
Vogelkäfige und Papierkörbe, alte Zylinderhüte und Lampenzy-
linder, Russenkittel, »kaum getragene« Schuhe, Schnürsenkel und
Ölgemälde mit »Gold«rahmen, Plumeaux und sogar Straußenfe-
dern. Auch die Oberwelt ist voll fliegenden Handels. Am Zugang
des Georgenkirchplatzes, wo im Regen frierende Dirnen um die
Ecke schleichen und starr stehen, sah ich in der Zaunlücke des
Abbruchs eine graue Alte den armen Geschöpfen weißleinene
feste Unterbeinkleider hinhalten. Das sollten sie gegen die Kälte
über die durchbrochene »Reizwäsche« ziehen.

(Spazieren in Berlin. Wien und Leipzig 1929)

Abbau der Berolina, rechts im Bild.

Theobald Tiger [d. i. Kurt Tucholsky]
Berolina ... Claire Waldoff (1929)

Bei mir — bei mir —
Da sind sie durchgezogen:
Die Lektrischen, der Omnibus, der Willy mits Paket.
Und eh — se hier
schnell um de Ecke bogen,
da ham se 'n kleenen Blick riskiert,
ob SIE noch oben steht.
Nun stelln die Hottentotten
mir in ein Lagerhaus;
ich seh mang die Klamotten
noch wie Brünhilde aus ...
    Ick stehe da und streck die Hand aus —
    der Alexanderplatz, der is perdü!
    Ick seh noch imma 'n Happen elejant aus,
    Ick hab nur vorne hab ick zu viel Schüh ...!
    Ick laß se alle untern Arm durchziehn —:
    Ick bin det Wappen von die Stadt Berlin — !

Bei mir — bei mir —
Da denk ick: Nu verzicht ich!
Mit meine Würde paß ick nich —
in den modernen Schwoof.
Denn fier — Berlin
Da war ick jrade richtich:
Pompös, verdreckt und anjestoobt
und hinten 'n bisken doof.
Nu blasen die Musieker,
geschieden, das muß sein ...
sogar die Akademieker,
die setzen sich für mich ein ...
Ich stehe da und streck die Hand aus;
der Alexanderplatz, der is perdü!
    Ick seh noch imma 'n Happen elejant aus —
    Ick hab nur vorne hab ick zu viel Schüh!
    Nu muß ick jehn. Nu wert a balde lesen:
    Mir hamse injeschmolzn. Laßt ma ziehn!
    Ick hab euch jern. Es wah doch schön jewesen:
    Als Wappen von die olle Stadt Berlin — !

Berolinahaus und Alexanderhaus

Peter Behrens hatte beim Alexanderplatz-Wettbewerb lediglich den 2. Preis zugesprochen bekommen. Aber damals wie heute bestimmen Investoren, was gebaut wird. Die Geldgeber kamen aus den Vereinigten Staaten und mit Ideen, die sich konkret in keinem der Wettbewerbsbeiträge fanden.

Heute würde Behrens als Star-Architekt bezeichnet werden. Als er 1929 den Auftrag für die bauliche Gestaltung des Alexanderplatzes erhält, ist er 61 Jahre alt und international geschätzt. Er hat als Maler und Designer die Formensprache des Jugendstils mitgeprägt und später als Architekt eine Wandlung zum sachlicheren Bauhausstil vollzogen. Nach Vorlage mehrerer Gestaltungskonzepte entscheiden sich die Investoren für zwei achtgeschossige – als Hochhäuser klassifizierte – Bauten, die als ein Ensemble

errichtet werden sollen: parallel zum Bahnhofsgebäude und mit Anbindung an eine bestehende Häuserzeile das Berolinahaus sowie auf den Grundstücken des Aschingerkomplexes das frei stehende Alexanderhaus. Die Arbeiten am Berolinahaus beginnen im September 1929; fertig gestellt wird es im Januar 1932. Die Bauarbeiten für das Alexanderhaus währen vom August 1930 bis zum Dezember 1932. Die Berolina-Monumentalfigur von Emil Hundrieser, die im Zuge der Bauarbeiten entfernt wurde, erhält im Dezember 1933 ihren neuen Standort vor dem Alexanderhaus und kurioserweise nicht vor dem Berolinahaus.

Beide Gebäude werden als Stahlbetonkonstruktionen in Skelettbauweise errichtet, was eine flexible Gestaltung des Inneren ermöglicht, da man nicht mehr auf tragende Wände angewiesen ist. Im Erdgeschoss befinden sich Läden und die Zugangsbereiche für die Büros; das erste Stockwerk ist als hervorstehende (»auskragende«) Glasgalerie gestaltet. Darüber gibt es sechs Bürogeschosse mit einer Muschelkalkfassade und einem sinnfällig gleichförmigen Raster. Dessen Grundelement ist ein großes quadratisches Fenster, das wiederum in vier Quadrate unterteilt ist. Die Fensterrahmen bestehen aus schmalen Stahlleisten. Zwei nebeneinander liegende Fenster – an den Kopfenden sind es drei – werden durch einen Rahmen eingefasst, der in zweifacher rechtwinkliger Abstufung die Fensterfläche mit der äußeren Wandfläche verbindet. Der Steinrahmen, der die Fenster umgibt, ist nicht durchgängig von gleicher Breite, sondern unterhalb der Fenster und zwischen ihnen deutlich breiter. In der modernen Architektur gibt es kein zweites Beispiel für eine derartige Fassadengestaltung. Der geringe Abstand zwischen Alexander- und Berolinahaus vermittelt den Eindruck einer Tor-Situation, der dadurch unterstrichen wird, dass an den sich gegenüber liegenden schmalen Seiten der Gebäude breite Lichtbänder verlaufen, die um sechs Meter die Höhe der Bauten überragen und auf der Dachmitte elf Meter weitergeführt werden.

Die Stadtplaner hatten auch die Bebauung der stumpfen Ecke zwischen Neuer Königstraße und Landsberger Straße, wo einst das Haus »Zum Hirschen« und das Kaufhaus Hahn gestanden hatten, im Sinn. Hier sollte ein Hochhaus errichtet werden, zu dem verschiedene Entwürfe – u. a. auch von Behrens – entstanden. Letztendlich blieb aber das optische Loch vor der Georgenkirche bestehen, da sich kein Investor fand.

Oben: Blick auf die Baustelle Ende 1932. Berolinahaus und Alexanderhaus sind fertig gestellt; die Platzgestaltung beginnt mit der Verlegung der Straßenbahnschienen.

Links: Das von Peter Behrens gestaltete Fensterelement für seine Bauten am Alexanderplatz, oben im Zustand vor der Rekonstruktion Mitte der 1990er Jahre, unten in der rekonstruierten Ausführung.

143

»Berlin Alexanderplatz« –
Buch, Hörspiel, Film

Alfred Döblins Roman »Berlin Alexanderplatz« aus dem Jahre 1929, eine expressive literarische Collage, eine Wortbilder-Montage, ist als Großstadtroman in der deutschen Literatur einzigartig. Die Großstadt nämlich ist Gegenspielerin des ehemaligen Zement- und Transportarbeiters Franz Biberkopf. Nach Verbüßung einer vierjährigen Zuchthausstrafe wegen Totschlags hat er die Absicht, nunmehr »anständig zu sein«. Und er begibt sich mitten hinein in jene Stadtwelt, durch die er eben daran gehindert wird – in die Stadt am Alexanderplatz, in die Stadt jenseits der unendlich langen Seitenfassade von Tietz, in die Stadt vom U-Bahn-Ausgang Münzstraße bis zum Rosenthaler Tor, in die Stadt der dunklen engen Straßen mit den dunklen engen Häusern, in die Welt des Verbrechens und der Prostitution, in Joseph Roths Kaschemmen-Stadt. Kurzum: Der »Gott der Stadt«, um mit Georg Heym zu sprechen, ist Gegenspieler von Franz Biberkopf.

Trotz des Titels bleibt der Alexanderplatz eher Nebenschauplatz. Er ist Geräuschkulisse, die Rhythmusgruppe gleichsam. Er liefert den Verkehrslärm, den Baulärm, das Geschrei von Händlern und Reklamen.

Alfred Döblin (1878–1957) weiß nur zu genau, wovon er schreibt. Der Kassenarzt für Nervenkranke, der seine Praxis in der Frankfurter Allee hat, war im Dreikaiserjahr 1888 als Zehnjähriger mit seiner Mutter und seinen Geschwistern, vom Vater verlassen, nach Berlin gekommen und wohnt nun in der Blumenstraße. In Tuchfühlung zum Alexanderplatz, in den ärmlichen Straßen des Stralauer Viertels, lebt er bis zu seiner Emigration 1933. Er ist kein Flaneur in der Welt am Alexanderplatz, er ist ein Teil dieser Welt und zugleich ihr Chronist.

Begierig aufgeschlossen gegenüber den neuen Medien seiner Zeit, erarbeitet Döblin zeitlich parallel

zum Roman ein Hörspiel unter dem Titel »Die Geschichte vom Franz Biberkopf«, das am 30. September 1930 ausgestrahlt wird, sowie als Co-Autor an dem Drehbuch zum Film mit Heinrich George als Biberkopf (1931). Als sein »Berlin Alexanderplatz« in einigen Städten Deutschlands als »Asphaltliteratur« im Mai 1933 in die Feuer der nationalsozialistischen Bücherverbrennungen geworfen wird, hat Döblin Deutschland gerade verlassen. Bis zu diesem Zeitpunkt sind 50000 Exemplare in Deutschland verkauft und das Werk in mehrere Sprachen übersetzt. Am Ende der 1970er Jahre setzt Rainer Werner Fassbinder in einer 14-teiligen Fernsehserie Döblins Ro-

man noch einmal filmisch um. Sie wird 1980 in der ARD ausgestrahlt. Auch Theaterleute versuchen sich mehrfach an Bühnenfassungen. So gibt es 1999 im Berliner Maxim-Gorki-Theater eine Inszenierung mit Ben Becker in der Hauptrolle, und 2005 brachte Frank Castorf das Stück in der Ruine des Palasts der Republik auf eine ungewöhnliche Bühne.

Zu Beginn unseres Jahrhunderts ist Döblins Roman an den Alexanderplatz zurückgekehrt. Auf der sanierten 220 Meter langen Fassade des ehemaligen Hauses der Elektroindustrie hat der Architekt Sergei Tchoban in riesigen Lettern ein Zitat aus dem Roman angebracht.

Weltstadtverkehr

Zwar können bei der Neugestaltung des Alexanderplatzes nicht alle architektonischen Vorstellungen umgesetzt werden, aber es entsteht ein System einzigartiger Verkehrsanlagen, das sich auch viele Jahrzehnte später noch bewährt.

Die Arbeiten beginnen mit der Sanierung der großen Bahnhofshalle Alexanderplatz. Die Glasteile sind von den Dampflokomotiven der Fernbahn mittlerweile so verschmutzt, dass der Bahnhof als der dunkelste Berlins gilt. Außerdem haben die Rauchgase eine Korrosion der Stahlkonstruktion bewirkt, so dass bei extremen Wetterlagen oder starkem Schneebefall ein Einsturz befürchtet wird. Mauerwerk und Hallen sind zudem den statischen bzw. betrieblichen Belastungen nicht mehr gewachsen. 1926 wird die alte Halle vollständig ersetzt. Durch die Verwendung neuer Materialien und durch eine Hallenkonstruktion mit einem System von Rauchgasschlitzen soll eine längere Haltbarkeit erreicht werden.

Etwa zeitgleich mit dem Bau der beiden neuen U-Bahn-Linien wird ab 1927 auch das Sockelgeschoss des Bahnhofs umgebaut und eine Verbindung zu den

unterirdischen Anlagen hergestellt. So gewaltig den Zeitgenossen auch die Hochbauten von Peter Behrens vorgekommen sein mögen, so vollzog sich doch noch Gewaltigeres im Untergrund. Am 18. April 1930 geht die Linie von Gesundbrunnen nach Neukölln (heute U 8) in Betrieb, und ab 21. Dezember 1930 verkehrt die Linie nach Südosten in Richtung Frankfurter Allee (U 5). In die drei Ebenen der Gesamtanlage, die bis in zwölf Meter Tiefe reicht, wird der bereits vorhandene Bahnsteig der Centrumslinie (U 2) integriert. Eine Strecke nach Weißensee, die im Westen bis nach Steglitz führen sollte, bleibt ungebaut. Einen Bahnsteig hat man sicherheitshalber aber schon mit errichtet. Um die bautechnischen Voraussetzungen für ein Hochhaus an der stumpfen Ecke Neue König-/Landsberger Straße zu schaffen, wird hier ein riesiger Betonblock als Fundament gegossen, durch den die U-Bahn-Tunnel geführt werden. Zur Errichtung des Hauses kommt es dann aber nicht.

Wie die Hochbauten am Alexanderplatz, so ist auch der U-Bahn-Bau mit dem Namen eines der bedeutendsten Baumeister von Berlin verknüpft, mit Alfred Grenander (1863–1931). Ab 1900 war der gebürtige Schwede über drei Jahrzehnte lang für die Hoch- und Untergrundbahn-Gesellschaft tätig und schuf neben einigen Gebäuden vornehmlich U-Bahnhöfe, rund siebzig, darunter Alexanderplatz, Wittenbergplatz und Hermannplatz. Ähnlich wie Behrens hatte auch Grenander zunächst die Formensprache des Jugendstils gepflegt, in den zwanziger Jahren dann aber zu sachlicheren Formen gefunden. So wird der U-Bahnhof Alexanderplatz durch die Ideen des Neuen Bauens inspiriert – wie auch die übrigen Bahnhöfe der Linie Gesundbrunnen – Neukölln.

Oben: Alltag in einer der Straßen an den Markthallen.
Rechts: Kinder suchen an den Markthallen nach Essbarem.

Lisa Tetzner
An den Markthallen

Die Straße war grau und dunkel wie die Stuben. Ganz ohne Bäume. Sie lag nicht weit von den großen Markthallen. Die Lastautos der Händler, die Gemüsewagen und Karren mußten alle durch diese Straßen fahren. Sie waren vollgepackt mit Kartoffeln, Kohl, Fischen und frischem Fleisch. Sie verstopften die Straßen und den Übergang. Für die Kinder war das lustig. Es geschah immer irgend etwas. Die Händler und Kutscher schrien sich gegenseitig an, wenn sie nicht weiter konnten. Die Straße war laut von ihnen. Die Autos tuteten. Die Bauern knallten mit den Peitschen. Sie fluchten und schimpften. Sie wollten alle zuerst kommen und ihre Waren verkaufen. Spaßig war es, wenn die Händler wild wurden. Am Nachmittag, wenn sie wieder weggefahren waren, lagen an den Straßenrändern klebrige, blutige Papierfetzen, weggeworfenen Reste, verfaulte, zertretene Mohrrüben und Kartoffeln. Dann roch die Straße. Danach rochen die Häuser und Zimmer. Die Kinder suchten sich aus den Abfällen, was sie brauchten. Sie

spielten damit oder brachten es den Müttern. Vielleicht konnten diese es verwenden. Manchmal machten sie auch Geschäfte damit. Ein Junge vom Nachbarhaus hatte einmal eine ganze Wurst gefunden. Es war ein Wagen darüber gefahren, und man hatte darauf getreten. Aber man konnte sie noch essen. Auch damals, als der Obstwagen brach und die Birnen auf die Straße rollten, gab es ein Fest für alle Kinder in der Straße. Sie aßen um die Wette reife, weiche, zuckersüße Birnen. Hastig und unaufhörlich, und sie stopften sich Hosentaschen und Röcke voll. Hinterher waren die meisten krank. Sie aßen zu selten Obst. Im Hinterhaus ihrer Straße gab's nur das Nötigste: Brot, Kartoffeln, Kaffee und dann und wann einen Brocken Fleisch. Die meisten Väter waren arbeitslos und gingen stempeln. Wenn die Väter arbeitslos sind, gibt's für die Mütter noch weniger Arbeit und Verdienst. Die vollen Wagen, die zur Markthalle fuhren, waren für andere Leute bestimmt. Aber trotzdem war die Straße für die Kinder das einzige Vergnügen.

(Die Kinder aus Nr. 67. Band 1. München 1933)

Heinz Rein
Alexanderplatz 1932

Und nun öffnet sich die enge Straße zur Weite des Alexanderplatzes, der jetzt — nach jahrelangen Bauarbeiten an der Untergrundbahn, nach Abrissen und Neubauten — endgültige, abge-
rundete Gestalt anzunehmen beginnt. Gleich Propyläen sind die
beiden weißen Hochhäuser Berolina und Alexander am Zugange
zum Platz aufgerichtet, Säulen aus Zement, Stahl und Glas, vier-
eckig, mit flachen Dächern, ganz glatt, ohne Schmuck, nur
Zweckmäßigkeit. In weiten Bögen schwingt sich der Platz dann
nach Norden und Süden herum, von den Warenhäusern Tietz
und Jonas(s) flankiert, dieses im Barock mit einem Atlas, nim-
mermüde das Himmelsgewölbe tragend, jenes ganz sachlich
und gradlinig, ein Anhängsel des Alexanderhauses.
Fünf Straßen führen aus dem Platz heraus, die übelbeleumdete
Münzstraße mit ihren zahlreichen Neppern, Dirnen und Zuhäl-
tern, die Prenzlauer Straße mit der berüchtigten Mexico-Bar, die
Neue Königstraße mit dem plumpen, ungefügten Karstadtge-
bäude, die Landsberger Straße mit ihren kleinen, unappetit-
lichen Nebenstraßen, schließlich die Alexanderstraße, die sich in
vielen Windungen zur Jannowitzbrücke hinzieht. Nach Osten ist
der Platz noch uneinheitlich abgeschlossen, ist alles noch im
Werden. Zwischen Prenzlauer- und Neue Königstraße stehen
schmucklose Wohnhäuser, in denen Firmen aller Art sind, das
Ufa-Kino, die Rackow-Schule, Radio-Web. An der Spitze, die von
der Neuen König- und Landsberger Straße gebildet wird, steht,
etwas zurückgebaut, die Georgenkirche, sie ist eigentlich erst
durch den Abriß des Hahn'schen Kaufhauses sichtbar und dem
Platz einverleibt worden. Der Kreis schließt sich mit einigen alten, gebrechlichen Häusern und dem Lehrervereinshaus, das in
die trostlose Alexanderstraße überleitet. Ganz bescheiden im
Hintergrund als gar nicht zum Platz gehörig (und doch eigentlich sein Charakteristikum), das Polizeipräsidium, eben der Alex,
mit Kriminalpolizei, Schnellrichter, Einwohnermeldeamt, Polizei-
museum, Gefängnis und allen sonstigen Schikanen (in des
Wortes wahrster Bedeutung). Über zwanzig Straßenbahnlinien
kreuzen den Platz, nach jeder Himmelsrichtung kann man von
hier fahren, drei Untergrundbahnen in zwei Tiefetagen unter-
höhlen ihn, an sechs Stellen kann man unter seine Oberfläche
tauchen, alles für 25 Pfennig mit Umsteigeberechtigung.

(Berlin 1932. Berlin 1946)

*Zwei weitere Gebäude werden zeitgleich mit den Behrens-Bauten
1930/31 errichtet, die beide an der Neuen Königstraße liegen und
den Krieg überstehen. Der auffallend helle wuchtige Bau (links
am Bildrand) ist ursprünglich Sitz der Verwaltungszentrale des
Karstadt-Konzerns, wird aber nach dem Krieg von Polizeibehörden*

genutzt, da das alte Polizeipräsidium in der Alexanderstraße zerstört wird. Architektonisch interessant ist der sechsgeschossige Bau links vor der Georgenkirche, der größtenteils auf dem Grundstück Neue Königstraße 50 steht, wo sich einst »Jung's Apotheke zum schwarzen Adler« befand, in der Fontane arbeitete. Der Neubau ist ein Büro- und Geschäftshaus, in dem sich u. a. zeitweilig wiederum eine Apotheke befindet. In der DDR-Zeit wird das Gebäude Sitz des Tankstellenbetriebes VEB Minol. Der Bau fällt in den 1960er Jahren bei der Verlängerung der Karl-Marx-Allee dem Abriss zum Opfer.

Ort des Terrors
1933 bis 1945

Als die Bauarbeiten am Alexanderplatz 1933 abgeschlossen werden, hat der Platz zwei Gesichter. Da ist zum einen der westliche Teil mit den Behrens-Häusern und dem Kaufhaus Tietz sowie dem Bahnhof und den Türmen Alt-Berlins als Silhouette dahinter – eine beliebte Postkarten-Ansicht – und zum anderen der östliche Teil, wo Alexander- und Memhardstraße, Landsberger Straße und Neue Königstraße auf die Verkehrsinsel treffen. Auf dieser Seite steht das Gebäude des früheren Grand Hôtels, doch daneben gähnt ein visuelles Loch, da das Gelände des geplanten Hochhauses nicht bebaut wird, was man durch eine als Werbefläche dienende riesige Bretterwand notdürftig zu kaschieren versucht. Anlässlich der Olympischen Spiele 1936 wird dort hilfsweise eine kleine Parkanlage geschaffen. Weder die zurückliegende Georgenkirche noch die ersten Häuser der südlichen Alexanderstraße vermögen der Platzgestalt einen Abschluss zu geben. Im neuen Geist schiebt der Georgen-Pfarrer Paul Torge die Verantwortung dafür der »marxistischen« Stadtregierung der zwanziger Jahre zu.

Die Nationalsozialisten tun sich schwer mit dem Alexanderplatz. Bezeichnend dafür ist das »Jahrbuch der Reichshauptstadt 1939«. Dort findet sich zwar eine ganzseitige Fotografie des Platzes, doch sein Name fehlt. Die Abbildung im Beitrag zum »Verkehr in der Reichshauptstadt« wird lediglich mit der lapidaren Erläuterung versehen: »An einem Kreuzungspunkt sämtlicher Verkehrsmittel«.

Das nationalsozialistische Berlin bleibt auf Distanz zu der Region rund um den Alexanderplatz. Die Propaganda stellt immer wieder das kriminelle Umfeld heraus und verbreitet Schauergeschichten über das Scheunenviertel. Kein Wunder, ist doch der pro-letarisch geprägte Berliner Osten kein Raum, in dem die Nazis nennenswerten Zuspruch erhalten. Die beiden Arbeiterparteien KPD und SPD erreichten hier regelmäßig zusammen 60 bis 70 Prozent der Wählerstimmen. Am nahe gelegenen Bülowplatz befindet sich die Zentrale der Kommunistischen Partei, das Karl-Liebknecht-Haus.

Mit dem Umbau des Staats und der Stabilisierung ihrer Macht instrumentalisieren die Nazis das Polizeipräsidium am Alexanderplatz zunehmend für den politischen Terror. Dort gibt es bereits in der Weimarer Zeit mit der Abteilung I A eine Politische Polizei als preußische Landesbehörde. Auf diese Behörde hatten die Nazis schon seit dem Staatsstreich Papens (»Preußen-Putsch«) vom Juli 1932 Zugriff. Ab 1933 wird die Politische Polizei schrittweise als Geheime Staatspolizei zu einer Reichsbehörde umfunktioniert. Ihr zentraler Sitz: die ehemalige Kunstgewerbeschule in der Prinz-Albrecht-Straße 8. Ab 1935 residiert der langjährige SA-Mann und SS-Führer Wolf-Heinrich Graf von Helldorf als Polizeipräsident am Alexanderplatz. (1944 gehört er dann zum Umfeld des militärischen Verschwörerkreises gegen Hitler und wird vom Volksgerichtshof zum Tode verurteilt.) Über das Gefängnis steht das Polizeipräsidium in täglichem Kontakt mit dem Geheimen Staatspolizeiamt, denn ab Mai 1935 gibt es mehrmals täglich einen Gefangenentransport vom Polizeipräsidium zur Prinz-Albrecht-Straße (heute Niederkirchnerstraße), wo in den schallisolierten Kellerräumen systematisch gefoltert wird, wofür sich das öffentliche Gebäude am belebten Alexanderplatz nicht eignet.

Im Krieg wird das Polizeipräsidium weitgehend von Bombentreffern zerstört. In der DDR entsteht nach dem etappenweisen Abriss der Ruine hier in den 1960er Jahren ein großer Parkplatz, der alljährlich für den zentralen Weihnachtsmarkt genutzt wird. Erst ab 1987 erinnert eine Gedenktafel an die früheren Vorgänge im Polizeipräsidium. Im neuen Jahrtausend wird an dieser Stelle ein großes Einkaufs- und Freizeitzentrum errichtet.

»An einem Kreuzungspunkt sämtlicher Verkehrsmittel«.
Die leere Weite des Platzes wird durch den Aufnahmewinkel mit extremer optischer Verkürzung kaschiert. Die Entfernung vom Kaufhaus Wertheim vorn rechts, nach der »Arisierung« AWAG, bis zu dem hell hervortretenden Geschäftshaus neben dem eingerüsteten Turm der Georgenkirche im Hintergrund beträgt immerhin 400 Meter.

Kämpfe um die Straßenherrschaft

Die sichtbare Beherrschung von öffentlichen Räumen durch Parteivolk und Parteisymbole gehörte stets zum politischen Ziel von politischen Parteien, ganz besonders von radikalen Parteien mit einem totalitären Anspruch. Nur wer die Straße beherrschen würde, könne auch die Menschen beeinflussen, sie zumindest aber das Fürchten lehren – so das Kalkül. Der Alexanderplatz gehörte dabei selbstredend zu den besonders umkämpften Räumen.

Die NSDAP hat in dieser Gegend einen weithin bekannten und aus der Sicht der Partei außerordent-

lich befähigten Aktivisten: Horst Wessel Der Sohn des Pfarrers der Nikolai-Gemeinde war 1926, als 19-jähriger Student der Rechtswissenschaften in die Nazi-Partei eingetreten und leitete bald eine Sturmabteilung (SA) der NSDAP. 1928 leitete er den SA-Sturm Alexanderplatz und übernahm 1929 Führungsaufgaben in der SA von Friedrichshain. Gauleiter Joseph Goebbels ist von dem »fabelhaften Idealismus«, mit dem der blonde Propagandist auftritt, höchst begeistert. Wessel geht in die Arbeiterkneipen rund um den Alexanderplatz, wo er wegen seines gekonnt provokativen Auftretens den Zorn der Kommunisten auf sich zieht. Bei einer Auseinandersetzung aus Anlass von Mietstreitigkeiten in seiner Wohnung Große Frankfurter Straße 62 wird er durch

Oben: Nach der Übernahme durch die Nationalsozialisten wird das Karl-Liebknecht-Haus zum Horst-Wessel-Haus.
Links: Die provokative Versammlung der SA am 22. Januar 1933 vor dem Karl-Liebknecht-Haus der KPD.

einen Pistolenschuss schwer verletzt. Daraus entwickelt sich eine Blutvergiftung, an der er Ende Februar stirbt. Auf dem Kirchhof der Nikolai-Gemeinde am ehemaligen Prenzlauer Tor, einhundert Meter vom Alexanderplatz entfernt, findet am 1. März 1930 im Beisein von Hermann Göring und Horst die Beisetzung Wessels statt. Der Trauerzug war zuvor demonstrativ am Sitz der KPD am Bülow-Platz vorbeigezogen. Nun haben die Nazis einen Märtyrer, den sie zum Helden ihrer »Bewegung« stilisieren.

Auch sonst ist der Bülowplatz mit der kommunistischen Parteizentrale ein symbolischer Schwerpunkt nationalsozialistischer Provokationen. Am 22. Januar 1933 beispielsweise findet vor dem Karl-Liebknecht-

Haus ein SA-Aufmarsch statt, über den Goebbels u. a. in seinem Tagebuch schreibt: »SA marschiert. Siegreich setzt sie sich in dieser roten Domäne durch. Der Bülowplatz gehört uns. Die KPD erhält eine furchtbare Niederlage.« – Im März 1933 enteignet das preußische Innenministerium das Karl-Liebknecht-Haus. In das Gebäude, das anschließend in Horst-Wessel-Haus umbenannt wird, zieht eine neu gegründete Abteilung der Politischen Polizei ein: die »Abteilung zur Bekämpfung des Bolschewismus«. Aus dem Bülow-Platz wird der Horst-Wessel-Platz, ein Jahr später nennt man sogar den ganzen Bezirk Friedrichshain in »Bezirk Horst Wessel« um, da er hier einst wohnte.

Judenverfolgung und »Arisierung«

Die Nationalsozialisten gehen nicht nur gegen die Organisationen der Arbeiterschaft vor, sondern auch gegen die jüdische Bevölkerung. Am 1. April 1933 organisieren sie einen Boykott gegen jüdische Kaufleute, Rechtsanwälte und Ärzte. Betroffen sind davon auch die Kaufhäuser von Tietz und Wertheim am Alexanderplatz, die teilweise schwer beschädigt werden. In den Tagen danach folgen so genannte Razzien im Scheunenviertel, an denen auch eingebundene NS-freundliche Journalisten teilnehmen, die unter anderem für den Rundfunk darüber berichten. In den Folgejahren wird das jüdische Leben im Umfeld der Grenadierstraße immer spärlicher. Die Nürnberger Gesetze von 1935 erklären Juden zu Menschen zweiter Klasse ohne politische Rechte, denen auch die Ehe mit Nichtjuden verboten wird. Als Ende Oktober 1938 über 18 000 polnische Juden aus Deutschland deportiert werden, treibt dies Herschel Grynszpan zu seiner Gewalttat gegen den Legationssekretär Ernst vom Rath in der deutschen Botschaft in Paris. Dessen Tod nimmt die Nazi-Führung am 9. November zum Vorwand für landesweite Pogrome gegen Juden. In der Nacht und am folgenden Tag ist auch das Scheunenviertel Ziel der Übergriffe.

Der neue Name auf dem Wertheim-Gebäude in der Leipziger Straße.

»Razzia« im Scheunenviertel, 1933.

Über seine Wahrnehmungen in der Grenadierstraße berichtet der Rabbiner Harry Zwi Levy Jahre später: »Mein zweiter Weg zur Grenadierstraße, woher die alarmierendsten Nachrichten kamen. Bis zur Münzstraße war nicht das geringste wahrzunehmen. [...] Nur die Rolläden einer Reihe jüdischer Geschäfte waren herabgelassen. [...] Aber dann: Der Atem blieb mir stehen. Wo einst die Straße war, ein fast meterhoher Schutthaufen, das ganze zerstückelte Inventar der Betstuben bzw. Synagogen, die Thoraschreine und Betpulte zertrümmert und halb versengt, Becher, Leuchter, Thorasilber zertreten, zertrümmert, Synagogendecken, Vorhänge im wildesten Durcheinander und viele Hunderte heiliger Bücher halb verbrannt und halb zerfetzt. Eine Reihe loser Gemarablätter flog durch die Luft, als wollten sie der Vernichtung Widerstand leisten, und dazwischen die heiligen Thorarollen selbst, z. T. zerrissen, z. T. zerstampft, und vor den Häusern, unwirklich wie Schatten, Menschengestalten mit vor Entsetzen und Schmerz fast erloschenen Augen, hilflos, unfähig das Unfaßbare zu fassen. – Am Rande der Straße sah ich auch Nichtjuden, die Züge voll Abscheu, Entrüstung und Scham. Sie schlichen sich weg.«
(Max Sinasohn: Die Berliner Privatsynagogen und ihre Rabbiner. Jerusalem 1971)

Der antijüdische Boykottaufruf der NSDAP auf einer Litfaß-Säule Memhard-/Ecke Prenzlauer Straße. Links dahinter das Kaufhaus Tietz.

Nach der »Arisierung« wird Hermann Tietz zu »Hertie«. Anlässlich der Olympischen Sommerspiele 1936 in Berlin wehen auf dem Kaufhaus Hakenkreuzfahnen.

Neue Namen, neue Fahnen

Optisch verändert sich der Alexanderplatz in der NS-Zeit nur wenig. Eine kleinräumige Parkanlage vor der Georgenkirche ist das Einzige, was gestalterisch hier geschieht. Im Dezember 1933 reaktiviert die nationalsozialistische Stadtregierung die »Berolina«. Die Monumentalfigur wird von einem Schrottplatz in Treptow geholt, aufgemöbelt und vor der kurzen Platzwand des Alexanderhauses auf einen etwa sieben Meter hohen runden Betonsockel gesetzt. Eine geschickte populistische Maßnahme, gegen die kaum ein Berliner etwas einzuwenden hat. 1944 fällt die Berolina dann der Kriegswirtschaft zum Opfer. Sie wird abgebaut und eingeschmolzen.

Der Geist der neuen Zeit dokumentiert sich eher an den Fahnen und den veränderten Schriftzügen am Platz. Am Lehrervereinshaus erscheint jetzt in großen Lettern der »NS-Lehrerbund«, denn den eigenständigen Lehrerverein gibt es nach der Gleichschaltung der Lehrerschaft in Deutschland nicht mehr. Auch andere Namen wandeln sich: Aus Hermann Tietz wird »Hertie«, Wertheim firmiert bald als Allgemeine Warenhaus Gesellschaft AG (AWAG). Die »arischen« Banken mit den guten deutschen Namen greifen bei dem staatlich abgesicherten Raubzug gegen jüdisches Eigentum gerne zu. Eine Namensänderung gibt es auch beim Tanzcafé »Braun«, das im Berolinahaus eröffnet hatte und u. a. mit seiner spektakulären Dachterrasse warb. Hier war noch nach der Machtübernahme durch die Nazis offiziell verpönte Swingmusik zu hören. Das Lokal wird alsbald »arisiert« und nun als »Café Berolina« weitergeführt. Enteignung erfährt auch die Engelhardt-Brauerei, deren Name bleibt aus Werbegründen allerdings erhalten. Aschinger dagegen hat als »arisches« Unternehmen nichts zu befürchten, sondern gewinnt noch durch das Verschwinden bzw. die Übernahme jüdischer Konkurrenz, etwa 1937 der Kempinski-Kette.

Zu den großen Feiern – etwa anlässlich der Olympischen Spiele in Berlin 1936 oder der 700-Jahr-Feier der Stadt ein Jahr später – wehen auf dem Platz noch mehr Hakenkreuzfahnen als sonst. Zu Beginn des Krieges mahnt 1939 eine übergroße Bombe auf dem Alexanderplatz, den Luftschutz nicht zu vernachlässigen und die Zeitschrift des Reichsluftschutzbundes »Die Sirene« zu abonnieren – und das trotz der berühmten Aussage des Oberbefehlshabers der Luftwaffe Hermann Göring, er wolle Meier heißen, wenn auch nur ein einziges feindliches Flugzeug das Reichsgebiet erreichen würde.

Das Lehrervereinshaus unter neuer Herrschaft.

Bunkerbau und Bombenkrieg

Während der Nazi-Herrschaft erfolgen am Alexanderplatz zwei größere Baumaßnahmen, eine oberirdisch, eine unterirdisch. Im Raum vor der Georgenkirche beginnt man 1939, ein neues Gebäude für das Arbeitsamt Mitte zu errichten. Der fünfgeschossige Bau sollte den Georgenkirchplatz vollständig umfassen. Doch mit Kriegsbeginn erscheint das nicht mehr vordringlich. Das Material wird für Rüstungsbauten benötigt und die Arbeitskräfteverteilung geschieht über den Reichsarbeitsdienst und Zwangszuweisungen. Das Gebäude bleibt unvollendet.

Reichlich Mittel fließen dagegen ab Herbst 1940, als erstmals britische Bomber Berlin erreichen, in das »Bunkerbauprogramm für die Reichshauptstadt«. In der geplanten Kellerebene des nicht ausgeführten Hochhauses an der Ecke Neue Königstraße / Landsberger Straße wird eine Bunkeranlage für 3000 Menschen geschaffen. Nach neun schweren Bombenangriffen auf Berlin im Jahre 1942 wird eine weitere unterirdische Schutzanlage eingerichtet. Zusammen mit den tiefer liegenden U-Bahn-Anlagen konnten am Alexanderplatz etwa 10 000 Menschen Schutz finden, was aber keinesfalls ausreichte.

Die schwersten Schäden am Alexanderplatz gibt es am Ende des Krieges. Während der Potsdamer Platz bereits 1943 in Flammen aufgeht, trifft es den Alexanderplatz im Februar und dann noch einmal beim letzten alliierten Luftangriff auf Berlin in der Nacht vom 23. auf dem 24. April 1945 besonders hart. Am Folgetag wird die Reichshauptstadt von sowjetischen Truppen umzingelt. Das Gebäude des trutzburgartigen Polizeipräsidiums wird von der Roten Armee eingeschlossen. Aus dem Gefängnis können Ende April die ersten Gefangenen befreit werden. Einzelne Verbände sollen sich noch in einem der Höfe verschanzt und erst nach der Kapitulation Berlins am 2. Mai 1945 den sinnlosen Kampf aufgegeben haben.

Oben: Bunkerbau in Berlin-Mitte 1943. Unten: Das brennende Polizeipräsidium im April 1945.
Links: »Luftschutzwochen« am Alexanderplatz 1939, organisiert vom Reichsluftschutzbund.

Platz im Trümmermeer
1945 bis 1960

Noch in den letzten Kriegswochen ist die Mitte Berlins Ziel massiver alliierter Luftangriffe. Der Alexanderplatz und seine Umgebung versinken in Trümmern, so wie weite Teile der Reichshauptstadt. Die Stahlbetonkonstruktion des Alexanderhauses mit dem gegossenen Flachdach (rechts oben mit dem Kaufhaus-Schriftzug JONASS & CO) hat die Bombardements besser überstanden als die ziegelgedeckten Häuser der Umgebung, etwa das (dahinter liegende) Polizeipräsidium oder das Hertie-Kaufhaus (vorn rechts). Ein Großteil der Gebäude ist so weit zerstört, dass sie nur noch abgerissen werden können. Den Alexanderplatz in seiner legendären Bedeutung wird es dann nicht mehr geben.

Heinz Rein
Der Alexanderplatz Ende April 1945

Die Stadtbahn ist eine Geisterbahn, Berlin ein bewohntes Pompeji geworden, eine Stadt, die an vielen Stellen bereits verwest ist und an anderen frischen Wunden eitert. Die beiden kantigen klobigen Hochhäuser kurz vor der Einfahrt zum Bahnhof Alexanderplatz sind merkwürdigerweise stehen geblieben, ihre weißen Türme, früher prangend und leuchtend von Glas und Zement und schneeweißem Putz, sind jetzt wie schäbige Eleganz aus Pappe, Holz und schmutziggrauem Zement.

Kurz nach der Ausfahrt aus dem Bahnhof Alexanderplatz beginnt eine fast völlige Zerstörung, sie erstreckt sich eigentlich bis nach Charlottenburg.

Der Alexanderplatz übt auf ängstliche Gemüter des Ostens und Nordostens die größte Anziehungskraft aus, er hat nämlich nicht nur zwei absolut sichere Tiefbunker, er hat auch einen Untergrundbahnsteig, der zwei Etagen tief in der Erde liegt und gleichfalls als unbedingt sicher, sozusagen bombensicher in des Wortes wahrster Bedeutung gilt. Der abendliche Alarm ist ein fester Bestandteil des Lebens geworden, man rechnet mit ihm nicht wie mit einer unbekannten Größe, sondern er ist ein Ereignis, das fest in den Ablauf des Tages eingebaut und beinahe nicht mehr fortzudenken ist. [...]

Da, wo die Landsberger- und die Neue Königstraße in spitzem Winkel zusammenlaufen und zwei Untergrundbahnsteige die Schwelle zur Unterwelt des Alexanderplatzes bilden, sind drei Pakgeschütze aufgefahren. In der Mitte des Platzes, zwischen den Straßenbahngleisen, die hinter den Verkehrsinseln in südlicher und nördlicher Kurve auseinandergleiten, steht ein schweres Flakgeschütz, es hat sein Rohr mit vielen weißen Abschußringen nicht himmelwärts gerichtet, sondern zielt in die Neue Königstraße hinein, die von Weißensee über die Greifswalder Straße einen der Zugänge zum Alexanderplatz bildet. Im zerstörten Warenhaus Tietz rauchen zwei Feldküchen, durch die Königstraße vom Rathaus her rast ein Kradmelder und fegt in halsbrecherischer Kurve in die Memhardstraße hinein zur Alexanderkaserne.

Eine unheimliche Stille ist plötzlich über den weiten Platz gefallen, der sonst von brodelndem Leben erfüllt ist. Das Artilleriefeuer verstummt und rummelt irgendwo weit fort wie ein fernes Gewitter, die Stimmen der Soldaten und das Klappern von Eisen gegen Eisen sind viel zu schwach, um sich auf dem großen Platz durchzusetzen. Außer den Soldaten ist kein Mensch auf dem Platz; seitdem es am frühen Vormittag Alarm gegeben hat, ist noch keine Entwarnung erfolgt. Langsam hat sich die Erkenntnis durchgesetzt, daß der Alarm zum Dauerzustand geworden ist.

(Finale Berlin. Berlin 1948)

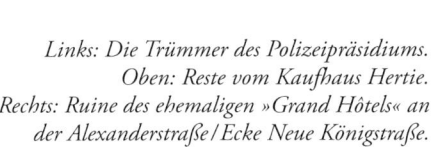

Links: Die Trümmer des Polizeipräsidiums.
Oben: Reste vom Kaufhaus Hertie.
Rechts: Ruine des ehemaligen »Grand Hôtels« an
der Alexanderstraße / Ecke Neue Königstraße.

Oben: Der Ostflügel des Alexanderhauses, der im Frühjahr 1945 einen Bombentreffer erhielt.
Rechts: Blick vom Turm des Roten Rathauses in Richtung Alexanderplatz (1947).

Alfred Döblin
1948 am Alexanderplatz

Die U-Bahn brachte uns am Nachmittag zum Alexanderplatz. Es ist noch alles zu erkennen und zum Schweigen gebracht. [...] Diesen Platz, ich kenne ihn noch. Ich kannte ihn schon, als sich noch nicht einmal der mächtige Tietz-Palast hier erhob, derselbe Palast, den man jetzt mit seiner Kuppel niedergeboxt hat. (Das Gebäude sieht aus wie ein Mann, dem ein Stoß das Genick gebrochen und den Schädel in den Brustkasten heruntergeschoben hat.) [...]

Ich komme aus der Königstraße, die stumm und menschenleer liegt. Das ehemalige Warenhaus Wertheim, sehr zerstört, ist geschlossen. Ich stehe unter dem Stadtbahnbogen. Da ist noch das Lokal »Zum Prälaten«, da mach ich halt und betrachte die Menschen, die wenigen, die hier vorbeikommen und herumstehen. Wie ich neben ihnen stehe, höre ich, man spricht über Nahrungsmittel. Neben mir steht ein russischer älterer Soldat und

169

beobachtet wie ich. Er geht nach einer Weile weiter. Der Platz ist nicht leer, hier fahren einige Lastwagen, und Frauen schieben Kinderwagen, in denen sie Holz transportieren. Vor dem Warenhaus Tietz, dessen Kuppel und Globus tief liegen, stehen Tische, und Straßenhändler verkaufen das billige Zeug, das man jetzt in allen Städten Deutschlands feilbietet.

Ich blicke in die großen Straßen, die vom Platz ausgehen. Ich wandere die Münzstraße hinunter, hier gab es früher viele Lokale, auch zweifelhafte. Auch viele kriminelle Dinge sind hier passiert: es war ein ungeheuerliches Menschengewühl. Die Lokale entdecke ich nicht mehr. Ich bin wie Diogenes mit der Later-

ne, Ich suche und finde nichts. Ich kehre zum Platz zurück und erinnere mich an das Lehrervereinshaus, wo es so viele Versammlungen gab, und ein großes Café. Das Gebäude steht, gebrochen. Es gibt keine Versammlungen mehr.

Nein, das ist alles Geschichte, Vergangenheit. Hier wie in der Friedrichstraße, am Lützowplatz, am Stettiner Bahnhof, alles zerbrochen und niedergetreten. Die menschliche Siedlung zerstört, an der sie jahrhundertelang gebaut haben. Sie haben einen ungeheuren Fleiß drangegeben, aber sie konnten das Ganze nicht meistern. Zuletzt fiel alles zusammen.

Aber von diesem Platz und seinen Menschen ist die Vernichtung

nicht ausgegangen. Hier pulsierte friedliches Leben, so wie menschliches Leben ist, mit Schwächen und Lastern und Verderbnis. Das ist hingesunken und zum Opfer geworden, die Wohnhäuser, die Warenhäuser, die Läden, die Cafés, die Gaststätten, die kleinen versteckten Hotels, Aschinger, und mit ihnen alle Gegenstände, die das tägliche Leben erfreuen. Darin steckte nichts Übertriebenes und Gewaltsames. Und wenn es jetzt mit Mann und Maus untergegangen ist und zu Mauerwerk zerfällt, so kam das U-Boot, das alles zur Strecke brachte, doch nicht von hier. [...]

Ich bin durch meine alte Gegend im Osten Berlins gegangen. Der Anblick war erschütternd. Eine furchtbare Kriegsgewalt mußte kommen, um diese Häuser niederzulegen. [...] Ich trage

das Bild der alten Stadt in mir. Sie sollte und mußte sich wandeln. Die Stadt konnte es nicht. Bleiben wir Lebenden, sind nicht zertrümmert und nicht mehr dieselben.

Ein Mensch hat es leichter als eine Stadt, sich zu ändern. Ein Mensch kann sich wandeln. Eine Stadt stürzt ein.

(Schicksalsreise. Baden-Baden 1949)

Links: An der Ecke des Alexanderhauses. Durch die zerstörten Fensterfronten blickt man auf das Bahnhofsgebäude. Oben: Straßenbahnhaltestelle mit dem Platznamen in kyrillischer Schrift. Im Hintergrund die Ruine des einstigen »Grand Hôtels«.

Abbruch, Sanierung, Neubau

Überall in Berlin und Deutschland wird mit den Kriegsruinen in ähnlicher Weise verfahren. Sie werden abgetragen und die Grundstücksflächen eingeebnet. Lange noch bleiben die Wunden des Krieges sichtbar. So auch am Alexanderplatz. Die Georgenkirche etwa, die schwere Bombentreffer erhielt und

deren Turm im Endkampf um Berlin noch unter Artilleriebeschuss geriet, wird Mitte der 1950er Jahre abgetragen. Erhalten bleiben dagegen der Bahnhof und die beiden Behrens-Bauten.

Nach den letzten Luftangriffen auf Berlin im April 1945 muss der Stadtbahnverkehr wegen der schweren Zerstörungen bis zum 4. November des Jahres unterbrochen werden. Zunächst gilt es, die Funktionsfähigkeit der Gebäude und der Viaduktanlagen wiederherzustellen. Am Bahnhof werden die ersten drei

Links: Die zerstörte Halle des Bahnhofs Alexanderplatz.

Ganz links: Abriss einer Ruine am Alexanderplatz.

Hallenstützen (Binder) in Richtung Königstraße abgetragen, da sie irreparabel beschädigt sind. Die Reparatur- und Sanierungsarbeiten der übrigen Hallenkonstruktion mit ihren Unterbauten ziehen sich bis 1951 hin.

Ein Jahrzehnt später wird der Bahnhofskomplex erneut zur Baustelle. Von 1962 bis 1964 erfolgt ein gänzlicher Umbau. Nun entsteht eine 20 Meter hohe und 160 Meter lange Glashalle mit einer elf Meter hohen Verglasung an den Längsseiten. Gegenüber ihrer ursprünglichen Ausdehnung bleibt die Halle gekürzt, weil sie erst mit dem dritten Hallenbinder beginnt. (Auch nach 1990 belässt es die Deutsche Bahn bei diesen Gegebenheiten.) Im Kontrast zur neuen lichtdurchfluteten Halle steht ab 1964 aber ein lichtarmes Erdgeschoss, denn vor die alten Stadtbahnbögen ist von außen ein 4,5 Meter hohes Verblendmauerwerk aus Granit gezogen worden, das rechteckige Fenster und mehrere Durchgangsöffnungen erhalten hat. Dadurch erinnert kaum noch etwas

an den alten Bau von 1882, was von den DDR-Architekten offenbar auch so gewollt war, wie einige Publikationen belegen.

Seit 1951 lassen sich auch Berolina- und Alexanderhaus wieder nutzen. Beide Gebäude waren zwar ausgebrannt, und das Alexanderhaus hatte auf einer Seite auch einen Bombentreffer bekommen, doch die stabile Skelettbauweise ermöglicht einen Wiederaufbau. Da es in der unmittelbaren Nachkriegszeit aber an vielen Materialien mangelt, muss man sich mit mancherlei Ersatzstoffen behelfen, was dazu führt, dass an der Jahrtausendwende erneut eine grundlegende Sanierung erforderlich wird.

Die Behrens-Bauten bleiben auf diese Weise aber als die entscheidenden baugeschichtlichen Bezugspunkte erhalten, an denen man sich sowohl bei der Umgestaltung des Platzes in der zweiten Hälfte der sechziger Jahre als auch beim Wettbewerb zur zukünftigen Neubebauung in den neunziger Jahren orientiert.

Das Leben kehrt zurück

Etwa fünf Jahre nach Kriegsende gibt es ihn wieder, den Alex. Wenn auch sehr rudimentär, praktisch nur noch mit seiner südwestlichen und südöstlichen Platzwand, den Bauten von Peter Behrens. Aber die alte Verkehrsinsel ist noch da, und die Bahnhöfe sind alle wieder in Betrieb. Dutzende Straßenbahnlinien kreuzen hier, die großen Doppelstockbusse haben ihre Haltepunkte direkt daneben. Wieder passieren den Alexanderplatz Tag für Tag Hunderttausende Menschen, der mit seinen Geschäften – wenn auch in veränderter Ausstattung – zum neuen Anziehungspunkt wird. Im Alexanderhaus eröffnet 1951 ein HO-Kaufhaus, später auch eine vergleichsweise gut bestückte Buchhandlung – »Das gute Buch«. Ins

Berolinahaus ziehen die Verwaltung des Stadtbezirks Mitte und ein Postamt, daneben eröffnet eine Biergaststätte. Der Alexanderplatz ist wieder ein Begegnungsort, wenn auch die weiten Flächen keinen geeigneten Punkt bieten, an dem man sich verabreden könnte. Zwar steht da noch für einige Jahre der runde Sockel der Berolina-Statue, aber größere Bedeutung als Treffpunkt erlangt der Imbiss »Automat« an der langen Platzfront des Alexanderhauses. Ein Selbstbedienungsrestaurant, in dem man sich mit zu erwerbenden Chips Speisen und Getränke aus der Wand ziehen kann. Es ist der Vorläufer der späteren Fast-Food-Läden, die gerade bei Jugendlichen beliebt sind, da man sich anonym bewegen und unbegrenzt lange aufhalten kann, schließlich gibt es keine Bedienung, die irgendwelche Fragen stellt. Das darüber liegende Kaufhaus bietet Luxus-Waren, die man zu dieser Zeit sonst nirgends bekommt.

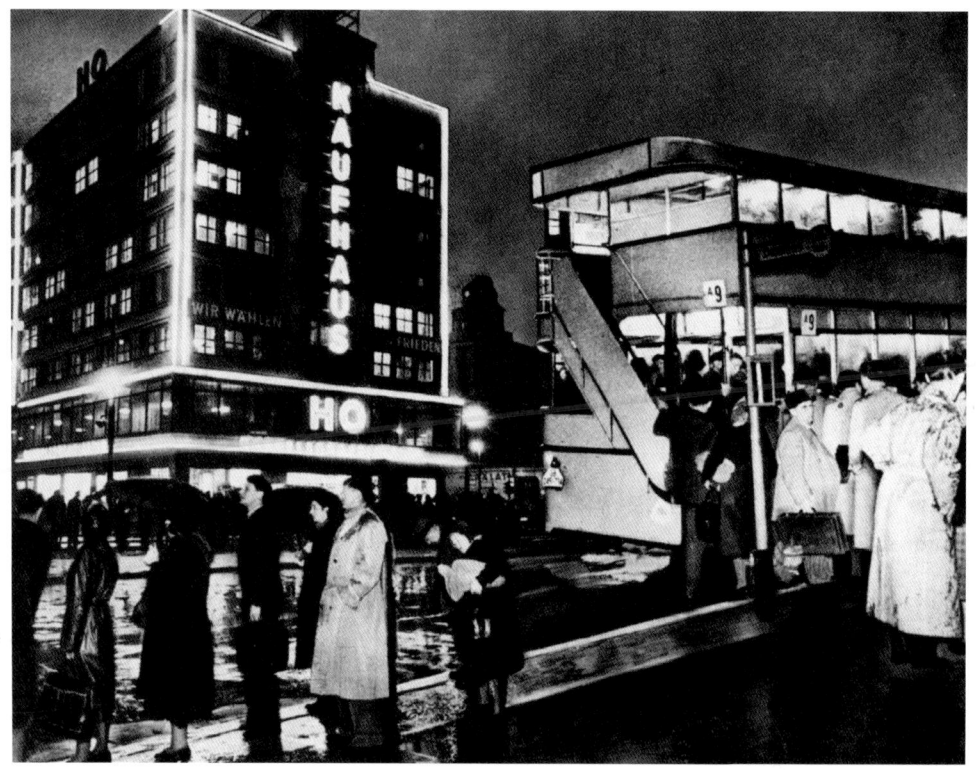

Links: Blick auf das Alexanderhaus mit HO-Kaufhaus. Im Erdgeschoss befand sich der Imbiss »Automat«.

Rechts: 1953 rollt der Verkehr wieder.

Schnittpunkt von Ost und West

Zu den Besonderheiten des Verkehrsknotenpunktes Alexanderplatz gehört, dass sich hier Linien aus Ost und West treffen. Nachdem die alliierte Politik für Deutschland 1948 gescheitert war und sich im Westen aus amerikanischer, britischer und französischer Besatzungszone nach der Einführung einer eigenen Währung 1949 auch ein eigener Staat gebildet hatte, die Bundesrepublik Deutschland, gründete sich im Oktober 1949 aus der sowjetischen Besatzungszone die DDR. Sie erkor den sowjetischen Sektor Berlins zu ihrer Hauptstadt, obwohl die Stadt eigentlich gemeinsam von den vier Alliierten verwaltet werden

sollte, was dann bis 1989 regelmäßig zu Spannungen führt. Ein Hauptkonflikt in den 1950er Jahren, in denen sich im Westen das Leben dank amerikanischer Aufbauhilfe spürbar verbessert, ist die Fluchtwelle aus dem Osten. 1952 riegeln deshalb ostdeutsche Grenzpolizisten mit sowjetischer Unterstützung die innerdeutsche Demarkationslinie ab und verwandeln sie in eine streng kontrollierte Grenze. Einziges Schlupfloch bis zum Bau der Mauer im August 1961 bleibt Berlin. Hier verkehren S- und U-Bahnen auf dem alten spinnenförmig angelegten Schienennetz zwischen allen Stadtteilen. Zwar gibt es stichprobenartige Zollkontrollen in den Zügen, doch ein Wechsel zwischen den politisch verfeindeten Staaten, die einander diplomatisch nicht anerkennen, ist hier für eine 20-Pfennig-Fahrkarte problemlos möglich.

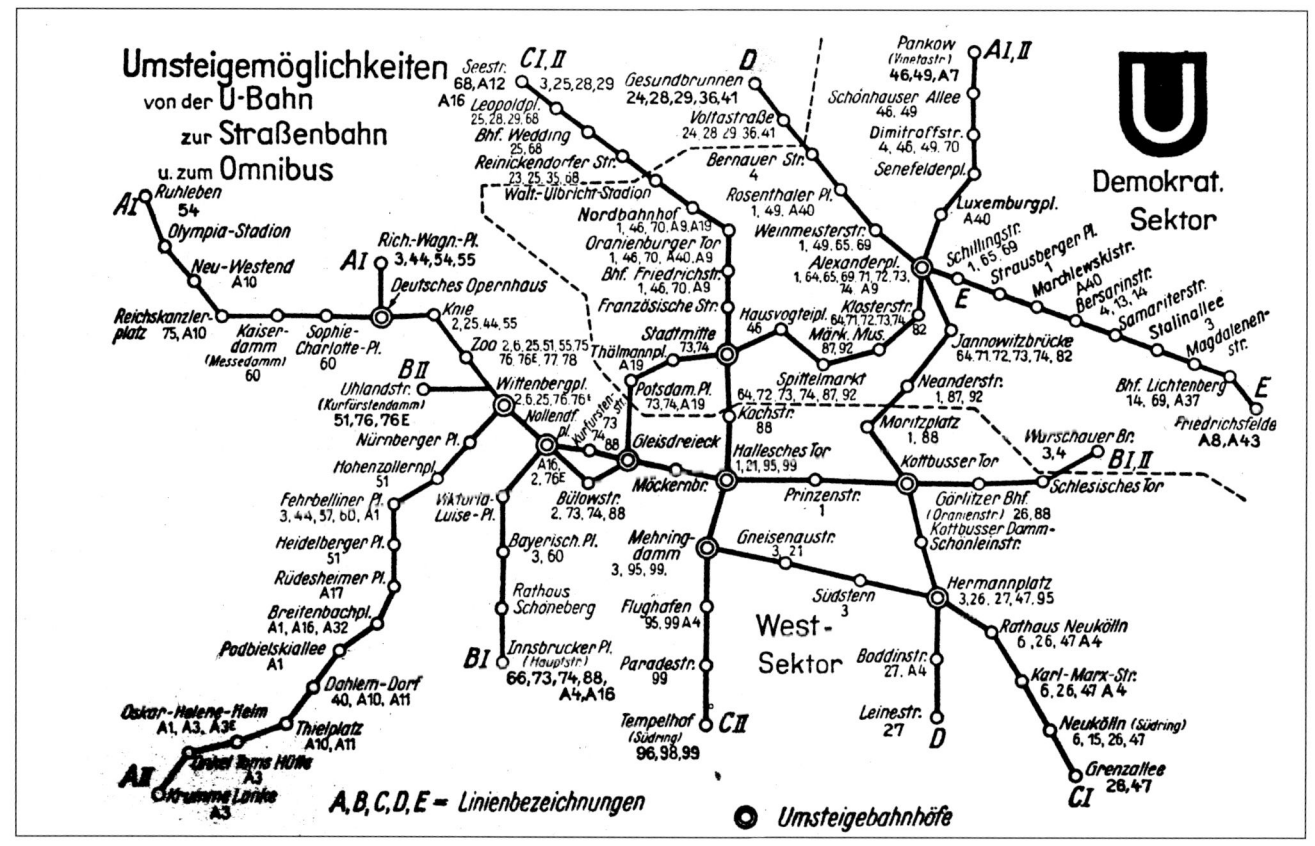

Am Alexanderplatz kann man ungehindert in die U-Bahn zur Westberliner Hermannstraße (Neukölln) einsteigen oder die S-Bahn in Richtung Westkreuz (Charlottenburg) benutzen. Auf diesem Weg gelangen auch viele Ostberliner täglich zur Arbeit nach Westberlin, die dann ihren Westlohn gewinnbringend 1:7 oder 1:10 in Ost-Mark umtauschen. Obwohl die DDR-Polizei dies zu verhindern sucht, bilden sich am Alexanderplatz ständig wandernde illegale Umtauschplätze, da es u. a. Staatsbediensteten verboten ist, Westberlin zu besuchen, manch einer aber dennoch auf bestimmte Waren nicht verzichten möchte, die harte Devisen erfordern.

Neben einem Schwarzen Markt gibt es am Alex noch einen dubiosen Handel mit Informationen. Berlin ist vor dem Mauerbau das Zentrum der internationalen Spionage. Hier, am Schnittpunkt der politischen Systeme, agieren alle großen Geheimdienste, versucht jede Seite kleine Siege im Kalten Krieg zu erringen. In den Menschenströmen am Alexanderplatz fallen verdeckte Begegnungen und heimliche Übergaben von gestohlenen Dokumenten weniger auf, als in ruhigen Nebenstraßen. Das ständige Kommen und Gehen in den Cafés und übervollen Kneipen biete das ideale Ambiente für Agenten unterschiedlicher Couleur.

Am 13. August 1961 findet all dies ein abruptes Ende. Nachdem in den Monaten zuvor der Ausreisestrom nochmals deutlich angeschwollen ist, sieht die DDR-Führung keine andere Lösung mehr, als das Land komplett einzumauern und alle Übergänge in Berlin zu schließen. In der entsprechenden Bekanntmachung des DDR-Verkehrsministeriums vom 12. August 1961 heißt es dazu unter Punkt II.4: »Die Züge der U-Bahn-Linie D durchfahren das demokratische Berlin ohne Halt. Die U-Bahnhöfe Bernauer Straße, Rosenthaler Platz, Weinmeisterstraße, der Bahnsteig D des Bahnhofs Alexanderplatz, die Bahnhöfe Jannowitzbrücke und Heinrich-Heine-Straße dieser Linie werden für den öffentlichen Verkehr geschlossen.« Im Klartext bedeutete dies: Die

Linie D (heute U 8) durfte in dem Teilstück, das unter Ostberlin hindurchführte, nicht mehr anhalten. Die Eingänge wurden oberirdisch verriegelt, der Übergang in der Unterführung am Alexanderplatz vermauert, so dass die Strecke auch innerhalb Ostberlins nicht mehr von DDR-Bürgern benutzt werden konnte. Auf den »Geisterbahnhöfen« postierte sich die Grenzpolizei. Bei der S-Bahn war die Fahrt für Ostberliner am Bahnhof Friedrichstraße zu Ende. Ein Umsteigen auf die hier noch haltende Westberliner U-Bahn-Line C (heute U 6) war nur mit einem Visum möglich, wofür als Abfertigungshalle dann der legendäre »Tränenpalast« errichtet wurde.

Für den Alexanderplatz brachte das zunächst einen Rückgang des Verkehrs, denn die S-Bahn führte ja nur noch in eine Sackgasse mit zwei Stationen. Doch nach dem Umbau des gesamten Ostberliner Verkehrsnetzes bildete sich hier eine neue Umsteigesituation heraus, da viele die gewohnten Übergänge an den Stationen Stadtmitte und Friedrichstraße nicht mehr nutzen konnten und alternative Wege suchen mussten.

Oben: Verschlossener Übergang von der West- zur Ost-Linie 1961.
Links: Das U-Bahn-Netz 1951.

Zentrum der DDR-Hauptstadt

1960 bis 1989

Die einschneidendste Umgestaltung erfährt der Alexanderplatz zu Zeiten der DDR. Er verliert seine ursprüngliche Form, wird frei vom Verkehr und erhält große Umfahrungsstraßen. 1966 wird die Großbaustelle für das »Komplexvorhaben Alexanderplatz« eingerichtet. Das abgeflachte Oval, das den aufeinander treffenden und sich kreuzenden Straßenbahnschienen bis dahin Halt gab und in der Länge 97 und in der Breite 63 Meter maß, ist später nur noch in der spiralförmigen Pflasterung des neuen Fußgängerbereichs symbolisch enthalten. Von den alten räumlichen Gegebenheiten zeugen nur noch die beiden Behrens-Bauten (unten rechts). Fertig gestellt sind seit 1964 bereits das Haus des Lehrers und die Kongresshalle (oben rechts).

Anfang der sechziger Jahre wird für die Entscheidungsträger in Ostberlin die Lösung eines grundlegenden Verkehrsproblems unausweichlich: Wie und wo soll die verlängerte Stalinallee (ab 1961 Karl-Marx-Allee), die aus südöstlicher Richtung auf das Zentrum zuläuft, in Richtung Stadtmitte umgelenkt werden? Welche Funktion soll dabei der Alexanderplatz einnehmen, der sich bis zu jenem Zeitpunkt noch als »planungsoffener« Restraum darstellt? Aufgrund der immensen Kriegszerstörungen in Berlin-Mitte können die Stadt- und Verkehrsplaner Ostberlins den historischen Stadtgrundriss ohne weiteres ignorieren, und aufgrund der in der DDR geschaffenen Rechtslage ist eine nahezu uneingeschränkte Verfügung über den Boden möglich.

In den fünfziger Jahren hatte es Entwürfe gegeben, nach denen der Alexanderplatz ganz oder teilweise als ein Gelenk für den Autoverkehr fungieren sollte. Danach hätte er in etwa den Charakter des Strausberger Platzes mit seinem großen Kreisverkehr bekommen. 1963 gibt es den Vorschlag, die Karl-Marx-Allee mittels einer als Halbkreis geschwungenen Hochstraße mit der Karl-Liebknecht-Straße, der Magistrale in Richtung Unter den Linden, zu verbinden und den Alexanderplatz daran anzuknüpfen.

Schließlich holt sich eine Fachdelegation aus Magistrat, Verkehrsministerium und Bauakademie im März 1964 bei den Stadt- und Verkehrsplanern aus Moskau Rat. Man kommt zurück mit jener Verkehrslösung, wie sie bis in die Gegenwart Bestand hat: Die Karl-Marx-Allee wird bis zur Karl-Liebknecht-Straße geradlinig weitergeführt. In Verlängerung der Leipziger Straße und des Mühlendamms wird die Grunerstraße verbreitert und teilweise als Tunnel in die heutige Otto-Braun-Straße (seinerzeit Hans-Beimler-Straße) und von dort in die Greifswalder Straße geleitet. So ergibt sich zwischen der Karl-Liebknecht-Straße, der verlängerten Karl-Marx-

Oben: Abriss des Minol-Hauses (rechts im Bild), das der Verlängerung der Karl-Marx-Allee im Wege steht.
Links: Für die neue Straßenverbindung zwischen Prenzlauer Allee und Karl-Liebknecht-Straße werden
Altbauten am nordwestlichen Rand des Platzes abgetragen.

Allee, der Grunerstraße und der Stadtbahntrasse mit dem Bahnhof Alexanderplatz eine riesige rechteckige Fläche von etwa 350 mal 200 Metern oder rund sieben Hektar.

Nach der Grundsatzentscheidung in Moskau bleiben für einen Wettbewerb zur konkreten architektonischen Ausgestaltung des Alexanderplatzes nur wenige Monate Zeit. Sechs Kollektive werden dazu eingeladen. Keiner der Entwürfe wird letztendlich jedoch umgesetzt. Vielmehr wählt der Erste Sekretär der Berliner SED-Bezirksleitung, Paul Verner, aus den Entwürfen nach Gutdünken Elemente aus und bestimmt deren Verwirklichung. Die Betroffenen nennen das Verfahren sarkastisch PVC: Paul Verners Chefarchitektur. Die Stadtverordnetenversammlung Berlins erklärt den zügigen Wiederaufbau des Alexanderplatzes im Juni 1966 zum politischen »Schwerpunkt Nummer eins«, denn pünktlich zum 20. Jahrestag der DDR im Herbst 1969 soll das Zentrum Ostberlins ein weithin sichtbares sozialistisches Gepräge haben.

Im Herbst 1966 beginnen die Tiefbauarbeiten. Die symbolische Grundsteinlegung für die Hochbauarbeiten ist am 24. Juni 1967 am Standort des zukünftigen Hotels. Obwohl Joachim Näther (gemeinsam mit Peter Schweizer) zum verantwortlichen Architekten für das »Komplexvorhaben Alexanderplatz« berufen wird, mischt sich Paul Verner immer wieder in Ablaufplanung und Gestaltungsfragen ein. Auf der Baustelle arbeiten in den folgenden Jahren zwischen 15 000 und 20 000 Arbeiter, das Bauvorhaben wird zum zentralen Prestigeprojekt der DDR. Die Medien berichten erschöpfend über den Fortgang des Geschehens, bildende Künstler werden beauftragt, die Bauarbeiten in vielfältigen Szenen festzuhalten.

Ähnliches spielt sich auf der anderen Seite des Bahnhofs ab, wo sich seit Kriegsende auch ein ungestalteter Restraum befindet. Nach der Räumung von Ruinen und Restgebäuden erstreckt sich hier zwischen Karl-Liebknecht- und Rathausstraße bis hin zur Spandauer Straße ein Rechteck von rund 400 mal 225 Metern. Darauf verloren: die Marienkirche. Vom historischen Straßengrundriss bleiben allein die Gontardstraße, unmittelbar parallel zum Bahnhof verlaufend, und davon abzweigend ein Stück der Panoramastraße mit einem Restgebäude. Auf dieser riesigen Leere wird zwischen Bahnhof und Marienkirche 1964 damit begonnen, einen Fernseh- und UKW-Turm zu errichten, für den zuvor der Volkspark Friedrichshain als Standort erwogen worden war. Nach seiner Fertigstellung 1969 bildet er mehr noch als ehedem das Rote Rathaus den Hintergrund für das Bild des Alexanderplatzes.

Von den beiden alten Markthallen, die das Inferno der letzten Kriegswochen teilzerstört überstanden hatten, wird die ältere abgerissen, als im Zuge der Alexanderplatz-Umgestaltung die Karl-Liebknecht-Straße achtspurig angelegt wird, wozu nördlich des

URKUNDE

Für besondere Verdienste beim Aufbau des Stadtzentrums der Hauptstadt der Deutschen Demokratischen Republik Berlin

Offizieller Dank für die »Erbauer des Stadtzentrums«.

Bahnhofs Alexanderplatz eine neue Unterführung gebrochen werden muss. Dies geschieht genau an der Stelle, wo ehemals die Versorgungsgleise zur Markthalle endeten.

Das riesige Areal mit dem Fernsehturm, der Marienkirche und dem umgesetzten Neptunbrunnen, der einstmals auf dem Schlossplatz stand, hat bis heute kurioserweise keinen Namen. Firmen, die sich auf der Platzseite in den Räumen der Fernsehturmumbauung eingemietet haben, geben als Adresse die Panoramastraße an, die dort gar nicht mehr verläuft. Unkundige halten dieses Areal mit seinen Wasserspielen und ausgedehnten Sitzmöglichkeiten für einen Teil des Alexanderplatzes, wenn nicht sogar für den Platz selbst.

183

»Komplexvorhaben Alexanderplatz«

Zum 20. Jahrestag der DDR-Gründung kann das gigantische Bauvorhaben am Alexanderplatz nicht abgeschlossen werden. Nur teilweise sind die geplanten Gebäude fertig gestellt. Bis zum endgültigen Abschluss aller Hochbauten werden letztlich noch etwa vier Jahre vergehen. Damit sich alle DDR-Bürger trotzdem einen Gesamtüberblick verschaffen können und die Komplexität des Vorhabens begreifen, veröffentlicht das SED-Parteiorgan »Neues Deutschland« am 25. September 1969, wenige Tage vor dem ursprünglichen Zieldatum, eine schematische Darstellung der Platzanlage mit ihren vielfältigen Verkehrsanbindungen, in der die für DDR-Bürger nicht mehr zugängliche U-Bahn-Linie Gesundbrunnen–Neukölln (heute U 8) allerdings fehlt.

Die Zeichnung macht deutlich, was man künftig alles zur Platzanlage hinzurechnet, eben auch all jene Bauten, die sich nordöstlich der verlängerten Karl-Marx-Allee befinden (rechts unterhalb der Legende). Dieses rund 100 Meter breite Straßenstück erhält ebenfalls den Namen Alexanderplatz. So hat es der Magistrats vom 3. September 1969 beschlossen: »Der zukünftige Alexanderplatz umfasst das Gebiet, das durch das Haus des Lehrers, jetziges Warenhaus [das Alexanderhaus], Berolinahaus, neues Warenhaus, Hotel Stadt Berlin, Haus der Elektroindustrie und Haus des Reisens begrenzt wird.« Letztendlich wird dem Alexanderplatz sogar noch das Haus des Berliner Verlages (K) zugerechnet, das allerdings die Adresse Karl-Liebknecht-Straße hat.

Die beiden Tunnelanlagen für Fußgänger dokumentieren ungewollt die mangelhafte Verteilerfunktion des neuen Platzes. Der eigentliche Fußgängerbereich ist von den angrenzenden Stadträumen durch zum Teil zehnspurige Straßentangenten abgeschnitten, die zudem noch breite Mittelstreifen erhalten, so dass ein Queren schier unmöglich bzw. höchst ge-

fährlich ist. Unter der weiträumigen Straßenkreuzung am Haus des Lehrers sind die Fußgängertunnel besonders lang und müssen sogar noch den Autotunnel der Grunerstraße unterqueren. Dieser ist für den normalen Verkehr eigentlich gar nicht notwen-

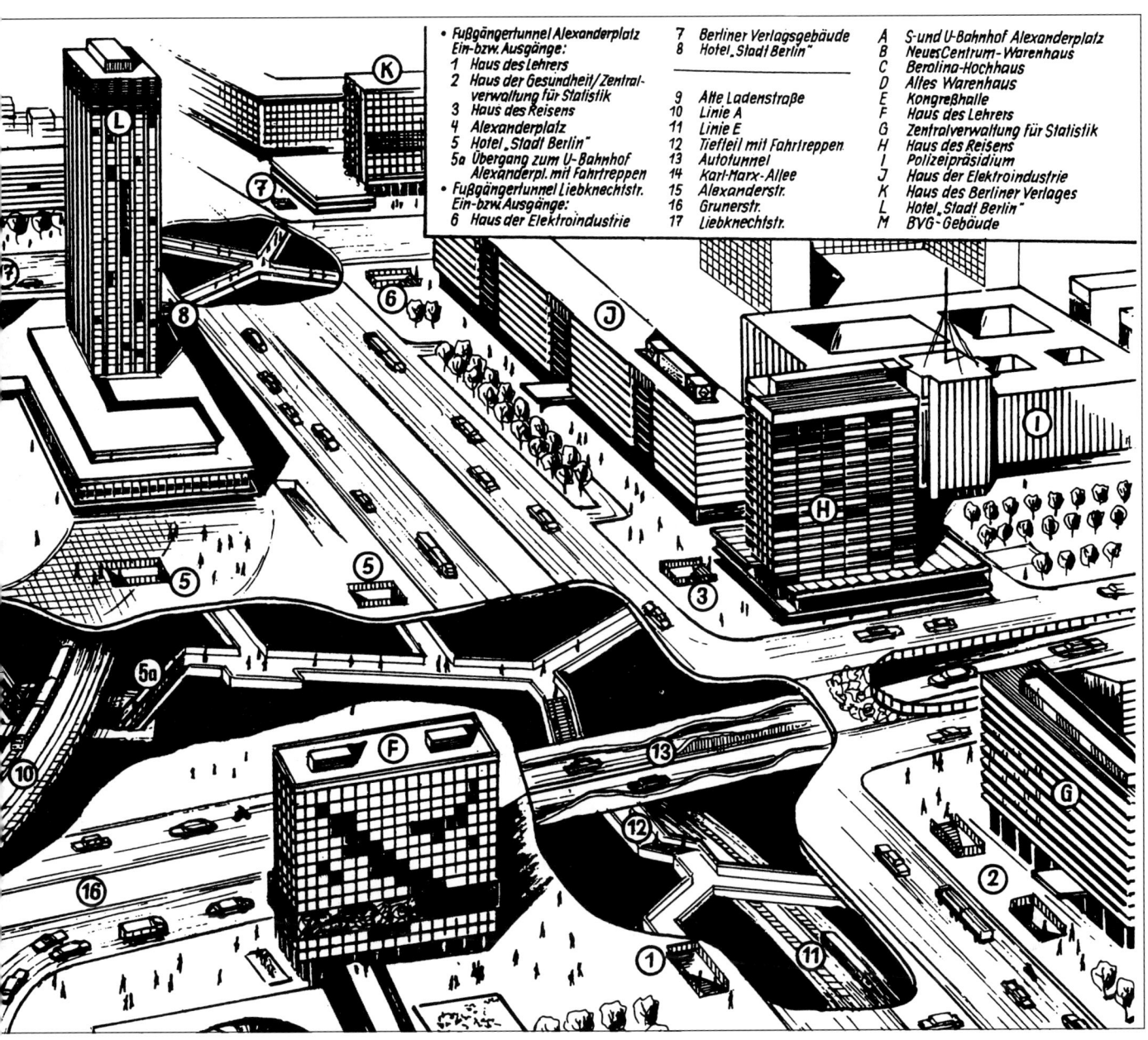

dig, aber auf Wunsch des SED-Politbüros angelegt worden, da auf dieser Strecke die Parteiführung von ihrem streng abgeschirmten Wohngebiet im nördlich gelegenen Wandlitz täglich mit Blaulicht über die Greifswalder Straße und die Grunerstraße in die Stadt zum Gebäude des Zentralkomitees am Werderschen Markt raste und am viel befahrenen Alexanderplatz keinerlei Stau haben wollte. Inzwischen wird der Tunnel unter der Karl-Liebknecht-Straße durch einen oberirdischen Fußgängerüberweg ersetzt.

185

Haus des Lehrers und Fernsehturm

Als die Bauarbeiten auf dem Alexanderplatz beginnen, sind zwei Gebäude, die später den südöstlichen Platzrand markieren, nach dreijähriger Bauzeit bereits fertig: das Haus des Lehrers, ein »Kulturhaus für Pädagogen«, und die anschließenden Kongresshalle (Einweihung 1964). Federführender Architekt ist Hermann Henselmann, zu jener Zeit Chefarchi-

tekt für Sonderbauten an der Bauakademie, der in den fünfziger Jahren die Wohnbauten an der Stalinallee (heute Karl-Marx-Allee) entworfen hatte. Das Ensemble wurde übrigens nicht, wie häufig zu lesen ist, auf dem Grundstück des früheren Lehrervereinshauses errichtet, sondern ein Stück dahinter.

Das zwölfgeschossige Haus des Lehrers ist ein 54 Meter hoher Kubus mit einer Grundfläche von 44 mal 15 Metern. Es hat eine Glas-Aluminium-Fassade; in Höhe der dritten und vierten Etage umläuft das Gebäude ein 125 Meter langer und 7 Meter

Oben: Das Haus des Lehrers und die Kongresshalle. Rund ein Jahrzehnt zuvor hatte der Architekt Hermann Henselmann noch die Bauten an der ehemaligen Stalinallee entworfen, u. a. auch die Wohntürme am Strausberger Platz (am linken Bildrand).
Rechts: Blick vom Fernsehturm in seiner Bauphase. Der Alexanderplatz und seine nähere Umgebung sind eine riesige Baustelle.

hoher Bildfries mit dem Thema »Unser Leben« von Walter Womacka, dem später die künstlerische Gestaltung des Alexanderplatzes übertragen wird. Angeschlossen befindet sich die Kongresshalle, ein zweigeschossiger Bau mit einer flachen Kuppel bei einer quadratischen Grundfläche von 50 mal 50 Metern. Der größte Saal hat 1000 Plätze.

Das Ensemble gehört – trotz seiner Adresse Alexanderplatz 4 – in der Wahrnehmung der Menschen nicht zum eigentlichen Platz, da es durch eine achtspurige Autostraße abgetrennt ist, weshalb es eher dem Wohngebiet zwischen Alexanderstraße und Karl-Marx-Allee zugerechnet wird. Für seine Zeit fällt es mit seiner Vorhangfassade als hochmoderne Architektur im internationalen Stil auf und wird zu einem Lieblingsmotiv der Ostberliner Postkarten. Es dokumentiert die Abkehr von dem an sowjetischen Vorbildern orientierten Baustil der Stalinallee. Allein die großen Glasflächen am Foyer des Hochhauses und rund um die Kongresshalle waren zu jenem Zeitpunkt einzig in der DDR. Beide Gebäude dürfen als architektonische Vorgabe für die Bauten gelten, die am Alexanderplatz entstehen sollen und die in einem Stil errichtet werden, wie er zu jener Zeit auch in westdeutschen Städten favorisiert wird.

Den Unterschied macht Walter Womackas endloser Fries aus, im Volksmund die »Bauchbinde« genannt, worauf sich Motive vom sozialistischen Leben finden. Das angeblich »größte Kunstwerk Europas« wurde angeregt durch die großflächigen Wandmalereien mexikanischer revolutionärer Künstler wie David Alfaro Siqueiros und Diego Rivera. Doch thematisch reicht es an deren Arbeiten nicht heran, sondern zeigt eher verklärende Glückseligkeit. Dabei zitiert sich Womacka auch selbst und verarbeitet auf der dem Platz abgewandten Seite noch mal sein Gemälde »Junges Paar am Strand«, das in der DDR millionenfach reproduziert worden ist.

Blick von der Freitreppe der Fernsehturmumbauung in Richtung Westen. Im Vordergrund die Wasserspiele mit dem Neptunbrunnen, dahinter der Palast der Republik. Rechts vor dem Dom das Palast-Hotel, wo heute das Dom Aquaree steht (Aufnahme von 1984).

Während ab 1966 auf der Baustelle Alexanderplatz das 37-stöckige Interhotel »Stadt Berlin« emporwächst, das allerdings erst 1970 eröffnet werden kann, wird zum DDR-Jahrestag am 7. Oktober 1969 auf der anderen Seite des Bahnhofs der Fernseh- und UKW-Turm pünktlich fertig. Aus diesem Anlass erscheinen auch zwei thematische Briefmarken und ein Sonderblock, auf dem zugleich die Kongresshalle und das Haus des Lehrers abgebildet werden.

Mit dem Ostberliner Fernsehturm – im sprachlichen Unterschied zum Westberliner Funkturm – entsteht das höchste Bauwerk in Mittel- und Westeuropa. Weithin sichtbar markiert er seitdem die Mitte Berlins. Ursprünglich beträgt seine Höhe symbolische 365 Meter (wie Tage im Jahr), 1997 wird er dann auf 368 Meter erhöht, da mehr Platz für zusätzliche Antennen in seiner Spitze geschaffen werden soll. In 203 Metern Höhe gibt es eine Aussichtsplattform und vier Meter darüber noch ein rotierendes Café mit grandiosem Blick. Bis zum Februar 2005 haben den Turm 43 Millionen Menschen besucht.

Unfertig bleibt zunächst allerdings die Umgebung. Die ursprünglich geplante runde Umbauung direkt am Fuß des Turms wird aus Sicherheitsgründen aufgegeben und durch eine weiter entfernte vielgliedrige Pavillonkonstruktion mit spitzen Betonfaltwerken und einer großen Freitreppe zum Platz am Neptunbrunnen ersetzt. Nach der Eröffnung 1972 finden sich darin Ausstellungsräume und Restaurants, heute hat dort u. a. ein privater Fernsehsender seine Studios.

In den Medien der DDR ist der Fernsehturm ein immerwährendes Thema. Eifrige Journalisten erfinden die gewollt volkstümlich klingende Bezeichnung »Telespargel«. Nicht gedruckt werden jedoch Fotos von der silbrig glänzenden Stahlkugel des Turms, wenn sich bei Sonnenschein darauf Reflexionen in Form eines Kreuzes bilden. Spötter nennen Walter Ulbrichts Prestigeprojekt daher »Sankt Walter«, andere sprechen von der »Rache des Papstes«, da die sozialistische Stadtkrone ja bewusst die Marienkirche zu ihren Füßen in den Schatten stellen sollte.

Der Platz erhält eine neue Gestalt

Nach Abschluss aller Bauarbeiten in der Mitte der 1970er Jahre präsentiert sich der neue Alexanderplatz in zweifacher Form. Da ist zum einen der amtlich so bezeichnete Platz in seiner ganzen Weite mit den neuen hohen Häusern am Rand einschließlich der vielspurigen Autostraßen, die allein eine Fläche von fünf Fußballfeldern ausmachen, und da ist zum anderen der »eigentliche Platz«. Dieser wird eingefasst durch die Behrens-Bauten, durch ein neues Kaufhaus mit einer bemerkenswerten Aluminium-Fassade und durch ein Hotel-Hochhaus mit Sockelbau. Doch auf der östlichen Seite fehlt eine Einfassung, die ein wirkliches Raumgefühl herstellen würde, hier verlaufen lediglich zwei überbreite Autostraßen, von denen die eine jetzt Alexanderplatz heißt, die andere nach wie vor Grunerstraße. Hier liegt das Hauptproblem des »gefühlten« Platzes.

Trotzdem wird der Alexanderplatz zum wichtigsten öffentlichen Raum, zum eigentlichen Zentrum der DDR-Hauptstadt. Die Menschen nehmen ihn an, so wie er ist. Um den bunt gekachelten Brunnen der Völkerfreundschaft herum, der auf Entwürfen von Walter Womacka beruht, stellt sich ein gewisses Flair ein. Hier auf dem breiten Rand sitzt man bis in die Nacht hinein, wird Gitarre gespielt und geflirtet, lernt man sich kennen.

Die von Erich John entworfene und gefertigte Weltzeituhr wird zu dem Treffpunkt in Ostberlin schlechthin. Nicht zuletzt locken das am besten belieferte Kaufhaus der DDR, das Centrum-Warenhaus, und die nahe gelegenen Rathauspassagen zwischen S-Bahn und Rotem Rathaus mit ihren gut versorgten Spezialgeschäften. Hinzu kommen zahlreiche Restaurants und Cafés sowie ein beliebtes Bowlingzentrum. Und wer seinen Besuchern das ganze Berlin zeigen will, fährt auf den Fernsehturm hinauf mit dem freien Blick in alle Richtungen.

Die Bedeutung, die der Platz im Leben der Menschen gewinnt, hat auch damit zu tun, dass es keinen zweiten Ort in diesem Teil der Stadt gibt, an dem sich so viel Leben bündelt, so viel internationale Begegnungen möglich sind. Schließlich ist das Interhotel »Stadt Berlin« mit seinen rund 1000 Zimmern der Anlaufpunkt der meisten ausländischen Reisegruppen. Es ist bis heute das größte Berliner Hotel (und das drittgrößte Deutschlands) und mit 123 Metern Höhe und 37 Stockwerken das höchste bewohnbare Gebäude Berlins (in der Höhe mittlerweile um zwei Meter übertroffen nur von dem Büro-Hochhaus der »Treptowers«).

Auch wenn der neue Alex am Tage stark belebt ist, ein richtiges Nachtleben will sich hier nicht einstellen. Der Berliner Verlag ist zwar extra hier platziert worden, da Zeitungen bis in die Nacht hinein arbeiten, doch in den übrigen Bürogebäuden ist abends alles dunkel und auch das Angebot an Lokalen ist letztendlich überschaubar. Der Weltstadtplatz wirkt nach Sonnenuntergang vergleichsweise provinziell. Das ruft Kritik hervor. So sieht sich Joachim Näther, der Chefarchitekt des »Komplexvorhabens Alexanderplatz«, im Juni 1971 in der Zeitschrift »Deutsche Architektur« zu einer Erklärung veranlasst: Der Platz »findet die Zustimmung der Bürger Berlins und ihrer Gäste. Daneben gibt es aber auch kritische Stimmen, die nicht verschwiegen werden sollen. Eines dieser Argumente ist, es gäbe zu wenig ›Nachtleben‹, Leuchtreklamen und andere Effekte. Dazu muß man sagen, daß wir uns nicht die Aufgabe gestellt haben, den Amüsierbetrieb des Kurfürstendamms oder den hektischen Rummel des Place Pigalle nachzuahmen. Der Alex ist im Gegensatz zu einer kapitalistischen City kein Tummelplatz für reiche Müßiggänger, sondern ein Platz für die Muße arbeitender Menschen.« – Und die sollen offenbar rechtzeitig schlafen gehen, um für neue Taten am nächsten Tag gerüstet zu sein.

Blick aus dem Haus des Lehrers auf den Alexanderplatz, 1970.

Großveranstaltungen und Feste

Der Alexanderplatz mit seiner großen Fläche ist nicht allein ein privater Anlaufort, sondern eignet sich auch für Großveranstaltungen aller Art. Das erste internationale Fest gibt es hier zu den X. Weltfestspielen der Jugend und Studenten im Sommer 1973. Die Polizei hält sich zurück, im Brunnen kann gebadet werden, die ganze Nacht hindurch wird gesungen, auf den Rasenflächen vor dem Fernsehturm kann im Freien übernachtet werden. Ein Jahr später zum 25. Jahrestag der DDR-Gründung gibt es ein nationales Jugendtreffen, gefolgt von den zahlreichen Pfingsttreffen der Freien Deutschen Jugend. Alljährlich Ende August veranstalten die Berliner Journalisten hier einen großen Solidaritätsbasar, auf dem seltene Stücke aus fremden Ländern für einen guten Zweck verkauft werden, der Andrang ist enorm.

Einen großen Zustrom gibt es jedes Jahr auch in der Adventszeit, wenn auf dem angrenzenden Parkplatz entlang des S-Bahn-Viadukts zur Jannowitzbrücke, dort wo einst das Polizeipräsidium gestanden hat, der zentrale Weihnachtsmarkt stattfindet. Für die Ostberliner wird der Alexanderplatz zu einem Synonym für überraschende Erlebnisse jenseits des Tageseinerleis.

Oben: Weltfestspiele der Jugend und Studenten 1973. Links: Solidaritätsbasar der Berliner Journalisten 1986.

Protestdemonstration am 4. November 1989

Stefan Raum

Die Straßen, die zum Zentrum führen, sind voller Menschen, die anders sind als sonst, obwohl sie auch Transparente tragen, anders als zu den Staatsfeiertagen. Ein Team, dessen wichtigste Aktivisten Schauspieler des Deutschen Theaters sind, hat innerhalb kürzester Frist, so gut sie konnten, diese Menschenmassen auf das Ziel Alexanderplatz orientiert. Daß ein kleiner Stab dafür ungeschulter Leute so eine Veranstaltung, von der man bald vermutet, daß es die größte der DDR-Geschichte sein könnte, organisiert hat, ist schon erstaunlich. Wie, ist in diesem Moment ganz unklar. Trotzdem ist uns anfangs etwas mulmig. Hinterher hören wir, daß das DDR-Fernsehen live überträgt. Aber jetzt schon sind zahlreiche Kameras ausländischer Stationen zu sehen.

Die Lethargie ist ganz gewichen, und die Gruppen von Menschen, die durch die Karl-Liebknecht-Straße, die Rathausstraße, aus der Dircksenstraße in ganzer Breite und aus der Karl-Marx-Allee, der Hans-Beimler-Straße und den U- und S-Bahn-Eingängen in Schüben kommen, sind guter Dinge. Viele entrollen Fahnen und Transparente. Nach zwei Stunden ist der Platz voll. Kein einziges Auto fährt noch. Aus den Fenstern der umliegenden Gebäude schauen viele Leute. Sicherlich auch noch die üblichen Kameras. Eigenartige Geräuschkulisse: aus hundert Mündern gesprochene Worte, aber im normalen Unterhaltungston. Keine lauten Zwischenrufe außer ein paar skandierten Sprechchören. »Egon, wir kommen.« Keine sonstigen Straßengeräusche an diesem Platz. Musikeinlagen zur Überbrückung. Ordner mit Schärpen (»Keine Gewalt«) tauchen auf und führen aus der Richtung des Polizeipräsidiums, das im Vergleich zum alten Polizeipräsidium so gut versteckt ist, Leute heran.

Es klettern nacheinander die unterschiedlichsten Redner auf den kleinen Wagen und reden über Lautsprecher. Gysi, ein Rechtsanwalt, der für mehr Zivilcourage und mehr Rechtsanwälte spricht; der lange gesichtslose Stasigeneral Markus Wolf, Eleganz und etwas Verschlagenheit. Viele Leute pfeifen und rufen »aufhören«, aber die NBC-Kamera vor mir surrt an. »Is that Markus Wolf?« — »Yes.« — »Take that!« Der Gelehrte Jens Reich für das »Neue Forum« macht große Freude unter den Zuhörern. »Der Dialog ist nicht das Hauptgericht, sondern die Vorspeise.« Etwas rätselhaft. Schabowski wird ausgebuht und tritt ab. Stefan Heym, mit gebrechlicher Stimme, sagt: »Das ging so, bis es nicht mehr ging.«

Das Gefühl haben wohl fast alle auf dem Platz. Der eloquente Schorlemmer, Christa Wolf, Annekathrin Bürger, Christoph Hein, Heiner Müller. Die Stimmen hallen über den Platz. Plakate werden immer wieder hochgehoben und geschwenkt. Alles wird heiterer. Sogar die etwas tristen und den Platz nur kulissenhaft

einrahmenden Häuser auf der nordöstlichen Seite sind ein wenig freundlich. Als sich die große Masse zerstreut, bleibt etwas zurück auf dem Platz, was vorher nicht da war. So als hätte er plötzlich Bedeutung und wäre deshalb gelassener. Vielleicht ist es so. (Kulturamt Berlin-Mitte: Rund um den Alexanderplatz. O. J.)

Am 4. November 1989 findet auf dem Alexanderplatz die größte Protestdemonstration in der Geschichte der DDR statt. Knapp eine Million Menschen fordert die Durchsetzung demokratischer Rechte. Drei Tage später tritt die Regierung zurück, am Tag darauf die SED-Parteiführung, am 9. November fällt die Mauer.

195

Platz an der Peripherie?

1990 bis heute

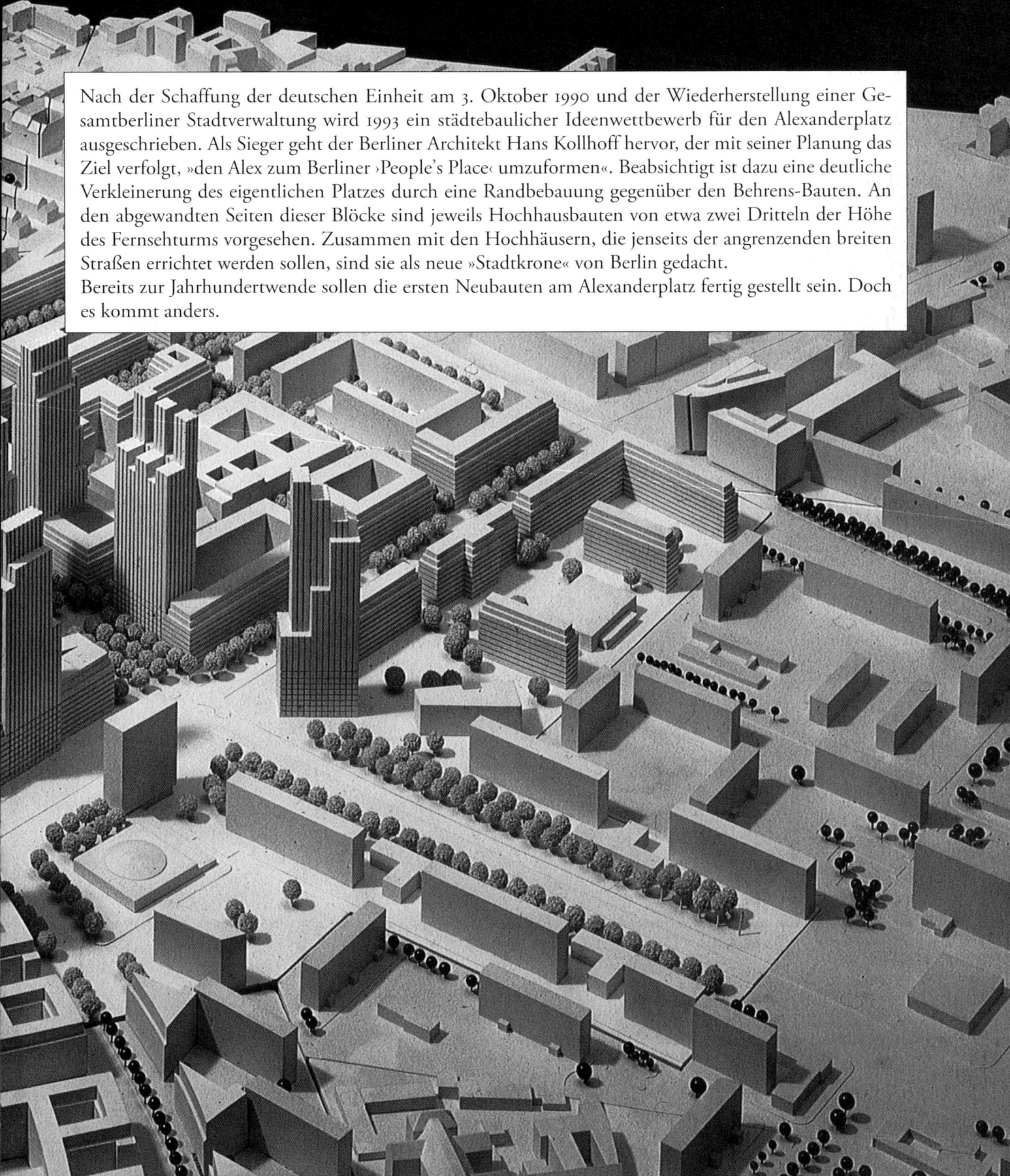

Nach der Schaffung der deutschen Einheit am 3. Oktober 1990 und der Wiederherstellung einer Ge-samtberliner Stadtverwaltung wird 1993 ein städtebaulicher Ideenwettbewerb für den Alexanderplatz ausgeschrieben. Als Sieger geht der Berliner Architekt Hans Kollhoff hervor, der mit seiner Planung das Ziel verfolgt, »den Alex zum Berliner ›People's Place‹ umzuformen«. Beabsichtigt ist dazu eine deutliche Verkleinerung des eigentlichen Platzes durch eine Randbebauung gegenüber den Behrens-Bauten. An den abgewandten Seiten dieser Blöcke sind jeweils Hochhausbauten von etwa zwei Dritteln der Höhe des Fernsehturms vorgesehen. Zusammen mit den Hochhäusern, die jenseits der angrenzenden breiten Straßen errichtet werden sollen, sind sie als neue »Stadtkrone« von Berlin gedacht.

Bereits zur Jahrhundertwende sollen die ersten Neubauten am Alexanderplatz fertig gestellt sein. Doch es kommt anders.

Zu Beginn des Jahres 1991 zeigt das Deutsche Architekturmuseum in Frankfurt am Main die Ausstellung »BERLIN MORGEN – Ideen für das Herz einer Großstadt«. Präsentiert werden die Ergebnisse eines stadtgestalterischen Gedankenaustauschs, zu dem das Museum 19 renommierte Architekten und Stadtplaner eingeladen hatte, um »übergreifende Ideen« für die Gestaltung des zentralen Stadtbereichs von Berlin »zwischen Brandenburger Tor und Alexanderplatz und zwischen Lustgarten und Mehringplatz« zu entwickeln.

Der Alexanderplatz spielt bei den meisten Entwürfen jedoch nur eine periphere oder gar keine Rolle; die S-Bahn-Trasse fungiert, von Westen gesehen, für die meisten Teilnehmer anscheinend als gedankliche Grenze. Aber es gibt Ausnahmen. Die eine ist die Vision des spanischen Architekten Manuel de Solà-Morales, der die Schaffung einer »neue(n) zentrale(n) Tangente« vom Kurfürstendamm bis zum Alexanderplatz anregt: »eine zentrale Geschäfts- und Vergnügungsstraße par excellence«. Danach soll der Alexanderplatz als ein teilweise überdachter »Volksplatz« »der Anfang oder das Ende eines neuen Kurfürstendamms« sein.

Eine andere Vision wirkt nachhaltiger auf die Stadtplanungen: Hans Kollhoffs Entwürfe für den Potsdamer Platz und den Alexanderplatz. Beide gelte es »in Fortführung ihres großstädtischen ›Genius loci‹« neu zu denken. »Wie der Alexanderplatz die Finger ausstreckt nach den östlichen Bezirken, so greift der Potsdamer Platz nach den westlichen.«

Kollhoff fordert, zwei miteinander korrespondierende Inseln von Hochhäusern zu schaffen – eine Vorstellung, die politisches Wohlwollen findet. Die Stadt befindet sich in der stürmischen Umbruchphase der ersten Vereinigungsjahre auf einer Woge des Hochgefühls.

So kommt es 1993 zur Ausschreibungen des Senats-Wettbewerbs zum Alexanderplatz mit der erklärten Vorgabe, hier räumlich-stadtgestalterisch eine »Stadtkrone Berlins deutlich auszubilden«. Es wird vom Auslober ausdrücklich empfohlen, das 37-stöckige Hotel »Stadt Berlin« »als Maßstab für die Höhenentwicklung anzusehen«. (Am Potsdamer Platz plant man zu dieser Zeit Gebäude mit maximal 25 Geschossen.)

Kollhoffs überarbeitete Fassung (unter Mitarbeit von Helga Timmermann) sieht letztendlich zehn 150 Meter hohe Hochhäuser vor. Sie wird dann zur Grundlage eines im April 2000 festgesetzten Bebauungsplans. Dieser ist zunächst auf den »inneren« Alexanderplatz beschränkt und sieht eine Blockbebauung mit fünf Hochhäusern vor. Die Planung impliziert den Abriss aller Bauten aus der DDR-Zeit,

mit Ausnahme des Hauses des Lehrers und der Kongresshalle.

Bei der gesetzlich vorgeschriebenen Bürgerbeteiligung prallen anschließend die unterschiedlichen Wahrnehmungen des Platzes aufeinander, geht es doch um gänzlich verschiedenartige Gefühlswelten. Auch wenn der DDR-Platz architektonisch manche Unzulänglichkeit aufweist, ist er für viele Ostberliner doch mit positiver Bedeutung aufgeladen. Der Alexanderplatz verkörpert ein Stück gelebtes Leben, ist mit wichtigen persönlichen Erlebnissen verbunden, die oft bis in die Kindheit zurückreichen. Daher wehrt man sich vehement gegen die radikalen Umbaupläne, die als versuchte Zerstörung von Identität interpretiert werden.

Die westliche Architekten-Elite und die politischen Entscheidungsträger des Senats, die dem Platz einen weltstädtischen Charakter geben wollen, sehen und empfinden das ganz anders. Für sie ist er, von Westen aus betrachtet, ein Raum am östlichen Rand des Berliner Zentrums, ein Platz an der Peripherie. Es ist kein Zufall, dass alle Aufnahmen des Kollhoff'schen Modells den Raum von Westen bzw. Südwesten zeigen, keine einzige von Osten oder Nordosten.

Die Entscheidung über den Umbau fällt schließlich an ganz anderer Stelle. Nämlich – genau wie nach dem Wettbewerb von 1929 – durch die Investoren. Sie waren zwar an den Planungen bereits beteiligt, müssen aber am Ende der 1990er Jahre einsehen, dass durch die von der Bonner Kohl-Regierung verfügten Sonderabschreibungsmöglichkeiten für Bauten in Ostdeutschland so viel neue Büro- und Gewerbeflächen entstanden sind, dass es keinen realen Bedarf mehr gibt, sondern vielmehr ein Überangebot. Daher verzichtet man auf die Realisierung der Hochhauspläne – zumindest »vorläufig«. Es bleibt derzeit Spekulation, wann und wie viel neue Hochhäuser am Alexanderplatz entstehen werden und ob es überhaupt zur Umsetzung der Idee einer »Stadtkrone« nach dem Kollhoff'schen Konzept kommt.

Links: Beitrag von Hans Kollhoff (unter Mitarbeit von Norbert Hemprich) zur Ausstellung BERLIN MORGEN, 1991. Diese Computersimulation von den beiden Hochhausinseln am Potsdamer Platz (rechts) und Alexanderplatz (links) verdeutlicht die ursprüngliche Idee einer korrespondierenden Hochhausbebauung, aus der das Konzept einer neuen »Stadtkrone« abgeleitet wurde.

Unten: Der neue Alexanderplatz als »People's Place«; hier eine Computersimulation auf Grundlage neuer Kollhoff-Entwürfe.

Sanierung, Restaurierung, Rekonstruktion

Oben: *Die Sanierung des Bahnhofs Alexanderplatz 1997.*
Unten: *Der umgestaltete Eingang an der Gontardstraße heute.*

Unabhängig von den Neubebauungsplänen werden seit den 1990er Jahren jene drei Zeugnisse der Baugeschichte, die auf jeden Fall erhalten bleiben sollen, schrittweise saniert, restauriert und teilweise sogar rekonstruiert.

Das betrifft zum einen den Bahnhof Alexanderplatz. Er erfährt zwischen 1994 und 1998 eine im wörtlichen Sinne radikale, an seine baugeschichtlichen Wurzeln anknüpfende, Neugestaltung. Unter der Leitung der Architekten Rebecca Chestnutt und Robert Niess werden im Sockelgeschoss die Bau- und Verkleidungselemente aus der DDR-Zeit beseitigt, so dass die drei Viaduktbahnen des Bahnhofs in ihrem alten Klinkerschmuck so weit als möglich zutage treten. Dieses Mauerwerk wird mit keiner neuen »Verpackung« verhängt, sondern saniert und mit einer Glasfassade versehen, die – so die Intention der Architekten – »alle Zeitschichten wie in einem Fenster ausstellt«. Hinzu kommt ein zweites Gestaltungselement: Ein jedes der Geschäfte, die in den äußeren Viaduktbögen unterkommen, erhält einen Zugang von außen und einen von innen zum Sockelgeschoss. So bekommt der Bahnhof neben den Haupteingängen rund drei Dutzend weitere Zugänge, wodurch diese Ebene des Bahnhofs beinahe wie eine Markthalle wirkt. Chestnutt und Niess haben zudem einen neuen Abgang zu den U-Bahn-Anlagen geschaffen, die in einem mehrjährigen Projekt restauriert werden.

Am 18. Dezember 1998 verändert sich die Verkehrssituation am Alexanderplatz aufs Neue. Nach mehr als drei Jahrzehnten passiert an jenem Tag erstmals wieder eine Straßenbahn den Platz. Sie verbindet die Mollstraße, wo die Linien aus der Greifswalder Straße (Norden) und der Landsberger Allee (Osten) zusammentreffen, mit dem Hackeschen Markt, der sich westlich vom Alexanderplatz zu einem neuen Publi-

Oben: Das Alexanderhaus während der Rekonstruktion 1994. Das Gebäude wurde fast vollständig entkernt. Dabei kam die besondere Rahmenkonstruktion von Peter Behrens für kurze Zeit zum Vorschein.

kumsmagnet entwickelt hat. Am Alexanderplatz hält die Straßenbahn am Zugang zur U-Bahn-Linie 2, unterquert dann die Bahnüberführung und biegt in die Gontardstraße ab, von wo aus sie über die Karl-Liebknecht- und Spandauer Straße geleitet wird.

Das unter Denkmalschutz stehende Alexanderhaus wird zwischen 1991 und 1996 unter Leitung des Architekten Hans-Joachim Pysall einer aufwendigen Rekonstruktion unterzogen. Dass sich das Gebäude heute weitgehend in seiner ursprünglichen Form wieder darstellt, ist verschiedenen glücklichen Umständen zu verdanken. So gelang es beispielsweise, in einem Steinbruch in der Elm ein Muschelkalkgestein zu finden, das dem von Peter Behrens verwendeten Muschelkalk aus einem mittlerweile ausgebeuteten Steinbruch geologisch entspricht und mit ihm farblich identisch ist. Zum anderen konnten u. a. auf-

grund noch erhaltener Werkzeichnungen die raffiniert konstruierten Fenster mit ihrer Verknüpfung von Kippflügeln beim oberen und Wendeflügeln beim unteren Fensterpaar originalgetreu nachgebaut werden. Der Architekt hat sich über die meisterhafte Rekonstruktion des Alexanderhauses hinaus noch ein bauliches Denkmal gesetzt, indem er in den hofartigen Einschnitt zwischen den Schenkeln des Hauses an der Grunerstraße einen gläsernen, horizontal gegliederten Baukörper eingefügt hat. Hier ist auf der Straßenebene ein weiterer Eingang entstanden.

Für das gegenüberliegende Berolinahaus beginnen die Rekonstruktionsarbeiten erst 2005. Hier wird das Textilkaufhaus C & A einziehen und sind mehrere Gaststätten geplant. Zur gleichen Zeit vollzieht sich der große Um- und Erweiterungsbau des alten Centrum-Warenhauses, nun im Besitz von Kaufhof.

Bunter Alltag auch im Baulärm

Die Berliner haben sich daran gewöhnt, dass der Alexanderplatz eine ewige Baustelle ist. Auch wenn es Bretterwände und Metallzäune sowie Baubuden und Containerhäuser gibt, wenn Rohre und Leitungen durch die Luft geführt werden und Baulärm hinter den Gerüstplanen zu vernehmen ist, der Platz bleibt ein Treffpunkt und ein wichtiger Verkehrsknoten. Kein Platz in Berlin hat mehr Imbisse: Broiler, Würste, Bami und Nasi, Käsefladen, Laugenbrezeln, Döner, Hamburger, Pizza, Eis, Drinks und mindestens zwei Bratwurst-Bauchläden. Kein Platz bietet mehr Chancen: Ein Zeitungsabo bekommt man fast geschenkt, mit einer einzigen Unterschrift kann man beitragen, die Schöpfung zu bewahren, und mit einer kleinen Spende lässt sich den sozial Gestrandeten beistehen. Die Lostrommel lockt mit 1000-Euro-Sofortgewinnen, und dazu gibt es Wohlklänge aus aller Herren Länder: Sänger, Gitarristen, Flötisten, Saxophonisten, Akkordeonisten, Geiger, Cellisten – jedweden Alters und beiderlei Geschlechts.

Je nach Jahreszeit sind es 3000 bis 5000 »Streetkids« in Berlin, viele am Alex und in seinem Umfeld. Die Hälfte kommt nicht aus der Stadt. »Der Alex ist was anderes, als wenn man sich einfach mit Freunden trifft, so wie früher auf dem Spielplatz. Das ist was Ernstes hier«, sagt Ramona. Mehr als die Hälfte ist zwischen 14 und 18, zehn Prozent jünger, ein Drittel obdachlos. Die meisten ohne ein Zuhause. Sie heißen Mücke, Fritz, Feibl, Blacky, Floh, Dachs, Blind, Chrissi, Thea oder Rippchen. Sie »schnorren« für Alkohol und Hundefutter und »hängen ab« und suchen Nähe. Hier, am Alex, sollen Drogen und Prostitution nicht so angesagt sein wie am Bahnhof Zoo oder andernorts in Berlin, sagen die Leute von den privaten Hilfsvereinen. Der Alex war schon immer eher eine Sozialstation.

Kleinkünstler jedweder Couleur beleben den Alex, auch wenn er eine Baustelle ist. Rechts unten der Anbau der Galeria Kaufhof, daneben das verhängte Berolina-Haus (2006).

Oben: Alfred Grenanders Lösung für die Beleuchtung des Zwischengeschosses im U-Bahnhof, eine Verbindung von Funktionalität und Ästhetik.
Unten: Kunst im U-Bahnhof der Linie 2: »Schöne Aussichten« von Katja Kuhl und Till Budde aus dem Jahre 1995.

Der ewig junge Alexanderplatz

Zum 200. Jahrestag seiner Namensgebung – am 2. November 2005 – wird die Feier verschoben. Erst müssen die vielen Bauarbeiten abgeschlossen sein. Die Zeit drängt, denn zur Fußballweltmeisterschaft werden sich hier wieder Zehntausende versammeln, auch wenn die offiziellen Fanmeilen ganz woanders sind.

An die Nordseite des Berolinahauses schiebt sich nun das Kaufhaus Galeria Kaufhof um rund 25 Meter in Richtung Platzmitte heran, gleichzeitig wird es um ein Stockwerk erhöht. Erweiterung und Umbau des Kaufhauses wurden von Josef Paul Kleihues entworfen. Um dem Platz einen visuellen Impuls zu geben, ist eine Natursteinfassade mit großem Glas- und Fensteranteil geplant, womit die Aluminium-Waben des alten Centrum-Warenhauses ersetzt werden. Im Bereich des Überganges zum Hotel »Park Inn«, dem früheren Hotel »Stadt Berlin«, sollen als Dokumente der Baugeschichte Teile der alten Fassade angebracht werden. Am Hotel selbst wird die Glasfassade erneuert. Im Zwischenraum von Berolinahaus, Kaufhof und Hotel, also dem Alexanderplatz im engeren Sinne, werden nach Abschluss der Bauarbeiten gelbe Granitplatten mit anthrazitfarbenen Naturstein-Einfassungen verlegt, um so einen ansprechenden neuen Gesamteindruck zu schaffen.

Danach wird sich das Baugeschehen auf die Seite hinter dem Alexanderhaus verlagern. Auf der Fläche, auf der einst das Polizeipräsidium gestanden hat und auch dahinter bis zum Bahnhof Jannowitzbrücke entsteht zwischen Alexanderstraße und S-Bahn-Viadukt Berlins größtes Einkaufs- und Freizeitzentrum, das den Namen »Alexa« tragen soll. Ein portugiesisch-französisches Gemeinschaftsunternehmen errichtet hier einen lang gestreckten Baukörper mit drei Hauptetagen und einer Bruttogeschossfläche